Peter Köster
Lebensorientierung am Markus-evangelium

Peter Köster

Lebensorientierung am Markus-evangelium

eine geistliche Auslegung
auf fachexegetischer Grundlage

EOS VERLAG ERZABTEI ST. OTTILIEN

Titelbild:
Evangelist Markus, Miniatur aus dem Admonter Evangeliar, 11. Jh.
(Mit frdl. Genehmigung des Benediktinerstiftes Admont)

Die Deutsche Bibliothek – CIP-Einheitsaufnahme

Köster, Peter:
Lebensorientierung am Markus-Evangelium : eine geistliche Auslegung auf fachexegetischer Grundlage / Peter Köster. - St. Ottilien : EOS-Verl., 1999
ISBN 3–8306–6996–8

Imprimi potest
Coloniae, die 29. junii 1999
Franz Meures SJ
Praep. Prov. Germ. Sept.

Gesamtherstellung: EOS Druckerei, D-86941 St. Ottilien

Außer den wesentlichen Fragen, die der Mensch über sich selbst stellen kann und muß, gibt es keine entscheidendere als diese, bei der es darum geht, den gläubigen Menschen auf die Spuren Jesu Christi zu führen und ihn durch eine größere Gleichförmigkeit mit Jesus in die Größe menschlichen Lebens eintreten zu lassen.

Marcel Légaut

INHALTSVERZEICHNIS

VORWORT

Alfons Rosenberg erzählt in seinen Lebenserinnerungen[1], wie er als junger Erwachsener auf der Insel Wörth im Wörthsee zum ersten Mal die Evangelien entdeckte:

»Wir restaurierten nach und nach die verschiedenen Räume des Schlößchens, manche waren schon wiederhergestellt, in anderen lagen noch Schutthaufen. Eines Abends, der Freund war in die Stadt gefahren, um Geschäftliches zu erledigen, stöberte ich, aus Neugierde oder Langeweile, in einem Schutthaufen im sog. Musiksaal, der an den Wänden von uns aufgedeckte Fresken aufwies. Aus dem Schutt schaute die Ecke eines übel mitgenommenen Buches hervor. Ich zog es aus einem mir unbewußten Grund heraus – es waren die Evangelien. Ich nahm das zerschundene Buch mit in mein Schlafzimmer, entzündete die Kerze (eine andere Lichtquelle gab es im ersten Stock nicht, nur in der Küche brannte eine Petroleumlampe), legte mich aufs Bett und begann zu lesen – die ganze Nacht hindurch bis zum Aufgang der Sonne und noch länger.

Was war geschehen? Ich hatte zum ersten Mal in meinem Leben die Evangelien gelesen, ohne Kommentar, ohne Anleitung durch einen Menschen. Auf einem Schutthaufen hatte ich dieses Buch gefunden – zerschlissen und unwert, und doch bot es mir das Kostbarste, was es in dieser Welt gibt: die Freundschaft Gottes, oder wie dies in der überlieferten Sprache ausgedrückt wird: die Gotteskindschaft. Aber das sind bloße Vokabeln – nicht was wir fassen, sondern was wir nicht fassen können, ist für uns entscheidend und wandelt uns. Unfaßbar war mir das Evangelium und doch so vertraut. Ich schlang es lesend in mich hinein – an keiner Einzelheit hielt ich mich auf, und doch prägte sich eine jede unvergeßlich ein. Ich las es nicht neugierig, aber jeden Teil mit dem Blick aufs Ganze. Und aus diesen knappen Texten, Berichten und Predigten wuchs mir von Stunde zu Stunde mehr eine Gestalt empor, die mich zuerst mit immer größerem Staunen, dann mit einem Übermaß an Liebe erfüllte: Jesus, der Fremde, der unsäglich Nahe. Damals wußte ich glücklicherweise noch nichts von christlichen Glaubenssätzen und Dogmen, von den Kleidern, in welche Theologen und Gläubige im Laufe der Jahrhunderte Jesus eingehüllt hatten. Gerade darum war es mir möglich, daß mir aus den Evangelien beim ersten Lesen eine ungeheure Feuerflamme entgegenschlug; ohne

---

[1] Alfons Rosenberg, Die Welt im Feuer, Wandlungen meines Lebens, Hd tb 1011, Freiburg 1983, S. 118 f.

menschliche Umrisse, Urgestalt vor jedem Namen, Einheit vor aller Teilung. Diese Erfahrung Jesu als ein niederzuckendes, auf Erden brennendes Feuer blieb mir seitdem Maßstab für alles, was Jesus betrifft – an diesem Feuer maß ich alles, was ich erfuhr und was mir die Wissenden und Forschenden berichteten. In den Stunden einer Nacht hat sich mir Jesus durch sein Evangelium ohne historisches Beiwerk als Feuersäule geoffenbart. Damals habe ich unverlierbar erfahren, was Geist und Feuer ist, und wenn ich das mir Geschehene mit einer Situation des Evangeliums identifizieren wollte, so müßte ich sagen: In jener Nacht habe ich die Feuertaufe empfangen.

Das war für mich derart evident, daß es mir gar nicht in den Sinn kam, die Wassertaufe zu erbitten. Letzteres legte sich mir erst ... nahe, als es für mich wünschbar wurde, am Leben der Kirche als ihr Glied teilzunehmen ... In jener Nacht ... geschah mir die große Verwandlung – der alte Mensch verbrannte im Feuer der Liebe und der Erkenntnis, das mir aus den Evangelien entgegenschlug, und ein neuer wurde geboren. Noch war er sehr jung, irrtumsfähig und schutzbedüftig – aber er begann unaufhaltsam zu wachsen.«

Den wenigsten Menschen wird es gegeben sein, beim Lesen eines Evangeliums der Person Jesu so unmittelbar zu begegnen – unbeschwert »von den Kleidern, in welche Theologen und Gläubige im Lauf der Jahrhunderte Jesus eingehüllt« haben. Dennoch lebt in vielen Suchenden die Sehnsucht, daß »aus diesen knappen Texten« das Geheimnis der Gestalt Jesu ihnen wie eine Feuerflamme entgegenschlägt und sie nicht mehr anders können, als Seinen Weg aufs Neue zu beginnen.

Ich verstehe diese Auslegung als einen Versuch, den Leser/die Leserin an die im Text verborgene Glut heranzuführen – in der Hoffnung, daß ein Funke überspringt und er/sie »Feuer« fängt.

Das Buch ist im Verlauf von vielen Jahren entstanden. Die Texte wurden z.T. in der Begleitung von Einzelexerzitien verwendet und immer wieder neu gestaltet. So kann es sein, daß die eine oder andere Anregung und Formulierung von woandersher eingeflossen ist, ohne daß ich dies jetzt noch wiedergeben kann.

Die Übertragung des griechischen Urtextes basiert im wesentlichen auf den Übersetzungen von Fridolin Stier und Eugen Drewermann. Auch die Studienübersetzung des Münchner Neuen Testaments wurde für diese Übertragung herangezogen. Der Text des Markusevangeliums ist im wesentlichen gesprochenes Wort. Die Kraft seiner Sprache wird am ehesten spürbar, wenn man den Text *laut* liest.

Dieses Buch ist zugleich ein Dank an jene Menschen, in denen mir das »Evangelium von Jesus, dem Christus« aufgeleuchtet ist.

Peter Köster SJ

Einführung in die geistliche Schriftauslegung

Bei den Kirchenvätern und im Mittelalter war das eigentliche Ziel der Exegese, die Hl. Schrift »im Geist« zu lesen und nach ihrem »geistlichen Sinn« im Licht des auferstandenen Christus zu suchen. Origines sagt in seinem Traktat »De principiis«: »Die Schriften sind unter dem Wirken des Geistes Gottes geschrieben worden; und sie haben außer ihrem offenkundigen Sinn einen gewissen anderen Sinn, der den meisten entgeht. Denn das, was darin geschrieben steht, ist gleichzeitig die Ausdrucksgestalt gewisser Mysterien und das Bild der göttlichen Wirklichkeit«.[2]

Dieses herkömmliche Prinzip hat zwei einander sich ergänzende gleich wichtige Aspekte, einen subjektiven und einen objektiven:

Der **subjektive Aspekt** besagt: Die Auslegung der Schrift »im Geist« ist nur im Licht des Glaubens möglich. Wie Origines schreibt, versteht allein die Kirche die Schrift, weil die Kirche sich im Glauben »dem Herrn zuwendet«. Um die Schrift geistlich zu verstehen, muß der Glaubende sich an dieser Hinwendung der Kirche zum Herrn beteiligen; denn es läßt sich nicht denken, »daß ein Ungläubiger das Wort Gottes erblickt«.[3]
Hieronymus erklärt, daß nur der geistliche Mensch in den göttlichen Büchern Christus zu entdecken vermag.[4] Jede Auslegung der Bibel als Wort Gottes ist also eng an den Raum des Pneuma, d. h. an die Kirche gebunden. Aus dieser Bindung der Schrift an die Kirche folgt, daß sie nur dort – in der Gemeinschaft der durch Gottes Geist geleiteten Gläubigen – als Wort Gottes richtig verstanden werden kann. »Wenn jemand nicht den Geist Gottes empfangen hat, kann er auch die Worte Gottes nicht verstehen« (Gregor der Große).[5]

Der **objektive Aspekt** des Prinzips besagt, daß die Hl. Schrift in dem Geist, in dem sie geschrieben wurde, zu lesen und auszulegen ist. Die Texte der Hl. Schrift haben eine innere Dimension, die den profanen Schriften abgeht. Sie tragen einen »geistlichen Sinn« in sich, der darauf zurückgeht, daß im biblischen Text der Geist anwesend ist. Dies gibt der Hl. Schrift ihre geistliche

---

[2] De princ. 1, Praef. 8. Die Anmerkungen 2–11 sind zitiert nach Ignace de la Potterie, Die Lesung der Heiligen Schrift »im Geist«, IKZ 3/86, S. 209 ff.

[3] Lk 1.

[4] Gal 4,24.

[5] Moralia XVIII, 39, 60.

Tiefe. Nach Origines ist »unter der Oberfläche des Buchstabens die Wahrheit des Wortes Gottes verborgen«.[6] Hilarius empfiehlt den Lesern seines Matthäus-Kommentars wiederholt, die Evangelien stets von innen her zu verstehen zu suchen.[7] Nur so findet man die »Wahrheit« des Evangeliums oder der Schrift.

Auch Hieronymus sagt: »Meinen wir nicht, daß das Evangelium in den Worten der Schrift liege: es liegt im Sinn; nicht auf der Oberfläche, sondern im Mark; nicht in den Blättern der Worte, sondern in der Wurzel des Verstehens«.[8] Wir müssen also »zur Wahrheit der Schrift, zu ihrem Geist übergehen«.[9]

Um die innere Dimension zu erklären, gebrauchen die Väter gern die Idee des »Mysteriums«, das in den biblischen Berichten enthalten ist. Gregor d. Gr. sagt z. B.: Die Hl. Schrift hat die Besonderheit, daß sie »durch ein und dasselbe Wort eine Episode erzählt und ein Mysterium enthüllt«.[10] Diesen Sinn, der über den Buchstaben »hinausgeht«, nennen die Väter für gewöhnlich die Allegorie (von allos und agoreúein: noch etwas anderes sagen).

Die Prinzipien der patristischen Exegese werden im Mittelalter weiter ausgearbeitet und systematisiert. Während der großen monastischen Tradition von Cassian bis zu Bernhard von Clairvaux ist die Lehre vom vierfachen Schriftsinn lebendig geblieben. Sie war von dem theologischen Prinzip beseelt, das über die Väter vom Neuen Testament herkam: Im Buchstaben ist der Geist gegenwärtig: man muß die Schrift »im Geist« lesen und interpretieren. Wir haben es hier also mit einem »Wortgeschehen« (hebr. dabar), einem dynamischen Verständnis vom Wort Gottes zu tun, das die Inspiration nicht nur auf die Verschriftlichung des Textes beschränkt, sondern auch dessen Lesen und Verstehen einbezieht.

Voraussetzung für das Erfassen des »geistlichen Sinnes« ist, daß der biblische Autor sowie der Leser und Interpret der Hl. Schrift in der gleichen geistlichen Erfahrung miteinander verbunden sind. Von dieser geistlichen Verbundenheit her ist auch die Lehre vom vierfachen Schriftsinn zu verstehen. Es gibt ein berühmtes Distichon, worin das Mittelalter die Lehre von der Einheit der »vier Sinne« festgehalten hat:

---

[6] Lev 1,1.
[7] Mt 14,3.
[8] Gal 1,11.
[9] Ebd. 5,13.
[10] Mor. XX, 1,11.

Littera gesta docet, quid credas allegoria,
Moralia quid agas, quo tendas anagogia.

1. Der »Buchstabe« (littera) des biblischen Textes erzählt die sichtbaren »Fakten« der Geschichte. Die anderen drei Schriftsinne: die »Allegorie«, der »moralische« Sinn und die »Anagogie« sind die verschiedenen Aspekte des einen »geistlichen Sinnes«.

2. Die »Allegorie« (allegoria) erschließt das Geheimnis, die Heilswahrheit, die in der Geschichte verborgen ist. Sie ist der »Glaubensgegenstand« (quid credas), d. h. das »Mysterium«, das uns in der Geschichte enthüllt wird. Die empirischen »Fakten« der Geschichte sind für den Glaubenden vor allem wegen ihrer religiösen Bedeutung von Interesse. Im Unterschied zum Allegoriebegriff der Griechen ist die christliche Allegorie eine Geschichte, die sich in ihrer »geheimnisvollen« Bedeutung dem gläubigen Leser erschließt.

3. Der »moralische« Sinn (moralis) liegt in der Bedeutung, die die Hl. Schrift für das Leben (quid agas) des Christen hat. Der moralische Sinn kommt erst zum Tragen, wenn sich die Allegorie, die geheimnisvolle Seite ins Leben des Gläubigen übersetzt.
So gesehen, kann man den »moralischen« Sinn als das eigentliche Ziel eines geistlichen Zugangs zur Hl. Schrift bezeichnen.

4. Die »Anagogia« (anagogia) ist die Bewegung auf die letzten Ziele hin (quo tendas): der durch Hoffnung geöffnete Blick auf das künftige Leben.

In Wirklichkeit gibt es also nur einen einzigen »geistlichen Sinn« der Schrift, weil es nur ein einziges Mysterium gibt.

Nun geht es der *historisch-kritischen Exegese* zumeist und vor allem darum, die geschichtlichen und literarischen Sachverhalte der biblischen Texte zu rekonstruieren, d.h.: Woher kommen die Texte? Wie sind sie entstanden? Welchen Sinn haben sie in ihrem Ursprungsmilieu? Was heißt es dann heute, einen biblischen Text authentisch zu interpretieren?

1. Das letzte Ziel aller christlichen Exegese besteht nach wie vor darin, die Hl. Schrift »im Geist« zu lesen und nach ihrem »geistlichen Sinn« zu suchen: »die innere Erkenntnis des Herrn, der für mich Mensch geworden ist, damit ich ihn mehr liebe und ihm nachfolge« (Ignatius von Loyola).

2. Interpretation ist immer mehr als Erklärung oder Darstellung. Sie bedeutet Auslegung. Einen Text interpretieren heißt, die in ihm liegenden Möglichkeiten zutage fördern, das Implizite, das er enthält, freizulegen, seine verborgenen Schätze ans Licht zu bringen, nach dem Ungesagten der Schrift selbst zu forschen. So verlangen Hilarius und Gregor der Gr. vom Leser des Evangeliums, nach dessen »innerer Verständlichkeit« zu suchen, und bei Hieronymus liegt der »Sinn« der Schrift jenseits der Worte; er liegt nicht an der Oberfläche, sondern im Mark; ... in der Wurzel des Verstehens ... im Geist der Schrift«.

3. Eine solche Interpretation ist aber nur möglich, wenn die Bedeutung der Tradition als innere Voraussetzung jeder authentischen Schriftauslegung akzeptiert wird. Die lebendige Bewegung der Tradition, das kollektive Wissen der Gesamtkirche ist für das Verständnis der Hl. Schrift unerläßlich. Jedes echte Verstehen eines menschlichen Phänomens erfordert, daß man seiner Wirkungsgeschichte Rechnung trägt. Interpretieren heißt also, über das sichtbare Geschehen, über die Worte hinausgehen, um zu ihrem in der Tiefe verborgenen Leben zu gelangen, das (auch) in der Wirkungsgeschichte allmählich zutage tritt.

»Die Interpretation ist das, was dem Gesprochenen ein Leben gibt, das über den Augenblick und den Ort, wo es gesprochen oder niedergeschrieben wurde, hinausgeht« (G. Steiner). Eine rein historische oder literarkritische Erklärung eines Wortes von einst ist noch keine »Interpretation«. Der. hl. Gregor d. Gr. sagt, daß »die göttlichen Worte mitsamt dem, der sie liest, wachsen«.[11]

4. Das Studium des »Buchstabens« ist nach wie vor unerläßlich und dabei ist es m. E. notwendig, die Hilfsmittel der historisch-kritischen Exegese zu gebrauchen. Man kann nicht außerhalb des Literalsinns, des buchstäblichen Sinnes, sondern man muß innerhalb dessen nach dem »geistlichen Sinn« suchen.

Die historisch-kritische Methode dient vor allem dazu, so gut wie möglich das ursprüngliche Glaubenszeugnis zu erfassen, das für alle christliche und kirchliche Existenz grundlegend und maßgebend ist. Sie zeigt uns, wie Glaube erfahren, gelebt und bezeugt worden ist. Die Einbindung der biblischen Zeugnisse in die jeweilige Situation ihrer Entstehung macht die grundsätzliche Geschichtsgebundenheit unserer christlichen Existenz deutlich. Das historische Bemühen um das normative biblische Grundzeugnis ist ein fundamentaltheologisch unverzichtbarer Zugang zur Heiligen Schrift. Wer ihn überspringt,

---

[11] Ez 1. 7,8.

läuft Gefahr, sich vom geschichtlichen Grund des Glaubens zu entfernen. Das gilt auch für die tiefenpsychologischen und strukturanalytischen Zugänge zur Heiligen Schrift.

Die historisch-kritische Exegese versteht sich als eine glaubens-bezogene und zu-gleich geschichtlich bedingte Methode der Bibelauslegung. Es geht ihr um ein Verstehen aufgrund des Glaubens an den einen Gott und an Jesus Christus als seinen menschgewordenen Offenbarer. Andererseits sind ihre immanenten Grenzen und Probleme, vor allem ihre Gefahren bei Mißbrauch, nicht zu verkennen. Sie zeigen sich besonders, wenn sie die Grundtendenz der biblischen Zeugnisse, ihr zentrales Verkündigungsanliegen aus dem Blick verliert. Die biblischen Texte wollen Gegenwart und Zukunft sinnstiftend erhellen. Sie weisen über sich hinaus, weil in ihnen die lebendige Gestalt dessen bezeugt wird, der im Auftrag Gottes das Heil für alle gewirkt hat und aufgrund seiner Auferweckung im Hl. Geist gegenwärtig ist. Doch trotz ihrer Probleme und Gefahren bei Mißbrauch bleibt die historisch-kritische Methode ein notwendiger Zugang. Sie hilft, das urchristliche Zeugnis in seiner Vielfalt zu begreifen und seinen Reichtum zu entdecken.

5. *Die tiefenpsychologische Auslegung* steht in einer gewissen Nähe zur Tradition der allegorischen Schriftauslegung. Sie kann sehr zu einem tieferen Verständnis der biblischen Texte beitragen, wenn sie die psychologischen Bedingungen aufzeigt, wie ich als ganzer Mensch mit Leib und Seele, mit Gedanken und Gefühlen, mit meinen bewußten und unbewußten Anteilen vom Geheimnis Gottes geheilt und verwandelt werden kann.

Den biblischen Autoren ging es ja vor allem darum, daß im Umgang mit der Schrift das Geheimnis Gottes aufleuchtet, daß ich zu einer tieferen Begegnung mit Gott und dem Geheimnis meines Lebens geführt werde, daß ich mich selbst und Gott besser verstehe und das Heil erfahre, das Er mir schenken möchte. Bei der tiefenpsychologischen Methode besteht allerdings die Gefahr, daß sie die theologisch-spirituelle Betrachtungsebene aus dem Blick verliert.

6. *Die Strukturanalyse* ist eine Methode, die etwa um die Mitte der sechziger Jahre aus der Literaturwissenschaft in die Bibelwissenschaft übernommen wurde. Mit ihrer Hilfe wurde ein neuer Zugang zur Erschließung biblischer Texte möglich. Sie setzt sich zur Aufgabe, die Botschaft des Textes zu entschlüsseln mit Hilfe der Kode, die durch Analyse der textimmanenten Strukturmuster aufzufinden ist. Strukturanalyse ist eine Methode, die textimmanent arbeitet, d. h. sich auf einen konkreten Text (eine Perikope, ein Kapitel oder einen großflächigen Text, z. B. eine Kindheits- oder Passionsgeschichte) beschränkt. Sie kann besonders dazu beitragen, einen Zugang zur geistig-spiri-

tuellen Botschaft eines biblischen Textes zu schaffen und so Ausgangspunkt einer bibeltheologisch solid verankerten Aktualisierung zu sein. Bei einigen Elementen der Strukturanalyse, d. h. bei den Erzählperspektiven und der Motivanalyse gibt es Berührungspunkte mit der tiefenpsychologischen Deutung.

7. Eine authentische Auslegung der Schrift sucht also nach dem geistlichen Sinn des »Buchstabens«. Ihr Ziel ist es, zu einer »inneren Durchdringung des Textes zu gelangen, so wie er von inspirierten Glaubenden gemäß ihrer Gotteserfahrung für Glaubende geschrieben worden ist« (R. Laurentin). Die Wortexegese muß sich öffnen, sich vertiefen, sich ausweiten, um zu einer geistlichen Interpretation zu werden. In der Konstitution »Dei Verbum« (Nr. 12) heißt es, daß die Hl. Schrift in dem Geist gelesen und ausgelegt werden muß, in dem sie geschrieben wurde. Um dieses Ziel zu erreichen, sei sorgfältig auf den Inhalt und die Einheit der ganzen Schrift zu achten und die lebendige Überlieferung der Gesamtkirche und die Analogie des Glaubens zu berücksichtigen.

Der Weg, auf den Ignatius von Loyola in seinen geistlichen Übungen die einzelnen führt, um sich dem Geheimnis eines biblischen Geschehens aus den Evangelien zu nähern, damit sie sich von ihm treffen und »bewegen« lassen (afectarse), basiert auf der von der patristischen Tradition getragenen mittelalterlichen Exegese. Das ist ein kontemplativer Zugang, der noch nichts von seiner Aktualität eingebüßt hat. Dieser Annäherungsprozeß kann mir helfen, den *geistlichen Sinn* eines Evangelientextes zu erschließen. Er hat folgende Sequenzen:

- **Zu Beginn jeder Übung: das Vorbereitungsgebet:**

»Von Gott Unserem Herrn die Gnade erbitten dazu hin, daß alle meine Absichten, Handlungen und Beschäftigungen rein im Dienst und in der Verherrlichung Seiner Majestät geordnet seien« (EB 46).

Das Vorbereitungsgebet will mich dafür disponieren, meine ganze Wirklichkeit (»Absichten, Handlungen und Beschäftigungen«) nach und nach mit der tiefsten Sehnsucht meines Herzens in Verbindung bringen zu lassen, mit jener Such-bewegung, die der Schöpfer und Erlöser selbst mir ins Herz geschrieben hat. Im Wiederholen derselben Gebetsworte wird die einzelne Übung mehr und mehr zum bewußten Vollzug der Grundausrichtung meines Lebens auf Gott hin.

Drei Dispositionshilfen oder Vorübungen:

• Erster Schritt: Die **Vergegenwärtigung der Geschichte.** Sie soll dazu dienen, mich so weit wie möglich zum ursprünglichen Glaubensgeschehen der Perikope hinzuführen. Dabei ist es wichtig, den »Rahmen« (Kontext) der Geschichte mitzuberücksichtigen: z. B. bei Mk 10,46–52: *Mk 10,32–45* und *Mk 11,1–11*. Die Heilung des blinden Bartimäus folgt einer Jüngerunterweisung und steht unmittelbar vor dem Einzug Jesu in Jerusalem. Damit wird das Zeichenhafte und Exemplarische dieser Erzählung hervorgehoben: Jesus nähert sich dem Ende seines Weges »hinauf nach Jerusalem«. Doch die Jünger begreifen nicht, worum es Jesus geht. Sie sind blind, noch unfähig, sich von ihm die Augen ihres Herzens öffnen zu lassen. Im scharfen Kontrast zur »Blindheit« der Jünger, zeichnet Markus in dem blinden Bartimäus einen Menschen, der am Rand des Weges Jesu durch allen Widerstand hindurch mit der ganzen Sehnsucht und Leidenschaft seines Herzens Jesus um Einsicht in die Notwendigkeit der Passion mit ihm bittet. In dieser Gestalt faßt der Evangelist exemplarisch zusammen, was Jesusnachfolge ist.

So kann die Rahmen-komposition einer Perikope mir bisweilen helfen, die zentrale Aussage der Geschichte nicht zu verfehlen.

• Zweiter Schritt: **Eine persönliche Beziehung zur Geschichte aufnehmen** – so wie ich etwa zu einem Raum, einem Menschen, einer Gruppe, einer Landschaft eine Beziehung aufnehme. Mit Hilfe der ***Imagination*** (Vorstellungskraft) versuche ich, den »Raum« des Geschehens, die Details, die Atmosphäre, den szenischen Hintergrund der Geschichte wahrzunehmen, zu erspüren und zu erfassen. Das verhilft mir zu einer inneren Einstellung und einem entsprechenden Verhalten gegenüber dem Geschehen, das in der Perikope erzählt wird. Im Alltag geschieht so etwas ganz spontan, wenn ich mich auf eine Situation einstelle, indem ich sie in der Vorstellung vorwegnehme. Wenn ich mich mit der Kraft meines Vorstellungsvermögens auf ein Ereignis der »Geheimnisse des Lebens Jesu« einstelle, dann geht es primär darum, mich ganzheitlich auf die Begegnung mit dem erhöhten Herrn einzustimmen, in dessen verklärtem Menschsein die Ereignisse seines irdischen Lebens auf geheimnisvolle Weise gegenwärtig sind. Die leibnahe und sinnenhafte Zubereitung (composición) erleichtert mir die Begegnung mit den biblischen Texten, über die sich oft eine Patina gewußter Deutungen und der Staub des längst Bekannten gelegt hat, so daß ihr Inhalt wieder in seiner dramatischen Qualität für mich wirksam werden kann.

Mit diesem persönlichen Zugang zu einer Perikope schaffe ich mir gleichzeitig einen ***Konzentrationsrahmen***, zu dem ich im Verlauf der Gebetszeit wie zu einem Bild aus einem mittelalterlichen Evangeliar immer wieder zurückkehren kann.

• Dritter Schritt: Die **Bitte, daß sich mir der »geistliche Sinn« des biblischen Geschehens, die »geheimnisvolle Seite«, das Mysterium der Perikope erschließen möge, damit ich den Herrn mehr liebe und ihm nachfolge.** Näherhin geht es darum, daß ich für die Wirklichkeit empfänglich werde, die der erhöhte Herr durch ein Geheimnis seines Lebens mir mitteilen will. Die Vergegenwärtigung des Gewesenen soll so lebendig werden, daß ich mir das Geschehen nicht mehr »vom Leibe halten« kann.

Die drei Dispositionshilfen oder Vorübungen dienen dazu, sich in das Geschehen der Geschichte so hineinnehmen zu lassen, daß sie für mich persönlich »staunenerregende« Gegenwart wird, zu einer Erfahrung, die mich berührt. Ich soll mich selbst in der Geschichte wiederfinden und das Geschehen innerlich mitvollziehen. Ohne das Mühen um einfühlendes Verstehen, was da vorsichgeht, ohne die Betroffenheit darüber, daß ich hier ganz persönlich mitgemeint bin, bleibt mir die »geheimnisvolle Seite«, das »***Mysterium***« in der »***Episode***« der Geschichte verborgen. Doch bei allem Bemühen, ihren »geistlichen Sinn« zu erfassen, ist der »Prozeß des Entdeckens« gnadenhaftes Geschehen, und es kommt sehr darauf an, »daß alle meine Absichten, Handlungen und Beschäftigungen rein im Dienst und in der Verherrlichung seiner göttlichen Majestät geordnet sind«.

Naturgemäß brauchen die drei Vorübungen Zeit, vermutlich den größten Teil der ersten Übung.

Während die Vorübungen gleichsam bis zur Schwelle des Geheimnisses führen, öffnen die folgenden Schritte die Tür. Sie wollen mich tiefer in das Geheimnis des biblischen Geschehens hineinziehen – mit dem Ziel, daß sich mir die »geheimnisvolle Seite« der »Geschichte« in ihrer ***Aktualität*** und ihrer ***gegenwärtigen Wirkmöglichkeit*** für mich erschließt. Erfahrungsgemäß kommen die Tiefenschichten meiner gläubigen Existenz dadurch »in Schwingung«, daß etwas spürbare Bedeutung für mich gewinnt durch Bilder und Szenen, die mich berühren, Personen, in denen ich mich wiederfinde, durch Worte, die mich treffen, und Verhaltensweisen, die mich in Bewegung bringen. Dabei wird die für unsere menschliche Erfahrung so bedeutsame Einbildungskraft (Imagination) mit ins Spiel gebracht. Ich soll die Personen in der Geschichte »sehen«, »hören, was sie sprechen« und »schauen, was sie tun« – solange, bis sich in mir ähnliche Reaktionen zeigen, wie sie in den Evangelien von den Jüngern, einzelnen Personen oder von der Menge erzählt werden. Es kann auch sein, daß das, was ich so über meine Sinne wahrnehme, mich zu ganz anderen Reaktionen veranlaßt.

Wenn ich meine Aufmerksamkeit vor allem auf die Szenen richte, die einen ***dramatischen*** Aufbau haben, dann kann sich meine innere Bewegung damit verbinden, und im Durchprobieren verschiedener Handlungs- bzw. Reaktionsmöglichkeiten kann ich in Erfahrung bringen, welche Energien das bei mir freisetzt oder blockiert, wann ich Trost oder Trost-losigkeit spüre. ***Das Ziel aller Kontemplation*** bleibt die »innere Erkenntnis des Herrn«. Ich soll also gleichsam über den Weg der Bilder zu dem Bild gelangen, in dem Gottes Nähe Antlitz und Gestalt bekommen hat. Doch das bleibt unverfügbare Gabe.

- **SEHEN:**
  - **Bilder und Szenen, die mich berühren,**
    z. B. die Begegnung zwischen Jesus und dem Taubstummen
    (Mk 7,31–37) oder
    die Konfrontation zwischen Jesus und Petrus bei Caesarea Philippi
    (Mk 8,27–33)

  - **Personen, in denen ich mich wiederfinde,**
    z. B. Vater des besessenen Jungen (Mk 9,14 – 27) oder
    Johannes in der Auseinandersetzung mit dem Außenseiter (Mk 9,38–41)

- **HÖREN:**
  - **Worte, die mich treffen,**
    z. B. »Ich bin nicht gekommen, Gerechte zu rufen, sondern Sünder« (Mk 2,17)
    »Eines fehlt dir noch« (Mk 10,21)
    »Was willst du, daß ich dir tun soll?« (Mk 10,51)

- **SCHAUEN, was die Personen tun:**
  - **Verhaltensweisen, die mich in Bewegung bringen,**
    z. B. die vier Männer, die einen Gelähmten durch allen Widerstand hindurch bis zu Jesus bringen (Mk 2,1–12)
    oder die liebenswürdige Hartnäckigkeit der Syrophönizierin
    (Mk 7,25–30).

Dabei ist es wichtig, sich in die Akteure der biblischen Geschichte hineinzuversetzen und mitzuempfinden:

- Was geht in diesen Menschen vor?
- Welche Beziehung haben sie untereinander?
- Welche Gefühle, Wünsche, Hoffnungen, Sorgen, Zweifel, Ängste kommen in ihren Worten und Verhaltensweisen zum Ausdruck?
- Was bedeuten die Worte und Verhaltensweisen für die Betroffenen in der Erzählung?
- Wie zeigen sich Gottes Heilsabsichten mit den Menschen der Geschichte?

• **Sich auf sich selbst zurückbesinnen**, d.h. sich fragen:
Was hat das Geschaute, Gehörte und Mitempfundene bei mir ausgelöst? Welche Bedeutung hat es für mich jetzt? Welche Heilsabsichten Gottes mit mir zeigen sich in diesem biblischen Geschehen?

Alle diese Versuche, sich dem Geheimnis der Geschichte zu nähern, zielen auf die persönliche Begegnung mit dem, von dem alle Texte des Evangeliums Zeugnis geben. Ihr tiefster Sinn ist die Befähigung zur Hingabe an das Geheimnis Gottes: Anbetung!

• **Das Gespräch mit dem Herrn** am Ende beschließt den betenden Umgang mit dem »Geheimnis« der biblischen Geschichte. Sie kann der eigentliche Höhepunkt sein, Ausdruck von Nähe und Ehrfurcht »wie ein Freund mit einem Freund spricht«.

Einleitung in das Markusevangelium

Evangelium – eine neue literarische Gattung

Der Verfasser des Mk-ev hat mit seinem Werk etwas Neues geschaffen. Dafür gab es kein Vorbild, und das Neue konnte auch erst auf dem Boden urkirchlicher Jesusüberlieferung entstehen.

Wie kam es zur Abfassung der ersten Evangelienschrift? Woher bekam der Evangelist den Anstoß, die vergangene Geschichte Jesu von der Taufe durch Johannes bis zur Auferstehung als Evangelium nachzuerzählen?

Man darf zunächst annehmen, daß der Verfasser des Mk-ev in einer Tradition steht, in der die Erzählung der Jesusüberlieferung als »Evangelium«, als Frohe Botschaft verstanden wurde. Man darf ferner annehmen, daß Mk in seiner Schrift zusammenfaßt, was er als Christ gelernt und was sich in der missionarischen und katechetischen Praxis bewährt hatte. Die schriftliche Abfassung der Jesustradition in eine zusammenfassende Darstellung scheint nicht zuletzt damit zusammenzuhängen, daß die Kontinuität dieser Überlieferung bedroht war. In dem Umbruch zwischen der ersten und zweiten Generation, in der Bedrohung von außen und innen, bedurfte die Kirche einer zusammenfassenden Darstellung der aus vielfältigen Quellen lebenden Jesustradition in das kirchlich verantwortete »Evangelium Jesu Christi«. Ohne eine solche schriftliche Komposition hätte die Jesusüberlieferung kaum in einer solchen Nähe zu den Ursprüngen erhalten bleiben können.

Es bestand aber nicht nur die Gefahr, daß wertvolle Traditionen in Vergessenheit gerieten, sondern auch, daß sie zerredet wurden und auseinanderfielen.

Im Unterschied zu seinen perikopenhaften Vorlagen ist das Markus-Evangelium nicht so unmittelbar aus der Gemeindesituation und Missionstätigkeit entstanden. Der Verfasser steht nicht primär in einer negativen oder positiven Auseinandersetzung mit einer bestimmten Ortsgemeinde, sondern ist von einer gemeindeübergreifenden missionarischen Bewegung motiviert. Nur so konnte sein Evangelium sich an ein größeres und weniger zeitbedingtes Publikum wenden.

Der Evangelist hat also zum ersten Mal aus frei umlaufender (anonymer) Einzeltradition und verschiedenen Überlieferungskomplexen eine übergreifende Komposition geschaffen und sein »Evangelium von Jesus Christus« in einem kontinuierlichen Weg von Galiläa nach Jerusalem im Zeitraum etwa eines Jahres dargestellt. Charakteristisch für die von Mk entwickelte neue literarische Gattung »Evangelium« ist die Verbindung von Jesusgeschichte und Christuskerygma, v. a. die Verkündigung vom leidenden und auferstandenen Menschen- und Gottessohn.

Die sprachliche Verarbeitung und die formale Durchgestaltung der Einzelüberlieferungen, die zielgerichtete Anlage und der Handlungsablauf des Evangeliums lassen auf eine starke Verfasserpersönlichkeit schließen, die bei allem Respekt gegenüber der urkirchlichen Jesusüberlieferung gezielt auswählt, gestaltet und in das Ganze seiner Schrift integriert. Man darf annehmen, daß Markus »die Jesusüberlieferung schon seit längerer Zeit verantwortet, tradiert und auch aktualisiert hat« (P. Dschulnigg).

Die Verfasserfrage

Wie alle späteren Evangelien dürfte das Mk-ev zunächst anonym veröffentlicht worden sein. Das liegt nicht zuletzt in der Eigenart des Buches begründet: Es ist das Evangelium von Jesus Christus, das überliefert und nicht einfach schriftstellerisch produziert wird. Die anonyme Veröffentlichung entspricht auch jüdischer Tradition. Wir wissen vom Verfasser des zweiten Evangeliums, daß er den verbreiteten Namen Markus trug. Ob er Juden- oder Heidenchrist war, läßt sich nicht mit Sicherheit ausmachen. Aus Mk 7,1–8,9 wird deutlich, daß er für die Heidenmission eintritt; vgl. auch 13,10 und 14,9. Möglicherweise war er in Rom ansässig. Die Identifizierung mit dem Petrusschüler von 1 Petr 5,13 und mit dem Paulusschüler der übrigen Stellen kann sekundär sein. Auf diese Weise wurde das zweite Evangelium auf apostolische Autorität zurückgeführt – ein für damalige Zeit nicht ungewöhnlicher Vorgang. Das Evangelium des Mk ist uns deshalb besonders kostbar, weil es Traditionen ältester Herkunft verwahrt und in vielfacher Hinsicht Wort und Wirken Jesu selbst noch spiegelt: die Geschichte dessen, von dem die Frohe Botschaft erzählt.

Ort und Zeit der Abfassung

Markus schreibt in einer Gemeinde, die den Ursprüngen des Christentums in Galiläa und Jerusalem (Urgemeinde) verbunden bleibt, aber der heidenchristlichen Mission, der Kirche aus Juden und Heiden, verpflichtet ist. Seine primären Adressaten sind vermutlich die Heidenchristen im romanisierten Westen.

Die Abfassungszeit des Mk-ev erschließen die meisten Exegeten vom Kap.13 her. Wenn hier der jüdische Krieg und die Zerstörung Jerusalems vorausgesetzt sind, wird man das Mk-ev bald nach 70 v. Chr. ansetzen müssen.

Es gibt auch Anhaltspunkte, die auf eine frühere Entstehung hindeuten. Das innere Zeugnis des Mk-ev macht jedenfalls deutlich, daß es in einer schweren Zeit äußerer und innerer Bedrohung geschrieben wurde.

Das Material der Markus vorgegebenen Jesusüberlieferung

Markus konnte bei der Abfassung seines Evangeliums auf eine Fülle unterschiedlich geformter Überlieferungselemente zurückgreifen. Er komponierte sein Werk aus vermutlich weitgehend mündlicher Tradition, aber auch aus schriftlich überlieferten Einzelperikopen, aus Sammlungen und längeren Erzählstücken wie der Passionsgeschichte. Diese vielfältigen Überlieferungselemente waren je nach Herkunft und Gebrauch unterschiedlich geprägt. Zu den größeren vorevangelischen Überlieferungsblöcken gehörten wahrscheinlich:

1. die Täufer-Jesustradition	Mk 1,2–15
2. der Tag in Kapharnaum	Mk 1,21a. 29–39
3. die Sammlung der galiläischen Streitgespräche	Mk 2,15–3,6
4. die Gleichnissammlung	Mk 4,2–10.13–20.26–33
5. die Sammlung der Wundererzählungen	Mk 3,7–12; 4,1.35–39.41; 5,1–43; 6,32–56
6. die Sammlung zur Gemeindekatechese (Ehe, Reichtum, Rang)	Mk 10,2–12; 10,17–27; 10,35–45
7. die Passionsgeschichte	Mk 14,1–16,8 (z. T.)

Diese frühen Sammlungen entstammen der praktischen Gemeindearbeit, der Predigt und Unterweisung. Ihre Komposition erfolgte nach sachlichen Gesichtspunkten. Sie boten Material für die Verkündigung der Frohbotschaft in der Mission und der Gemeindekatechese – Material, auf das man sich berufen konnte, weil es auf die Autorität des irdischen Jesus zurückgeführt wurde.

Die Komposition der vor-evangelischen Jesusüberlieferung durch Markus

Markus hat das vorgegebene Traditionsmaterial zu einer einheitlichen Schrift komponiert. Seine eigene Leistung besteht vor allem in der theologischen Akzentuierung, in der Auswahl und Integrierung sowie in der sprachlichen und formalen Gestaltung des Stoffes. Bei der Integration in den Gesamtrahmen seines Evangeliums gebraucht er alle Kompositionsformen, die sich in größeren Erzählungen finden:

1. ***verbindene Komposition, z. B.***

- Zeitanschluß: das ist die Verbindung zum Vorausgehenden durch eine Zeitangabe, z. B. Mk 1,9.14
- Ortsanschluß: das ist die Verbindung zum Vorausgehenden durch eine Ortsangabe, z. B. Mk 1,9.12.14
- Geschehensanschluß: das ist die Verbindung zum Vorausgehenden, indem etwas vom zuvor erzählten Geschehen wieder aufgegriffen wird, z. B. Mk 14,22 und Mk 14,34

2. ***typisierende Kompositionen,*** d. h. Einzelmotive aus einigen Erzählungen werden zum durchgehenden Zug der ganzen Geschichte gemacht. Die auffälligste Form typisierender Komposition ist das Summarium, z B. Mk 3,7–12. Markus gebraucht diese Kompositionsform am häufigsten.

3. ***gliedernde Komposition,*** d. h. bestimmte Perikopen heben sich durch einen oder mehrere gemeinsame Gesichtspunkte von anderen Perikopengruppen ab:

- Leidens- u. Auferstehungsweissagung: Mk 8,31–32a; 9,30–31; 10,32–24
- Jüngerunverständnis: Mk 8,32b; 9,32–34: 10,35–37
- Jüngerunterweisung: Mk 8,33–38; 9,35–37; 10,38–45

4. ***übergreifende Komposition,*** d. h. über den unmittelbaren Zusammenhang hinaus das ganze Evangelium durchziehende Spannungsbögen, z. B.

- Jünger- /Glaubensthematik
- Geheimnismotiv (Messias, Gottessohn)
- Wunderthematik
- Israel und das neue Gottesvolk aus Heiden und Juden
- Passionsthematik
- Auferstehung

Sie alle münden in die gegenwärtige Situation der Kirche, die sich missionarisch zu den Völkern hin öffnet. Sie sind die schöpferische Aktualisierung des aufgenommenen Traditionsmaterials.

Es sind vor allem diese Stränge übergreifender Kompositionen, die den Eindruck einer einheitlichen Gesamtdarstellung der Jesusüberlieferung vermitteln. Verstärkt wird dieser Eindruck noch durch die bereits genannte geographische Entwicklung (von Galiläa hinauf nach Jerusalem) und die dramaturgische Bewegung, die sich vor allem in der Beziehung Jesu zu seinen Jüngern und zu seinen Gegnern spiegelt.

Die Haupttendenz des Markus-evangeliums

1. Seiner Komposition nach, d. h. seinen literarischen und theologischen Strukturelementen nach, dürfte es die Haupttendenz des Markus-evangeliums sein, den Todesweg Jesu begreiflich zu machen und ihn als »Evangelium«, als Frohe Botschaft verstehen zu lernen.

2. Markus hat sein Evangelium so konzipiert, daß alles Geschehen um Jesus auf den Passionsbericht hinausläuft:

Schon im 1. Teil des Evangeliums (Mk 1,1–8,26) wird an drei markanten Stellen das Passionsgeschehen vorbereitet:

a) am Ende der fünf »galiläischen Streitgespräche« (Mk 2,1–3,6) ist die Verstockung (porosis täs kardias, Mk 3,5) der Gegner Jesu unüberwindlich und ihr Entschluß, ihn zu töten, steht fest (Mk 3,5 f.).

b) auf die drei Wunderberichte, die Jesus als den Herrn über Sturm und Wellen, über die Dämonen und über Krankheit und Tod erweisen (Mk 4,35–5,43), folgt seine Ablehnung in Nazareth, der Unglaube »in seiner Vaterstadt, bei seiner Verwandtschaft und in seinem Hause« (Mk 6,1–6a).

c) der Abschnitt von der einen Brotvermehrung zur anderen (Mk 6,35–8,10) schließt mit dem Unglauben der Pharisaer (Mk 8,11–13) und dem Unverständnis, ja der Verstockung (porosis täs kardias, Mk 8,17) der Jünger (Mk 8,14–21). Sie geraten damit schon in eine gefährliche Nähe zu den Feinden Jesu.

Die Heilung des Blinden von Bethsaida (Mk 8,22–26) bereitet das noch ungeläuterte Petrusbekenntnis symbolhaft vor (Mk 8,27–30). Jesu eigene Antwort auf die Frage, wer er eigentlich sei, ist sein Weg in die Passion, ins Leiden, in Verwerfung und Tod. Allein dieser Weg ist sein Geheimnis. Sein Ende am Kreuz sagt, wer er in Wahrheit ('aläthos) ist (Mk 15,39).

Die Darstellung des Wirkens Jesu bis Mk 8,26 ist also die Grundlage für die mit Mk 8,27–33 beginnende Passionsgeschichte und die in sie eingefügten Jüngerunter- weisunterweisungen.

Der 2. Teil des Evangeliums (Mk 8,27–16,8) ist in seinem ersten Abschnitt (Mk 8,27–10,52) deutlich durch die drei Leidens- und Auferstehungsankündigungen gegliedert (Mk 8,31–32a; 9,30–31; 10,32–34). Die Leidensweissagungen stoßen bei den Jüngern auf Unverständnis (Mk 8,32b; 9,32–34; 10.35–37). An jede dieser Leidensankündigungen schließt sich darum eine Jüngerunterweisung an (Mk 8,33–38; 9,35–37; 10,38–45). Darin bereitet Jesus die Jünger auf seine Nachfolge vor, »die eine solche des Dienstes, des Leidens und des entschlossenen Gehorsams ist«. Sie werden an seinem Leiden erkennen, wer er ist, und daran werden ihre allzu naheliegenden Wünsche und Vor-stellungen zerbrechen. »Sie sollen an ihrem eigenen Leiden in seiner Nachfolge dem Leben dienen und das Leben finden, und dieses wirkliche Leben wird ihre Vor-stellungen vom Leben gründlich verändern«.

Den Übergang zum »letzten Wirken Jesu in Jerusalem« (Mk 11,1–13,37) bildet die Heilung des Blinden von Jericho (Mk 10,46–52). Im blinden Bartimäus wird der Mensch gesehen, der am Rande des Weges Jesu wartet und leidenschaftlich nach Glaubenseinsicht verlangt, um diesen Weg mit dem Herrn gehen zu können. Er ist der einzige, der um seine Blindheit weiß und nach Einsicht in die Notwendigkeit der Passion mit Jesus schreit.

Mit dem Einzug in Jerusalem (Mk 11,1–11) tritt die feindselige Ablehnung der Wirksamkeit Jesu und seiner Person in die entscheidende Phase. Die letzten Ereignisse in der Stadt vor der Passion, vor allem die Tempelreinigung und die Streitgespräche mit den religiös-politischen Autoritäten, machen den Bruch endgültig. Vgl. besonders das Gleichnis von den bösen Winzern (Mk 12,1–12) und den Schlußsatz in dem Gespräch um das wichtigste Gebot (Mk 12,28–34): »Und keiner wagte mehr, ihm eine Frage zu stellen.«

Wie das Mißverständnis, Unverständnis und die feindselige Ablehnung der Wirksamkeit und Person Jesu seine Unschuld und die Verantwortung der Gegner an seinem Tod manifestieren sollen, so sind die Leidensankündigungen vom Gedanken göttlicher Verfügung, jenes unerforschlichen göttlichen *dei* (Muß) geprägt.

Jesu Passion und Tod wird als von Gott verfügter und notwendiger Weg gedeutet, den Jesus im Gehorsam aufsichnimmt und zu Ende geht. Gott will sich offenbar in der Welt nur zu den Bedingungen dieser Welt durchsetzen, und das impliziert das Risiko des Scheiterns. Indem Jesus sich den Händen der Menschen ausliefert, fügt er sich in den nicht mehr verständlichen Willen Gottes, der seine eigene Sache in der Welt zugrunde gehen läßt. Daß die Ohnmacht Gottes in der Welt die Dynamik in sich trägt, Passion und Tod zu überwinden, ja daß sie ihr Ziel über diesen Weg erreicht, scheint auch die Gemeinde des Markus als harte Zumutung empfunden zu haben.

Der theologischen Deutung des Passionsgeschehens dienen auch die alttestamentlichen Zitate und Anspielungen, vor allem in der Leidensgeschichte. Sie sollen verständlich machen, daß Jesu Leiden und Sterben nicht trostlose Folge menschlicher Willkür ist, sondern in Übereinstimmung mit alttestamentlichen Voraussagen steht und sich nach dem unbegreiflichen Willen Jahwes vollzieht.

Mit dem abschließenden Zeugnis des heidnischen Centurio (Mk 15,39) ist der markinische Passionsbericht schließlich einem »Siegeslied« vergleichbar wie Psalm 22 und Jes 52,13–53,12. Im Tod Jesu bricht der österliche Glaube auf: »Wahrhaftig dieser Mensch war Gottes Sohn!«

Der eigentümliche Aufriß des Evangeliums verrät also, daß Markus den Todesweg Jesu als den Weg zum Leben charakterisiert. Weil dieser Weg einerseits unter dem göttlichen *dei* (Müssen) steht, andererseits aber kein unentrinnbares Schicksal ist, darum hat Jesus sein Leben als große Versuchung erfahren. In den Leidensankündigungen »redet er vom ›Menschensohn‹, als spräche er von einer Gestalt, in die er selbst erst hineinwachse, und von einer Zukunft, in die er selbst erst hineingehe. Der irdische Jesus lebt offenbar auf den hin, der er sein wird« (Moltmann). Und es bleibt die Versuchung, in der entscheidenden Stunde den Kelch des Leidens nicht zu trinken.

3. ***Zusammenfassung:*** Markus will also aufzeigen,

- wer dieser Jesus von Nazareth ist
  Der 1. Teil des Evangeliums läuft auf die Frage Jesu an seine Jünger: *»Für wen haltet ihr mich?«* hinaus – wie auf einen Kristallisationspunkt hin.
  Die Frage nach der Identität Jesu durchzieht auch die Berichte vom Prozeß und der Hinrichtung Jesu:
- auf welchem »Weg« er zur »Herrschaft« kommt
- und wie die von ihm verkündete Gottes-Herrschaft wirksam wird.

Gleichzeitig macht er wie kein anderer Evangelist deutlich:

- welchen Unverstand und Widerstand selbst die Zwölf diesem Weg entgegensetzen
- und daß Jesu Treue auch den Unverständigen, den im Glauben Schwachgewordenen, den »Versagern« gilt.

Die weiteren Schwerpunkte und Perspektiven markinischer Theologie werden sich dem aufmerksamen Betrachter des Evangeliums nach und nach erschließen.

Gliederung des Mk-Evangeliums

- **Der Anfang**

Anfang der Heilsbotschaft von Jesus, dem Christus, Gottes Sohn: Mk 1,1–8
Taufe und Versuchung Jesu: Mk 1,9–13
Der Ruf in die Nachfolge: Mk 1,14–20

- **Jesu neue Lehre in Vollmacht – und der wachsende Widerstand seiner Gegner**

Jesus in Kafarnaum: Mk 1,21–28
Die Heilung von Simons Schwiegermutter und aller Kranken und Besessenen
von Kafarnaum: Mk 1,29–34
Der Aufbruch von Kafarnaum: Mk 1,35–39
Die Heilung des Aussätzigen: Mk 1,40–45
Die Heilung eines Gelähmten: Mk 2,1–12
Die Berufung des Levi und das Mahl mit den Zöllnern: Mk 2,13–17
Die Fastenfrage und die Unvereinbarkeit des Neuen mit dem Alten: Mk 2,18–22
Der erste Sabbatkonflikt: Mk 2,23–28
Die Heilung der verdorrten Hand am Sabbat: Mk 3,1–6

- **Jesu Lehre in Gleichnissen und machtvollen Taten – und der Unglaube in seiner Vaterstadt, bei seiner Verwandtschaft und in seinem Haus**

Der Andrang des Volkes und die Einsetzung der Zwölf: Mk 3,7–19
Verrückt und besessen: Mk 3,20–35
Das Gleichnis vom unverdrossenen Sämann: Mk 4,1–20
Vom Offenbarwerden des Verborgenen und vom Maß, mit dem gemessen wird: Mk 4,21–25
Das Gleichnis vom Wachsen der Saat und das Gleichnis vom Senfkorn: Mk 4,26–34
Jesu Macht über Sturm und Wellen: Mk 4,35–41
Die Heilung des Besessenen von Gerasa: Mk 5,1–20
Die Heilung einer kranken Frau: Mk 5,21–34
Die Tochter des Jairus: Mk 5,21–24.35–43
Jesus in seinem Heimatort: Mk 6,1–6a

- **Jesu Wirken bis zu den Heiden – und die Blindheit seiner Jünger**

Die Aussendung der Zwölf: Mk 6,6b–13
Das Ende Johannes des Täufers: Mk 6,14–29
Die Rückkehr der Zwölf und die Speisung der Fünftausend: Mk 6,30–44
Abwesenheit und Nähe Jesu: Mk 6,45–56
Wahre Frömmigkeit und Menschlichkeit: Mk 7,1–23
Der Glaube der Heidin: Mk 7,24–30
Die Heilung des Taubstummen: Mk 7,31–37
Die Speisung der Viertausend: Mk 8,1–10
Die Zeichenforderung der Pharisäer und die Blindheit der Jünger: Mk 8,11–21
Die Heilung eines Blinden aus Bethsaida: Mk 8,22–26

- **Die Formung des Jüngerkreises auf dem Weg nach Jerusalem**

Die Frage nach dem Leben oder die *erste* Ankündigung von Leiden, Tod und Auferstehung: Mk 8,27–33
Nachfolgebedingungen: Mk 8,34–9,1
Die Verklärung Jesu: Mk 9,2–13
Die Heilung des besessenen Jungen: Mk 9,14–29
Die zweite Frage nach dem Leben oder die *zweite* Ankündigung von Leiden, Tod und Auferstehung: Mk 9,30–37
Der Außenseiter: Mk 9,38–41
Ärgernisse: Mk 9,42–50
Was Gott verbunden hat ...: Mk 10,1–12
Nachfolge als Orientierung am Kind: Mk 10,13–16
Die Frage des Reichen und die »Frage« des Petrus: Mk 10,17–31
Die dritte Frage nach dem Leben oder die *dritte* Ankündigung von Leiden, Tod und Auferstehung: Mk 10,32–45
Die Heilung des blinden Bartimäus: Mk 10,46–52

- **Jesu Wirken in Jerusalem – und der endgültige Bruch mit seinen Gegnern**

Der Einzug Jesu in Jerusalem: Mk 11,1–11
Der Fluch über den unfruchtbaren Feigenbaum und die Tempelreinigung: Mk 11,12–26
Die Frage nach der Vollmacht Jesu: Mk 11,27–33
Das Gleichnis von den bösen Winzern: Mk 12,1–12
Die Steuerfrage: Mk 12,13–17
Die Frage nach der Auferstehung der Toten: Mk 12,18–27

Die Frage des Schriftgelehrten nach dem »ersten Gebot«: Mk 12,28–34
Die Frage Jesu nach der Sohnschaft des Messias: Mk 12,35–37
Die Warnung vor den Schriftgelehrten und das Lob der armen Witwe: Mk 12,38–44
Vom Ende des Tempels und dem »Ausliefern« der Jünger: Mk 13,1–13
Von der großen Drangsal und dem Kommen des Menschensohnes: Mk 13,14–27
Von der rechten Einstellung auf das Ende: Mk 13,28–37

- **Jesu Leiden und Sterben – und die Botschaft von seiner Auferstehung**

Das Präludium zur Passion: Mk 14,1–11
Das letzte Abendmahl: Mk 14,12–25
Gethsemani: Mk 14,26–52
Der Prozeß Jesu vor dem Hohen Rat: Mk 14,53–65
Die Verleugnung des Petrus: Mk 14,66–72
Die »Verhandlung« vor Pilatus: Mk 15,1–15
Die Verhöhnung des Judenkönigs: Mk 15,16–20a
Die Kreuzigung Jesu: Mk 15,20b–32
Der Tod Jesu: Mk 15,33–41
Die Grablegung Jesu: Mk 15,42–47
Am ersten Tag der Woche: Mk 16,1–8

Der sog. lange, kanonische Schluß: Mk 16,9–20

Auslegung der einzelnen Perikopen

Anfang der Heilsbotschaft von Jesus, dem Messias, Gottes Sohn
Mk 1,1–8

[1] Anfang der Heilsbotschaft von Jesus, dem Messias, Gottes
Sohn.
[2] Wie geschrieben ist bei Jesaja, dem Propheten:
Siehe, ich sende meinen Boten vor deinem Angesicht her,
der deinen Weg herrichten soll.
[3] Stimme eines Rufenden in der Wüste:
Bereitet den Weg des Herrn.
Gerade macht seine Pfade.
[4] Es geschah: Johannes taufte in der Wüste und verkündete eine
Taufe der Umkehr zum Nachlaß der Sünden. [5] Und herausging
zu ihm das ganze judäische Land und die Jerusalemer alle, und
sie ließen sich taufen von ihm im Jordanfluß, ihre Sünden be-
kennend. [6] Und es war Johannes bekleidet mit Kamelhaar und
einem Ledergürtel um seine Hüfte. Er aß Heuschrecken und wil-
den Honig.
[7] Und er verkündete und sagte: Nach mir kommt, der stärker ist
als ich. Ich bin nicht genug, mich zu bücken und den Riemen
seiner Sandalen zu lösen. [8] Ich habe euch mit Wasser getauft. Er
aber wird euch taufen in heiligem Geist.

1. Mit diesen Worten eröffnet Markus sein Evangelium. Der *Anfang* erinnert an Gottes Heilshandeln zu einem ganz bestimmten Zeitpunkt in der Geschichte. Zugleich aber will dieser Anfang erneut Geschichte werden: wer sich der Heilsbotschaft öffnet, wird in die Anziehungskraft ihres Ursprungs geraten. Eine eigen-artige Faszination liegt über diesem Anfang »in der Wüste«.

Eine Sehnsucht bricht auf, die stärker ist als alle Gewöhnungen und Bindungen, die Menschen eingegangen sind – eine Sehnsucht nach Abschied und Neubeginn. Ein Verlangen erwacht, den Kairos des Lebens, die Spur von Sinn und Erfüllung nicht zu verpassen. Alles gerät in Bewegung: »das ganze judäische Land und alle Einwohner Jerusalems«. Gott setzt einen neuen Advent. »Er ist ein unbeirrbar treuer Gott« (Dtn 32,4).

2. Die beiden atl. Worte sind wie eine Überschrift über das ganze Buch. Markus zitiert das Erste Testament, um sein Evangelium von ihm her zu legitimieren. Alles Folgende wird in das Licht dieses Anfangs gerückt. Noch bevor Jesus ins Blickfeld kommt, wird er als der verkündet, in dem Gottes Wege mit den Menschen sich auf ganz einzigartige und endgültige Weise erfüllen. Es beginnt wieder »in der Wüste«, jenem Ort, an dem Jahwe mit seinem Volk allein sein will: »Ich will sie in die Wüste hinausführen und sie umwerben« (Hos 2,16). In der Wüste lernte Israel das mühsame Einüben in die Freiheit täglich neu geschenkten Lebens, ein Umkehren der tief eingewurzelten Sklavenmentalität, sein Leben von anderen »niederhalten« zu lassen. In diesem schmerzlichen Reifungsprozeß hatte Israel erfahren, wie sich die Wüste als Ort tödlicher Bedrohung in einen »Raum« des Lebens wandelte.

3. Mit Johannes wandelt sich die Wüste von neuem in einen Ort des Lebens. Scharen von Menschen aus Jerusalem und ganz Judäa ziehen hinaus, um sich von ihm taufen zu lassen. In der reinigenden Kraft der Wüste finden sie zurück zu den Wurzeln ihres Glaubens und den Quellen ihres Lebens. Mit Johannes wird die Wüste zum Ort der Begegnung mit Gott. Bis in seine äußere Erscheinung und Lebensweise hinein ist zu spüren, daß er ein von Jahwe Ergriffener ist. In seiner geläuterten Anspruchslosigkeit ist Johannes selbst ein Bild der Umkehr. Es ist nicht auszuschließen, daß in ihm auch die altisraelitische Erfahrung lebendig wird, nach der Kultur- und Weltverflochtenheit die Sensibilität für Jahwes Gegenwart und Wirken verkümmern läßt (vgl. Jer 35,1–11)

Vor lauter Aufmerksamkeit für die Sorgen und Anstrengungen des Alltäglichen geht das Gespür dafür verloren, wer wir sind und was in uns zum Leben kommen möchte. Hinter dem mit äußerster Knappheit berichteten Taufgeschehen verbirgt sich eine überwältigende innere Dramaturgie. Die Menschen, die sich von Johannes im Jordanwasser taufen lassen, werden bis ins Innerste von der Un-ordnung ihres Lebens erschüttert, und sie finden die Kraft, sich zu dem zu bekennen, was ihrem Wesen, was ihrer Mensch-werdung zuwiderläuft. Sie werden zurückgehen in die Welt, aus der sie aufgebrochen sind. Sie werden heimkehren mit einer neuen Gewißheit des »Ich-bin-der-Ich-bin-da«. Das Heil, das sie an sich erfahren haben, kann sich nun in ihrer Lebenswelt einwurzeln.

4. Johannes weiß sich als Vorläufer eines Stärkeren. In seiner Verkündigung (zweimal *kärússein*) ***beginnt*** eine neue Art der Heimführung Israels. Der endgültige Aufbruch aus der Gefangenschaft von allen pharaonischen Mächten verlangt jedoch einen Stärkeren. Das Bild vom Lösen der Sandalen, das Markus noch mit dem Wort »bücken« verstärkt, veranschaulicht den gewalti-

gen Unterschied zu dem, der nach ihm kommt. Nach rabbinischer Regel soll der Schüler seinem Lehrer alle Dienste eines Sklaven tun, nur nicht das Lösen der Schuhe.

Es fällt auf, daß die Verkündigung des Täufers *bei Markus* ohne Mahnungen, Drohungen und Forderungen auskommt. Offenbar steht Johannes hier schon ganz im Licht des Kommenden. Der Anfang, den das Evangelium mit dem Täufer genommen hat, ist mit den Augen derer zu sehen, die schon getauft sind »in heiligem Geist«. Der Anfang der Heilsbotschaft ist dort, wo die Sehnsucht nach Gott in unseren Herzen neu geweckt wird.

Taufe und Versuchung Jesu
Mk 1,9–13

9 Und so geschah es: In jenen Tagen kam Jesus von Nazareth in
Galiläa und ließ sich taufen im Jordan von Johannes. 10 Und
gleich, als er aus dem Wasser herausstieg, sah er die Himmel
sich spalten und den Geist wie eine Taube herabsteigen auf ihn.
11 Und eine Stimme geschah aus den Himmeln: Du bist mein
Sohn, der geliebte, an dir habe ich Gefallen.
12 Und gleich trieb hinaus ihn der Geist in die Wüste. 13 Und er
war in der Wüste vierzig Tage, versucht vom Satan, und er war
mit den Tieren, und Engel dienten ihm.

1. Jesus kommt aus seinem Heimatdorf Nazareth an den Jordan, wo Johannes tauft. Sein Aufbruch von zuhause ist endgültig. Wie viele andere zieht es ihn in die Wüste zu jenem »Ort«, wo der Täufer die Sehnsucht nach Gott im Herzen des Volkes neu geweckt hat. Es bleibt unklar, was Jesus bewogen hat, sich von Johannes taufen zu lassen. Jedenfalls öffnet sich ihm danach der Himmel und Gott selbst bekennt sich zu ihm als seinem geliebten Sohn. Dieser Einbruch des Himmels in seine Erfahrung bestimmt von nun an sein Selbstbewußtsein und sein Gottesbild. Die Gewißheit, Gott als liebenden Vater zu haben, wird noch durch das Bild von der Taube verdeutlicht: Als Verkörperung des Geistes Gottes, als Symbol des Friedens und der Versöhnung veranschaulicht sie, wie Gott zu seiner Schöpfung steht und dem Menschen gesonnen ist. In dieser Szene wird eine tiefe menschliche Erfahrung ausgesprochen: Es genügt uns nicht, geliebt zu sein, wir wollen es auch immer wieder sehen und hören. Markus kündigt damit schon den Abschied von einem Gottesbild an, dem man nur mit Forderungen und Drohungen, mit Mahnungen und moralischen Anstrengungen entsprechen kann.

2. Unmittelbar nach dieser Gotteserfahrung wird Jesus vom Geist in die Wüste »geworfen«. Vor Beginn seines öffentlichen Wirkens muß er sich jener Einsamkeit aussetzen, die ihm ermöglicht, der Wahrheit seines Lebens ins Angesicht zu schauen. Es ist ein unerbittliches Gesetz menschlichen Reifens, daß jemand, der sich selbst noch nicht gefunden hat, auch nicht zum andern finden kann. Er wird andere mit seinen ungelösten Ängsten und Konflikten

überschatten und mit seinen ungeläuterten Absichten unabsehbaren Schaden anrichten. Dieser Rückzug von allem und von allen, um unter den vielen Stimmen und Bewegungen des Herzens der eigenen Wirklichkeit inne zu werden, ist auch für die Entwicklung Jesu kennzeichnend. »Obwohl er vollkommen ist, ist er noch nicht vollendet« (L. Boff). Es sieht so aus, als wolle Markus auch sagen, daß man Zeit und Ort eines solchen Wüstenaufenthaltes nicht selbst bestimmen kann. Jesus scheint unversehens *(éuthús)* und mit einer inneren Wucht *(ekbállein)* in diese Art von Wüste geraten zu sein. Man begibt sich offenbar nicht von selbst dorthin. Einer solchen Selbstbegegnung kann sich auch nur stellen, wer wie Jesus aus dem Vertrauen lebt, in einer bedingungslosen Weise angenommen und geliebt zu sein.

Der Aufenthalt in der Wüste dauert vierzig Tage. Diese symbolische Zahl erinnert an Vorbilder aus der biblischen Tradition. Vierzig Tage und vierzig Nächte wird Mose »auf dem Berg« vom Feuer göttlicher Nähe geläutert. Die Lebensordnung, die er seinem Volk aus dieser Begegnung mitbringt, trägt die Verheißung, daß Jahwe selbst mit Israel eine Lebensgemeinschaft eingehen will. Er will sich an Menschen binden, die unter Mühen und Strapazen die Erfahrung einer neuen Freiheit gemacht haben.

Vierzig Tage und Nächte wandert Elija, durch Engelspeise gestärkt, zum Gottesberg Horeb. Er soll noch einmal den Weg durch die Wüste gehen bis zu den Wurzeln seines Glaubens. Er soll sich Jahwe nähern in der reinigenden Stille der Wüste wie Mose, wie die Väter.

Vierzig Jahre zieht Jahwe mit seinem Volk durch die Wüste, bis es seine Sklavenmentalität abgelegt hat. In dieser Zeit des Suchens und Unterwegsseins ohne Vorsorge und ohne Absicherung war es die größte Auszeichnung der Israeliten, wenn auf ihrem Antlitz die Freiheit und Mehrung des Lebens aufleuchtete, die Jahwe ihnen geschenkt hatte.

Allen Wüstenerfahrungen dieser Art ist gemeinsam, daß Menschen erkennen, wer sie in Wahrheit sind.

3. Im Zusammenhang mit dem Wüstenaufenthalt Jesu sagt Markus, daß er vom Satan versucht wurde und mit den Tieren war und Engel ihn bedienten. Vielleicht kommt man der Intention des Evangelisten am nächsten, wenn man die »Tiere« als Symbol der menschlichen Seele versteht. Es gehört zu den härtesten Anfechtungen, des Tierischen in seiner Natur ansichtig zu werden und der Versuchung zu widerstehen, es nicht zu leugnen oder abzutöten. Das Tierische im Menschen ist an sich nicht gleich böse oder gefährlich. Gefährlich und zerstörerisch werden die »Tiere« erst, wenn man sie aus Angst einsperrt, sie mit Gewalt unterdrückt oder vor lauter Abscheu und Selbstverachtung umbringen will. Es kommt darauf an, diese triebhaften Kräfte zuzulassen in dem Vertrauen, daß nichts, was Gott geschaffen hat, in sich schon bösartig

ist. Eine solche Einstellung erlaubt unserem tierischen Anteil die notwendige Integration. Dann können auch ohne Angst ihre Kräfte zu Verbündeten des Menschen werden. So wie Jesus in der Wüste mit den Tieren lebt, verlieren sie ihre unberechenbare Wildheit.

In gleicher Weise können auch die »Engel« in ihrem symbolischen Gehalt als Selbstüberforderung durch falsche Ideale und Radikalität verstanden werden. Aber auch die »Engel« müssen zu Verbündeten des Menschen werden, indem sie als Bild des eigenen Wesens Faszination wecken und Orientierung geben. »Engel« und »Tiere« können zusammenfinden in dem Vertrauen, daß alles Geschaffene auf den Menschen hin geschaffen ist und der Mensch selbst in seiner oft schmerzlich erfahrenen Gegensätzlichkeit ein Abbild des Schöpfers ist. Für Jesus ist die Gewißheit, Gottes Sohn zu sein, eng verbunden mit dem Vertrauen, mit sich selbst »versöhnt« zu werden und die Gestalt des Menschen in sich zur Entfaltung zu bringen. Von daher wird verständlich, warum die Wüstenerfahrung Jesu seinem öffentlichen Wirken vorausgeht. Wie hätte er ohne die Integration der Gegensätze in sich die Kraft aufbringen können, Menschen aus ihrer inneren Zerrissenheit und Entfremdung zu sich selbst zurückzuführen?

Der Ruf in die Nachfolge
Mk 1,14–20

[14] Nachdem aber Johannes ausgeliefert war, kam Jesus nach Galiläa, um zu künden die Heilsbotschaft Gottes
[15] und er sagte: Erfüllt ist die Zeit, nahe gekommen ist das Königtum Gottes. Kehrt um und glaubt an die Heilsbotschaft.
[16] Und als er am Meer von Galiläa entlangging, sah er Simon und Andreas, den Bruder Simons, wie sie das Rundnetz auswarfen im Meer; sie waren ja Fischer.
[17] Und es sagte zu ihnen Jesus: Hierher! Hinter mich! daß ich Menschenfischer aus Euch mache.
[18] Und gleich ließen sie die Netze und folgten ihm.
[19] Und als er etwas weitergegangen, sah er Jakobus, den Sohn des Zebedäus, und Johannes, seinen Bruder, auch sie im Boot beim Herrichten der Netze.
[20] Und gleich hat er sie gerufen, und sie ließen ihren Vater Zebedäus im Boot mitsamt den Lohnarbeitern; und gingen weg – ihm nach.

1. Diese Perikope ist wie ein Holzschnitt, der mit wenigen klaren Konturen das Entscheidende heraushebt:

Begegnung mit einem Menschen, in dem plötzlich etwas aufscheint, das ein Leben verändert – augenblicklich (*euthús*). –

Begegnung mit einem Wort, in dem eine Freiheit und Weite anklingt, die den Angesprochenen nicht mehr losläßt . –

Begegnung – wie zufällig, im Gemenge des Alltags, da plötzlich die Umrisse der »geheimen Gestalt« in mir als Verheißung und Zumutung sichtbar werden. –

Begegnung mit einem Menschen, von dessen Blick und Stimme so viel Klarheit und Wärme ausgeht, daß auch das Dunkle und Unerlöste in mir heilend umfaßt wird.

All das schwingt mit in der Szene, als Jesus zu Beginn seines öffentlichen Wirkens im Vorübergehen die Fischer bei ihrer Alltagsbeschäftigung sieht und sie in seine Nachfolge ruft. Jesus sucht die Menschen in ihrer eigenen Umgebung auf. Er begegnet ihnen nicht in einer besonderen religiösen Atmosphäre, sondern dort, wo sie wirklich leben, mitten bei ihrem Handwerk. Auf der anderen Seite muß Jesus in einer Weise von Gott ergriffen gewesen sein, daß die Menschen in seiner Nähe weit mehr Geborgenheit, Sinn und Lebensperspektive gespürt haben als ihr Alltag, ihr Zuhause, ihr Leben ihnen bisher zu geben vermochte. An seiner Menschlichkeit konnten sie unmittelbar erfahren, daß es stimmt, was Er verkündete: »Erfüllt ist die Zeit, nahegekommen ist die Herrschaft Gottes«.

Welche Kraft muß einem Wort eigen sein, wenn es imstande ist, Menschen aus ihrem gewohnten Lebenszusammenhang herauszulösen: »Hierher! Hinter mich, daß ich Menschenfischer aus euch mache!« Die neue Verheißung ist ein wunderbares Wort: Von den Fischern soll etwas ausgehen von dem großen LEBEN, das sie selbst im vertrauten Umgang mit Jesus kennengelernt haben. Es soll etwas durch sie geschehen, das nicht von ihnen »gemacht« ist. Andere werden erkennen, daß sich in ihnen eine Antwort spiegelt auf die große, immer wieder enttäuschte Sehnsucht ihres Lebens. Was die Fischer in ihrer beruflichen Tätigkeit an einfühlsamem Umgang mit der Natur gelernt haben, was sie dabei an Aufmerksamkeit, Ausdauer und Zielstrebigkeit aufbringen müssen, – all das stellt Jesus in einen ganz neuen Horizont: »Ich werde euch zu Menschenfischern machen«. In der Begegnung mit Jesus, in seinem Ruf erkennen sie, wer sie eigentlich sind und wofür sie in Wirklichkeit da sind. »Was ein Mensch ist, ergibt sich aus der Wahrheit, die in ihm liegt und zu der er berufen ist« (Drewermann).

Die Gerufenen erfassen, daß sie der Wahrheit ihres Lebens folgen müssen, wenn sie es nicht verfehlen wollen. Sie lösen sich aus ihrem sozialen Milieu, sie geben ihren Beruf auf und trennen sich von ihrer Familie, von ihren Eltern. Es wird vermutlich ein längerer Prozeß gewesen sein, bis sie aus den Abhängigkeiten und Bindungen ihres vergangenen Lebens herausgefunden haben, auch wenn es heißt: Und sofort *(euthús)* ließen sie die Netze und folgten ihm nach.

2. Die Perikope ist wie ein Prisma, das die farbigen Impulse des Lebens auf das Eine hin sammelt, das wir »Berufung« nennen.

In der einen oder anderen Form hat sich bei uns ähnliches abgespielt: Vielleicht haben wir irgendwann begonnen, Impulse aus der Mitte unserer Person wahrzunehmen, die uns aufmerksam machten auf ***den*** Menschen, der wir sein sollen.

Dag Hammerskjöld sagt einmal:
»Ich weiß nicht, wer oder was die Frage stellte;
ich weiß nicht, wann sie gestellt wurde.
Aber einmal antwortete ich mit Ja
zu jemandem oder zu etwas.
Von dieser Stunde an rührt die Gewißheit,

daß mein Leben sinnvoll ist
und darum mein Leben – in Unterwerfung – ein Ziel hat.
Seit dieser Stunde habe ich gewußt, was es heißt:
›nicht hinter sich zu schauen‹ ...«

Einmal antwortete ich mit Ja.

Einmal trafen – vielleicht nur für einen Augenblick – die immer wiederkehrenden Impulse gebündelt in einer Begegnung, in einem Wort oder sonstwie zusammen und ich begann, mich dieser Führung von innen anzuvertrauen.

Unsere Perikope ist eine »ideale Szene« in dem Sinn, daß die Reaktion der Fischer als unmittelbare Antwort auf die Begegnung mit Jesus dargestellt wird, obwohl sie in Wirklichkeit das Ergebnis einer längeren Entwicklung gewesen sein dürfte.

Wenn ein Mensch einmal den verborgenen Sinnmöglichkeiten seines Lebens auf die Spur gekommen ist und sich auf den Weg gemacht hat, erwacht in ihm ein neues Gewissen, das alle bisherigen Bindungen und Verpflichtungen außer Kraft setzen kann: ›Und sofort ließen sie die Netze und folgten ihm nach‹. Es ist schwer, diesem neuen Gewissen treu zu bleiben. Alte Gewohnheiten und liebgewonnene Überzeugungen, Schuldgefühle, zermürbende Widerstände und pragmatische Lösungen, Einsamkeit unter andersdenkenden und -empfindenden Menschen, all das kann die momentane Klarheit unseres seelisch-geistigen Grundwassers wieder trüben.

Kein Evangelist zeigt so deutlich wie Markus, daß die Antwort der Fischer in massivem Gegensatz zu ihrem weiteren Verhalten in der »Geschichte« Jesu steht.

Einmal antwortete ich mit Ja.
Was ist daraus geworden?
Wer sein Wort lange mißhandelt hat, kann sich von ihm nicht mehr die Wahrheit sagen lassen ...

3. Noch ein Wort gehört in den Zusammenhang der Perikope: Der Beginn des öffentlichen Wirkens Jesu wird in Vers 14 mit dem Satz eingeleitet: »Nachdem Johannes ausgeliefert war (*paradothänai)* ...« ›Überliefern‹ (*paradídomi)* ist Schlüsselwort der markinischen Passionsgeschichte. Der Schatten des Kreuzes steht schon über dem Anfang des Weges Jesu ...

Jesus in Kafarnaum
Mk 1,21–28

21 Und sie gingen hinein nach Kafarnaum. Und gleich am Sabbat
ging er in die Synagoge und lehrte. 22 Da waren sie außer sich
wegen seiner Lehre. Denn er lehrte sie wie einer, der Vollmacht
hat, nicht wie die Schriftgelehrten.
23 Und gleich war da in ihrer Synagoge ein Mann in unreinem
Geist; und aufschrie der, 24 und sagte: Was haben wir mit dir zu
schaffen, Jesus, Nazarener? Bist du gekommen, uns zu vernich-
ten? Ich weiß von dir, wer du bist: Der Heilige Gottes!
25 Doch Jesus fuhr ihn an und sagte: Schweig still, und: Hinaus
fahre aus ihm.
26 Da: ihn schüttelnd und aufschreiend mit lautem Geheul, fuhr
der unreine Geist aus ihm heraus. 27 Da erschauderten alle, daß
sie miteinander stritten und sagten: Was ist das! Eine neue Lehre
in Vollmacht! Sogar den unreinen Geistern gebietet er, und sie
gehorchen ihm! 28 Und hinausging die Kunde von ihm sogleich,
überallhin, in das ganze Umland von Galiläa.

Nach der Berufung der ersten Jünger kommt Jesus mit ihnen nach Kafarnaum. Dort geht er am Sabbat, wie es Brauch ist, in die Synagoge. Sie ist der übliche Versammlungsort der Gemeinde. Hier finden sich die Menschen auch zu Gebet, Schriftlesung und anschließender Auslegung ein. Jedes geeignete Gemeindemitglied konnte dazu aufgefordert werden. Jesus fügt sich in das normale religiöse Leben seiner Landsleute (vgl. Mk 3,1 f; 6,2). Dennoch geht von seinem ersten öffentlichen Auftreten in der Synagoge von Kafarnaum eine Signalwirkung aus.

1. Die Leute geraten bei seiner »Lehre« außer Fassung, »denn er lehrt wie einer, der Vollmacht hat«. Sie sind von seinem Wort in ihrem Innersten getroffen. Hier spricht einer zu ihnen, dessen Worte noch frisch sind und voller Kraft, noch nicht belanglos geworden von berufsmäßigem Können und vom Staub überkommener Lehrmeinungen. Jesus redet zu den Menschen aus unmittelbarer Autorität. Seine Worte sind ursprünglich und meinen, was sie sagen. Sie sind voll Leben und haben Bezug zu ihrem Leben.

In Jesu Worten hören die Menschen die Wahrheit über sich. Sie spüren Gottes Leidenschaft. Seine Worte wecken heilsames Fragen und Zweifeln. In seinem Sprechen von Gott spüren die Menschen eine persönliche Wärme, eine Verbindlichkeit, die von einer tiefen Verbundenheit mit Gott Zeugnis gibt. Die Wirkung seiner Lehre vom Reich Gottes stellt die Schriftgelehrten in den Schatten. Vielleicht ist es die größte Gefährdung für Menschen, die wie die Schriftgelehrten ihr Leben lang mit Gottes Wort beruflich zu tun haben, daß sie von Gott sprechen, ohne ihn wirklich zu meinen, daß sie bei aller Schriftgelehrsamkeit nach und nach die eigene Person aus dem Spiel nehmen, bis Gott zu etwas Äußerlichem geworden ist. So kann Gottes Wort, seine Lebensabsicht mit den Menschen allmählich zu veräußerlichten Satzungen verkommen, die wie drückende Steuern eingetrieben werden.

2. Jesu »neue Lehre in Vollmacht« hat aber noch eine andere Wirkung: Sie bringt das Dämonische ans Licht, um seine Macht über den Menschen zu brechen. Sie offenbart das Böse, das den Menschen fesselt und gefangen hält. Hier ist von einem Mann mit »unreinem Geist« die Rede, der in der Synagoge voller Angst aufschreit und kein persönliches Wort herausbringt: Was haben ***wir*** mit dir zu schaffen, Jesus von Nazareth? Bist du gekommen, ***uns*** zu verderben? Vielleicht begegnet uns in diesem Menschen jemand, der durch seine religiöse Erziehung und Umwelt daran gehindert wurde, zu sich selbst zu finden; dem man vielleicht beigebracht hat, wie man zu denken und zu empfinden, zu reden und zu handeln habe, was als »rein« und was als »unrein« zu gelten habe. Was muß in einem solchen Menschen vorgehen, der von so vielen Normen und Werten, Gefühlen und Verhaltensweisen fremdbestimmt ist und nun plötzlich die Freiheit spürt, die von diesem Rabbi aus Nazareth ausgeht? Wen wird es erstaunen, daß dieser vom kollektiven Über-Ich buchstäblich Besessene in panischer Angst Jesus anfährt, er solle ihn in Ruhe lassen. So heftig der Besessene sich auch wehrt, Jesus überwindet schließlich den Widerstand des »unreinen Geistes«. Er ist entschlossen, diesem Menschen seine unverwechselbare Gestalt, seine Freiheit und Würde zurückzugeben – durch alle Erschütterungen und alles Gezeter hindurch. Die Macht seines Wortes verändert menschliche Wirklichkeit. Was sich in der Synagoge von Kafarnaum abspielt, wird man sich als einen Prozeß vorstellen können, der normalerweise Jahre in Anspruch nimmt, eine Zeit, in der Menschen oft zwischen Angst und Hoffnung hin und her gerissen werden.

Wann immer ich von Jesu Wort getroffen bin, von der Freiheit, die aus ihm spricht, so daß ich spüre: Hier bin ich selbst gemeint, muß ich damit rechnen, daß sich in mir auch das Dunkle und Unerlöste zu Wort meldet und sich leidenschaftlich dagegen wehrt, ans Licht des Bewußtseins gebracht zu werden (Mk 1,23 f).

Wenn ich Jesu Wort bis in die dunklen Räume meines Herzens dringen lasse – bis zu den Wurzeln meiner Bedrohung, werde ich seine Macht über die Schatten meines Selbst erfahren, auch wenn ich dabei zwischen Verlangen und Angst »hin und her gerissen werde«. Die Heilung vom Bösen, von dem, was mich fesselt und gefangen hält, ist ohne tiefe Erschütterung nicht möglich. – Der laute Schrei, mit dem der »unreine Geist« ausfährt, ist wie der Todesschrei des Besiegten.

3. Die Macht *(exousia)* seines Wortes *(dabar)* löst bei allen Betroffenheit, Erschrekken und verwundertes Fragen aus. Markus kommt es in dieser Perikope darauf an, die Wirkung der »Lehre« Jesu besonders nachdrücklich hervorzuheben (V. 22 und 27 f.). Es ist, als habe mit dem Auftreten Jesu in der Synagoge von Kafarnaum etwas ganz Neues begonnen. Die Leute erfahren völlig unerwartet, daß in Jesu Nähe und unter seinem Wort sich etwas im Menschen selbst ändert. Sie erleben, daß Menschen fähig werden, sich aus den Fesseln veräußerlichter Satzungen zu lösen und zu ihrer eigenen Glaubensgestalt hinzufinden.

Die Heilung von Simons Schwiegermutter und aller Kranken und Besessenen von Kafarnaum Mk 1,29–34

29 Und gleich, als sie aus der Synagoge hinausgegangen, kamen
sie in das Haus des Simon und Andreas zusammen mit Jakobus
und Johannes. 30 Die Schwiegermutter Simons aber lag darnieder
im Fieber, und gleich sprechen sie mit ihm ihretwegen. 31 Und er
ging hin und richtete sie auf, ihre Hand ergreifend; und es verließ
sie das Fieber. Und sie diente ihnen.
32 Als es aber Abend geworden und die Sonne untergegangen
war, da brachten sie zu ihm alle, die übel dran waren und die von
Abergeistern Besessenen. 33 Und es war die ganze Stadt ver-
sammelt am Tor. 34 Und er heilte viele, die übel dran waren mit
mancherlei Krankheiten, und Abergeister trieb er viele aus. Doch
nicht ließ er zu Wort kommen die Abergeister, weil sie ihn
kannten.

1. Nach dem Synagogengottesdienst geht Jesus mit seinen ersten Jüngern in das Haus des Simon und Andreas. Er sucht die Menschen dort auf, wo sie arbeiten und zuhause sind. Die Jünger müssen um den Gesundheitszustand von Simons Schwiegermutter besorgt gewesen sein. Der Text sagt äußerst knapp, daß sie im Fieber dar***nieder*** liegt und sie ihn gleich auf die Kranke aufmerksam machen. Wir wissen nicht, was für ein Fieber sie ans Bett fesselt, aber es könnte sein, daß ihre Krankheit mit der neuen Situation zu tun hat, seit ihr Schwiegersohn mit seinem Bruder und ihren Arbeitskollegen diesen Rabbi aus Nazareth getroffen haben. Auf eimal ist alles in Frage gestellt. Die Sorge, was mit ihr werden soll, wenn Simon nicht mehr seiner gewohnten Arbeit nachgeht, wird sie vielleicht stark beunruhigt haben.

2. Jesus geht zu ihr, nimmt die Frau bei der Hand und richtet sie ***auf.*** Mit einem Mal ist alles, was sie krank machte, von ihr gewichen. Ihre Lebenskräfte sind plötzlich wieder da. Markus erzählt, daß die Schwiegermutter des Simon Jesus und seine Gefährten anschließend ***bedient.*** Das Wort weist zurück auf Mk 1,3, wo die Engel Jesus in der Wüste ***bedienten.*** Vielleicht will

der Evangelist damit andeuten, daß die Frau nun mit sich und mit Jesus versöhnt ist. Im Kontakt mit ihm hat sie auf neue Weise zu sich selbst gefunden.

3. Am selben Abend, als sich die Hitze des Tages gelegt hat, bringen die Leute alles zu Jesus, was unter ihnen krank und von Aber-Geistern besessen ist. Die ganze Stadt, das Kranke und Gesunde, das Heile und das In-sich-Gespaltene ist bei ihm versammelt. Unter Abergeistern können wir die Stimmen des Widerspruchs und der Verneinung in uns verstehen, jene Stimmen, die sich als Einwände und Widerreden in uns melden, wenn wir der Wahrheit unseres Lebens näherkommen wollen. Viele dieser Geister des ständigen »Ja, aber ...« vertreibt Jesus und läßt sie nicht mehr zu Wort kommen. Er wehrt sich dagegen, daß Gott durch Angst und Menschenfurcht, durch falsche und fremde Erwartungen nicht Raum finden kann im Herzen der Menschen. So geht »der Tag in Kafarnaum« zu Ende.

Der Aufbruch von Kafarnaum
Mk 1,35–39

35 Und früh, noch in der Nacht, stand er auf und ging hinaus, fort
an einen einsamen Ort und dort betete er. 36 Und nachspürte ihm
Simon und seine Gefährten, 37 und als sie ihn gefunden, sagen sie
zu ihm: Alle suchen dich. 38 Da sagt er ihnen: Gehen wir an-
derswohin, in die umliegenden Ortschaften, daß ich auch dort
verkünde. Denn dazu bin ich ausgegangen.
39 Und so kam er, um zu verkünden in ihren Synagogen, in ganz
Galiläa, und um die Dämonen auszutreiben.

Bei Markus hören wir hier zum ersten Mal davon, daß Jesus sich zurückzieht – von allen und von allem. Vorausgegangen war der »Tag in Kafarnaum«. Jesus hatte mit seiner »neuen Lehre« große Betroffenheit bei den Leuten ausgelöst. Es ging eine Kraft von ihm aus, die viele bis an die Wurzeln ihres Krankseins erfaßte. Dennoch: die Resonanz ist enttäuschend. Nirgendwo zeigt sich ein Verständnis oder wenigstens eine Ahnung, daß es Jesus um mehr geht als Krankheiten zu heilen und die Menschen mit seinem Wort zu faszinieren. Auch wenn am Abend die ganze Stadt vor seiner Tür versammelt war, scheint niemand etwas vom Geheimnis seiner Person und seiner Sendung zu erfassen, keiner antwortet mit Umkehr und Glaube (Mk 1,15). Jesus zieht sich zurück.

1. »Frühmorgens, als es noch ganz dunkel ist, steht Jesus auf, geht hinaus an einen einsamen Ort und dort betet er.«

Er sucht die Einsamkeit und das Schweigen, jene Stille, die der Urstoff allen Betens ist. Er sucht das Schweigen, um unter den vielen Stimmen dieser Welt das Wort des Vaters zu erkennen. Er sucht jene Einsamkeit, in der er sich ungeteilt dem Wort und dem Geheimnis des Vaters überlassen kann. Jesus hat dieses lebensnot-wendige Gesetz aktiver Distanz befolgt und immer wieder Zeiten gefunden, da er sich von allem und von allen zurückzog, um die Nähe und Gemeinschaft mit dem Vater zu suchen. Sein Leben und Wirken ist nur aus dieser tiefen Verbundenheit heraus zu verstehen.

2. Als Simon und seine Gefährten plötzlich entdecken, daß Jesus sich von ihnen zurückgezogen hat, eilen sie ihm nach. Das Wort im Urtext *katadioko* heißt eigentlich »verfolgen« und hat einen negativen Klang, so als wollte der Evangelist schon auf das Unverständnis der Jünger hinweisen. In der Einsamkeit und im Gebet finden sie Jesus wieder und sagen zu ihm: »Alle suchen dich.« Diese Worte sind indirekt eine Frage und eine geheime Bitte. Die Jünger machen sich hier zum Sprecher der Bevölkerung von Kafarnaum. Sie identifizieren sich mit der Mentalität und den Interessen der Menge. Zum ersten Mal wird die Kluft des Unverständnisses von ihnen ausgesprochen. »Alle suchen dich«. Wie eine Versuchung tritt ihr Ansinnen an Jesus heran. Was suchen sie wirklich? Was suche ich bei Jesus?

Es ist weniger von Bedeutung, wenn ich ihn – wie die Jünger – noch nicht verstehe, wenn ich nur – wie sie – bei ihm bleibe und mich langsam und vielleicht widerstrebend einüben lasse in das Geheimnis seines Weges und seiner Lebensführung.

3. Jesus geht nicht direkt auf das Anliegen seiner Jünger ein. Seine Antwort ist aber eine klare Absage und offenbart den radikalen Gegensatz seiner und ihrer Gedanken. Zum ersten Mal spricht Jesus hier in verhüllter Form von seiner Sendung und deutet den göttlichen Charakter seiner Verkündigung an. Mit Nachdruck stellt er die Verkündigung (der Gottesherrschaft), die unstete Wanderpredigt als seine eigentliche Aufgabe in den Vordergrund. Der Horizont seines Wirkungsfeldes, das in Vers 28 schon einmal angeklungen war, kommt wieder ins Blickfeld: ***ganz*** Galiläa.

4. Wie kann ich unterwegs bleiben
in Treue zu meinem Lebensauftrag –
im Horizont einer Verheißung,
deren Licht mich getroffen hat?

Wie kann ich unterwegs bleiben
in der Unruhe und dem Lärm des Alltags,
in dem Netz von Erwartungen und Ansprüchen,
das andere über mich werfen?

Wie kann ich unterwegs bleiben
in den Sorgen und im Übermaß an Tätigkeit,
in dem Geflecht von Pflichten und eigenen Wünschen,
in den Grenzen von Konvention und persönlicher Entfaltung?

Wie können meine Lebensquellen ihre Klarheit behalten
und jene Stunden versorgen,
in denen mein Glaube, meine Hoffnung und Liebe
sich abnutzen und zu versiegen scheinen?

Wie kann ich mein Leben »ordnen«,
daß es nicht spannungslos und beziehungsarm wird,
daß es nicht ins Leere geht?

Wie kann ich mein Leben »ordnen«,
daß es sich in ***ein*** Wort,
in ***eine*** Haltung, in ***eine*** Leidenschaft zusammenfaßt?

Jesus hat die Einsamkeit und das Schweigen gesucht. Er hat jene Zeiten der Stille geliebt, in der alle äußere Aufmerksamkeit und alle Beschäftigung ruhte, und er sich ganz dem Geheimnis des Vaters überließ. Aus dieser innigen Verbundenheit fand Jesus zu der kraftvollen Klarheit und unabhängigen Entschiedenheit, die sein Leben bestimmte.

Die Heilung des Aussätzigen
Mk 1,40–45

40 Und es kommt zu ihm ein Aussätziger, ihn bittend und auf die
Knie fallend und sagt zu ihm: Wenn du willst, kannst du mich
reinmachen. 41 Da ward er von Mitleid (von Zorn) ergriffen, und
die Hand ausstreckend berührte er ihn und sagt ihm: Ich will, sei
rein! 42 Und gleich ist der Aussatz von ihm gewichen, und er
ward rein. 43 Und er fuhr ihn an und trieb ihn sogleich hinaus 44
und sagt ihm: Sieh zu! Zu niemandem sagst du etwas! Sondern
verschwinde! Dich selber zeige dem Priester und bringe für dei-
ne Reinigung, was Mose bestimmt hat, zum Zeugnis für sie. 45
Der aber ging hinaus und begann vieles zu verkünden und das
Wort herumzureden, so daß er öffentlich in keine Stadt mehr
hineingehen konnte, sondern draußen an einsamen Orten blieb.
Doch sie kamen zu ihm von überallher.

1. Ein Aussätziger kommt zu Jesus ... Ein Aussätziger ist wie ein Mensch, dessen Leben im Schatten einer aussichtslosen Gewißheit liegt. Vom Markte des Lebens vertrieben, öffnet sich ihm keine Tür mehr. Er gleicht einem Haus, das nicht mehr bewohnt ist und langsam verfällt. Der Aussatz zählte zu den schlimmsten Übeln, die einen Menschen treffen konnten. »Vier werden einem Toten gleichgeachtet: Der Arme, der Aussätzige, der Blinde und der Kinderlose«. Die Heilung eines Aussätzigen kam der Auferweckung eines Toten gleich. Nach rabbinischer Theologie betrachtete man einen Aussätzigen als einen von Gott gezeichneten Sünder. Der Ausschluß von Aussätzigen aus der Gemeinde ist Lev 13,45 f. angeordnet. Er erfolgte primär aus kultischen Gründen. Israel soll ein reines Volk sein. Ein vom Aussatz Befallener machte nach rabbinischer Anschauung nicht nur das (kultisch) unrein, was er berührte, sondern schon das Betreten eines Hauses verunreinigte alles, was darin war. Selbst durch eine zufällige Begegung mit einem Aussätzigen konnte man unrein werden. So mußten sie »abgesondert« leben (Lev 13,46), in zerrissenen Kleidern einhergehen, ihr Haupthaar ungepflegt lassen, ihren Bart verhüllen und andere Menschen durch lautes Rufen: »Unrein! Unrein!« von sich fernhalten. Wenn Resch Laquish (der um 250 in Tiberias gelebt hat), einen Aus-

sätzigen in der Stadt erblickte, bewarf er ihn mit Steinen und rief ihm zu: »Geh an deinen Ort und beflecke nicht die Menschen!«

Auf diesem Hintergrund gewinnt die Erzählung ihre Farbe und ihren Kontrast.

2. Ein solcher Art Gekennzeichneter und Ausgestoßener, ein lebendig Toter kommt zu Jesus. Er durchbricht die Bannmeile seines Todes und bittet um LEBEN: »Wenn du willst, kannst du mich rein machen.« In seinem alle Schranken durchbrechenden Vertrauen und seiner Unterwerfung unter den souveränen Willen Jesu begegnet uns hier zum ersten Mal ein gläubiger Mensch. Er bittet um das LEBEN, das er sich selbst nicht geben kann. Es ist ein ungeheuerliches Geschehen, wenn ein Aussätziger es wagt, das mosaische Gesetz zu übertreten. Aber seine Sehnsucht nach Leben und die Gewißheit, sein Leben selbst verantworten zu müssen, sind so groß, daß die Bestimmungen des Gesetzes für ihn in diesem Augenblick ihre Gültigkeit verlieren. Er spürt eine einmalige Chance, sein Leben zu retten, die er auf keinen Fall verpassen darf: »Wenn du willst, kannst du mich rein machen.«

3. Jesu Antwort wird von starken Emotionen begleitet. Bis in die Tiefe seines Wesens ist er von dem jammervollen Zustand des Aussätzigen ergriffen *(splanchnídsomai)* Möglicherweise entspricht es der ursprünglichen Überlieferung, wenn Jesus hier mit Zorn *('orgídzomai)* reagiert, wie es einige Handschriften bezeugen. Seine Empörung richtet sich dann wohl gegen das Ausmaß von Entstellung und Zerstörung eines Menschen, der nach Gottes Bild geschaffen ist. Vielleicht ist hier aber auch die ganze innere Bewegung und Kraftanstrengung gemeint, die mit einem solchen Anblick von Leid und seiner Überwindung verbunden ist. Ein Wunder kann nur geschehen, wenn Jesus im Vertrauen auf den Beistand des Vaters sich mit der ganzen Kraft seiner Person riskiert. Er streckt seine Hand aus, berührt den »Toten« und erweckt ihn mit seinem Macht-wort (hebr.: *dabar*) zu neuem Leben: »Ich will, sei rein!« Dieser schöpferische Machterweis an einem Ausgestoßenen und Verlorenen offenbart zugleich ein für spätjüdische Vorstellungen ungewöhnliches Gottesbild.

4. Äußerst schroff (*'embrimáomai* ist eine Äußerung von Zorn und Unwillen, wörtlich: Schnauben) fährt Jesus dann den eben Geheilten an und jagt ihn davon *('ekbállein)* – mit einem absoluten Schweigegebot. Vielleicht deutet sich in dieser leidenschaftlichen Äußerung schon eine Ahnung des tödlichen Mißverständnisses und der kommenden Auseinandersetzung an. Die Auflage, der vom Aussatz Befreite solle sich dem Priester (in Jerusalem) zeigen und für seine Reinigung opfern, was Mose angeordnet hat (Lev 14,1–32), »ihnen zum

Zeugnis«, könnte jedenfalls ein deutlicher Hinweis auf Jesu Gesetzestreue sein.

Es ist aber auch möglich, daß Jesus dem Geheilten mit großer Eindringlichkeit nahe bringen will, worauf es jetzt ankommt. Er soll in den Tempel gehen und sich Gott zeigen, der ihn dem LEBEN zurückgegeben hat. Der vom Aussatz Befreite aber hält sich nicht an Jesu Schweigegebot. Er kehrt zurück auf den Markt des Lebens und verkündet (*kärüssein*) überall, wie er zu neuem Leben erweckt wurde ...

Mit dieser Perikope geht die ruhige, unangefochtene Anfangsperiode des öffentlichen Wirkens Jesu zu Ende. In der folgenden Erzählung beginnt die Auseinandersetzung mit den religiös-politischen Führern des Volkes. Am Ende der fünf »galiläischen Streitgespräche« steht bereits ihr Entschluß fest, Jesus zu vernichten (Mk 3,6).

Die Heilung eines Gelähmten
Mk 2,1–12

1 Und als er wieder nach Kafarnaum kam, Tage danach, hörte
man, daß er zu Hause sei. 2 Da liefen sie zusammen, so viele, daß
es keinen Platz mehr gab, auch nicht am Torhof. Und er sprach
zu ihnen das Wort. 3 Da kommen sie und bringen zu ihm einen
Gelähmten, getragen von vier Mann. 4 Und da sie ihn wegen der
Volksmenge nicht zu ihm hinbringen konnten, deckten sie das
Dach ab, da wo er war, gruben ein Loch heraus und senkten die
Trage hinunter, darauf der Gelähmte lag.
5 Als Jesus ihren Glauben sieht, sagt er dem Gelähmten: Kind,
nachgelassen sind deine Sünden. 6 Einige aber von den Schrift-
gelehrten saßen dort und führten Streitgespräche in ihrem Her-
zen: 7 Was! Der? So was redet der! Er lästert Gott! Wer kann
Sünden nachlassen, wenn nicht einer? Gott? 8 Doch gleich er-
kennt Jesus in seinem Geiste, daß sie bei sich solche Streitge-
spräche führen, und sagt ihnen: Warum führt ihr solche Streitge-
spräche in eurem Herzen? 9 Was ist leichter: zu dem Gelähmten
zu sagen: Richte dich auf, nimm deine Trage und geh umher?
10 Damit ihr aber wißt, daß der Menschensohn Vollmacht hat,
Sünden nachzulassen auf Erden – sagt er dem Gelähmten: 11 Dir
sage ich: Richte dich auf, nimm deine Trage und geh nach Hau-
se. 12 Und der richtete sich auf und gleich nahm er die Trage und
ging hinaus, vor ihnen allen, daß sie alle außer sich gerieten und
Gott priesen und sagten: So etwas haben wir nie gesehen!

Jesus hat die einsamen Orte außerhalb der Städte wieder verlassen. Er hatte sich dorthin zurückgezogen, um sich vor einer immer weiter um sich greifenden Bewegung in der Öffentlichkeit zu schützen – vergebens! Die Leute drängten von überallher zu ihm. Ebenso ergeht es Jesus bei seiner Rückkehr nach Kafarnaum. Kaum hat es sich herumgesprochen, daß er wieder zu Hause ist, kommen so viele Menschen zusammen, daß der Platz nicht reicht, auch nicht vor der Tür. »Und er verkündet ihnen das Wort«.

1. Jesu Lehrtätigkeit wird plötzlich auf eine ungewöhnliche Weise unterbrochen. Vier Männer versuchen ungeniert gegenüber allem, was sich ihnen in den Weg stellt, einen Gelähmten bis zu Jesus zu bringen. Sie tragen einen Menschen, vor dessen Elend sie machtlos sind. Sie können ihm nicht helfen und dennoch handeln sie. Gemeinsam gehen sie vor – bis an die Grenze ihrer Möglichkeiten. Sie geben nicht auf, obwohl sehr viele ihnen den Weg zu Jesus verstellen. Vers 5 kennzeichnet ihr Handeln als Glauben. Der Glaube dieser Männer ist etwas, das man »anfassen« kann, etwas, das angesichts menschlichen Elends in Bewegung bringt. Ihr Glaube ist wie eine Trage, auf der Gelähmtes durch alle menschliche Ohnmacht und Behinderung hindurch bis zu Jesus kommt. Ihr Glaube geht dem Wunder voraus.

2. »Als Jesus ihren Glauben sah ...«. Darauf kommt es an, daß Er unseren Glauben sieht. Wir haben freilich nichts vorzuweisen als das, was uns gegeben ist. Wir selbst sind die Getragenen! Diese Erfahrung macht erst frei, davon abzusehen, ob wir Erfolg haben oder nicht. Wir brauchen andere **nicht für uns** zu gewinnen, sie nicht auf das betrübliche Maß unserer Überzeugungskraft herabzuwürdigen. Diese Erfahrung macht erst fähig, anderen »menschlich« zu begegnen, sie dahin zu bringen, wohin diese Männer den Gelähmten durch allen Widerstand hindurch getragen haben ... zu Jesus.

»Als Jesus ihren Glauben sah, sagte er zu dem Gelähmten: Kind, deine Sünden sind dir vergeben.« Diese Reaktion Jesu kommt völlig überraschend. Seine Antwort liegt so außerhalb menschlicher Erwartungen, daß sie Anstoß erregt: Vordergründig in dem Sinn, daß dieser Rabbi aus Galiläa die Vollmacht für sich in Anspruch nimmt, Sünden zu vergeben. Gottes Einzigkeit steht für sie auf dem Spiel. Das staunende Fragen der anwesenden Schriftgelehrten wird sofort zum fertigen und gelernten Urteil: »Er lästert Gott!«, ein Wort, das am Ende vom Hohenpriester zur Begründung der Todesstrafe wieder-holt wird (Mk 14,64).

Auf einer tieferen Ebene aber stört Sündenvergebung den kalkulierbaren Verlauf menschlicher Beziehungen, die durch Forderung und Leistung, durch Anrechnen und Aufrechnen, durch Verdienst und Vergleich, durch Lohn und Strafe bestimmt sind. Daß Jesus die Vollmacht *(exousía)* hat, hier auf der Erde Sünden zu vergeben, – das bedeutet eine empfindliche Störung dieser unmenschlichen Gesetzmäßigkeit. Und daran nimmt man Anstoß. – Jesu »Lossprechung« heilt die tiefste Ursache menschlicher Lähmung.

In der Anrede »Kind« schwingen Zuneigung und Autorität mit, so als wolle Jesus den Gelähmten einladen, sich ganz auf ihn zu verlassen und sich noch einmal am Anfang seiner Möglichkeiten zu sehen. Er wird befähigt, die Verantwortung für sein Leben neu zu übernehmen.

3. Als Jesus ihren Glauben sah, sagte er **zu dem Gelähmten:** »Kind, deine Sünden sind dir vergeben.« Von den Männern, die ihn herbeigetragen haben, ist nicht mehr die Rede. Sie sind – fast möchte man sagen – überflüssig geworden. Daß ein Mensch zu sich findet, indem er dem begegnet, der allein ihm seine Ein-maligkeit, seine Identität zusprechen und garantieren kann, das ist das Entscheidende. Daß einem Menschen bis in die Tiefe seiner Empfindungen hinein die Schuld ungelebten Lebens nachgelassen und er so heil wird – bis ins Leibliche hinein – darauf kommt es an. Befreit von Sünde und Krankheit geht der Gelähmte »vor aller Augen« nach Hause. Und daß dieses »Unglaubliche« durch Jesus geschieht, darüber geraten **alle** vor Staunen außer sich. Sie preisen Gott, d. h. sie entdecken in diesem »paradoxen« Geschehen die Gegenwart dessen, auf die es verweist ... Sie erfahren die Heilung als Anruf zum Glauben, daß der **ganze** Mensch »heil« werden soll – als Anruf, das Gelähmte in ihrer Mitte durch alle menschliche Ohnmacht und allen Widerstand hindurch bis zu Jesus zu tragen.

4. In dieser Perikope wird zum ersten Mal, wenn auch noch unausgesprochen, gegen Jesus der Vorwurf erhoben, er lästere Gott. Der erste schwere Konflikt mit den religiös-politischen Autoritäten beginnt sich abzuzeichnen. Gegen die neue Lehre mit Vollmacht (Mk 1,22.27) wird sich bald ihr Widerstand formieren. Doch ebenso unentwegt wie der Glaube der vier Männer den Gelähmten bis zu Jesus durchbringt, wird sich Gottes Herrschaft (Mk 1,15) gegen die Spielregeln der »Gerechten« durchsetzen.

Die Berufung des Levi und das Mahl mit den Zöllnern
Mk 2,13–17

13 Und hinausging er wieder, am Meer entlang, und alles Volk
kam zu ihm, und er lehrte sie.
14 Und im Vorübergehen sah er Levi, den Sohn des Alphäus, an
der Zollstätte sitzen, und er sagt zu ihm: Folge mir! Und aufstand
er und folgte ihm.
15 So geschah es, als er in seinem Haus zu Tische lag, daß viele
Zöllner und Sünder mit Jesus und seinen Jüngern gemeinsam zu
Tische lagen. Es waren nämlich viele, die ihm folgten. 16 Als nun
die Schriftgelehrten der Pharisäer sahen, daß er mit Sündern und
Zöllnern aß, sagten sie seinen Jüngern: Mit Zöllnern und Sün-
dern ißt er? 17 Doch Jesus hört es und sagt ihnen: Keine Not ha-
ben die Gesunden nach dem Arzt, sondern die Kranken. Ich bin
nicht gekommen, Gerechte zu rufen, sondern Sünder.

Dieser Abschnitt folgt der Heilung eines **Aussätzigen** (Mk 1,40–45) und der Heilung eines **Gelähmten** (Mk 2,1–12). Damit deutet Markus schon an, in welcher Perspektive er die Berufung des Levi sieht.

Wie bei der Berufung der ersten Jünger (Mk 1,16) geht Jesus am Meer von Galiläa entlang. Scharen von Menschen strömen zu ihm, »und er lehrt sie«. Im Weitergehen sieht er den Zöllner Levi an der Zollstätte »sitzen«.

1. **Jesus sieht** den Zöllner bei seinem ehrlosen und gottlosen Gewerbe. Er weiß, was es für diesen Mann bedeutet, mitsamt seiner Familie gesellschaftlich und religiös geächtet zu sein. Zöllner waren den heidnischen Sklaven gleichgestellt und zur Zeugenaussage nicht befähigt. Levi gehört zu den »Sündern«. Er steht außerhalb ... Die Zollstätte ist wie ein Bild für die Verachtung, Einsamkeit und Freudlosigkeit seines Daseins, aus der er von sich aus nicht mehr heraus kann. Die Zollschranke ist wie die Grenze, an die er mit sich gekommen ist und sie gleicht dem Schlagbaum, mit dem andere ihn aus ihrem Leben ausgeschlossen haben. Levi sitzt buchstäblich fest – ein Mensch, der an sich selbst und seinen selbstgeschaffenen Lebensumständen zutiefst leidet ... Jesus sieht, daß seine »Krankheit« schlimmer ist als Aussatz und Lähmung.

Dieser Zöllner braucht einen Menschen, der ihn so anschaut, daß das verborgene und geschundene Antlitz Gottes auf dem Grunde seiner Seele von neuem zu leuchten beginnt. Er braucht einen Menschen, der ihn so bei seinem Namen ruft, daß er sich in seiner ursprünglichen Würde und Freiheit wiederentdeckt.

2. Levi spürt den Blick Jesu auf sich ruhen und er erfährt – vielleicht zum ersten Mal in seinem Leben – das Unglaubliche: angesprochen und ganz gemeint zu sein. »Folge mir!« Ein Vertrauen ohne Einschränkung und ohne Vorleistung! Ein Wort, das ihn über seine Grenzen hinausträgt. Ihm wird Gemeinschaft angeboten, wie zufällig, im Vorübergehen – Gemeinschaft mit einem Menschen, Gemeinschaft mit Gott. In der Begegnung mit Jesus erfährt er die Heilung seines verwundeten Gewissens. Jesu Wort wirkt Umkehr: Levi läßt sich erfassen von der Be-weg-ung, die von Jesus ausgeht. Mitten in seiner Alltagsbeschäftigung steht er auf, läßt **alles** liegen und folgt ihm. Er trennt sich von **allem**, was die angebotene Gemeinschaft wieder zerstören könnte. Knapper läßt sich das Entscheidende dieser Begegnung nicht charakterisieren. Die Lebensgemeinschaft mit Jesus relativiert mit einem Schlag alle bisherigen Bindungen und Ordnungen. Levi steht nicht mehr außerhalb.

3. Jesus hat Gemeinschaft gestiftet, die umsichgreift. Die Be-weg-ung, die Levi erfaßt hat, geht über auf sein »Haus«, auf die Menschen, mit denen er verbunden ist. In der Berufung Levis haben sie erfahren, daß Jesus das Gute sieht, das in jedem Menschen verborgen ist und ihn verwandeln möchte. Wo immer ein Mensch sich von Gott anschauen und rufen läßt, entsteht eine neue Qualität von Gemeinschaft. Umkehr ist keine Privatsache: Die sich als Sünder wissen, suchen seine Nähe. In dem Mahl mit den »vielen Zöllnern und Sündern« und mit seinen »vielen« Jüngern leuchtet etwas von dem endzeitlichen Charakter der Tischgemeinschaft auf, zu der Gott alle Menschen ruft.

4. Doch daß Jesus in diese für jeden Juden engste Form der Gemeinschaft Menschen einbezieht, deren Kontakt rabbinische Regel verbietet, darüber gerät er in Widerspruch zu den Schriftgelehrten der Pharisäer: Mit Zöllnern und Sündern ißt er!

Jesus hört ihre Empörung. Er weiß, was sich in ihnen wehrt. Er kennt ihre Tradition, ihre Fragen und Argumente, ihr »wenn« und »aber«. Er weiß, wie viel Selbstgerechtigkeit und Unglaube sich hinter ihrem Einspruch verbirgt. Er will auch die zur Umkehr bewegen, die »draußen« bleiben wollen. Seine Antwort will ihnen helfen, ihren Standpunkt zu relativieren, über ihre Sicherheit nachdenklich zu werden. Haben sie vergessen, daß Gott gerade denen nahe ist, die gebrochenen Herzens sind und daß er die am Geist Geduckten befreit (Ps 34,19)? Seine Antwort will ihnen helfen, ihren Unglauben zu erkennen:

»Nicht die Gesunden brauchen den Arzt, sondern die Kranken. Ich bin nicht gekommen, Gerechte zu berufen, sondern Sünder«.

Wer ist vor Gott »gesund«? – Wer ist vor Gott »gerecht«? – Wer ist nicht Sünder? –

Die Tradition, auf die sie pochen, spricht gegen sie. Um seine eigene Heillosigkeit nicht wissen, sie nicht zugeben können, – das ist **die** Gefährdung unserer Existenz.

Jesu vorbehaltloses Ja gilt auch ihnen ...

Die Fastenfrage und die Unvereinbarkeit des Neuen mit dem Alten
Mk 2,18–22

18 Und es waren die Jünger des Johannes und die Pharisäer ein-
mal beim Fasten. Da kommen sie und sagen ihm: Warum fasten
die Jünger des Johannes und die Jünger der Pharisäer, aber deine
Jünger fasten nicht? 19 Da sagte ihnen Jesus: Können denn die
Gefährten des Bräutigams fasten, wo noch der Bräutigam bei ih-
nen ist? Solange sie den Bräutigam bei sich haben, können sie
nicht fasten. 20 Es werden aber Tage kommen, da von ihnen ge-
rissen wird der Bräutigam, und dann werden sie fasten, an jenem
Tage.
21 Keiner näht einen Flicken ungewalkten Tuchs auf einen alten
Mantel; wenn aber doch, so reißt das Füllsel ab, das Neue von
dem Alten, und schlimmer wird der Riß. 22 Und keiner gießt
neuen Wein in alte Schläuche; wenn aber doch, so zerreißt der
Wein die Schläuche, und der Wein ist hin mitsamt den Schläu-
chen. Nein; neuer Wein in neue Schläuche!

1. Vorausgegangen war die Heilung eines Gelähmten und die Berufung des Levi, die in einem Mahl mit »Zöllnern und Sündern« gefeiert wurde. Zum ersten Mal hatte Jesus bei einigen Schriftgelehrten dadurch Anstoß erregt, daß er einen Menschen von der tiefsten Ursache seiner Lähmung los-gesprochen hatte. Ein zweites Mal geriet er in Widerspruch zu den Schriftgelehrten und Pharisäern, als er im Hause des Levi mit jenen Menschen Tischgemeinschaft pflegte, deren Umgang rabbinische Regel verbietet. Jedesmal waren Menschen aufgelebt. Seine Worte und sein Verhalten waren wie junger Wein, der die alten Schläuche unmenschlich gewordener Ordnungen sprengte. Bei der dritten Auseinandersetzug geht es wieder um einen sensiblen Bereich religiösen Lebens. Diesmal wenden sich die Gegner Jesu direkt an ihn. Markus erzählt zunächst von der Fastenpraxis der Johannesjünger und der Pharisäer. Das Fasten galt als eine Übung der Buße und Demütigung vor Gott. Sie war Ausdruck der Trauer über den Abfall Israels vom Bund mit Jahwe. Neben dem gebotenen Fasten für das ganze Volk an bestimmten Tagen und zu bestimmten Zeiten war seit den Makkabäern das freiwillig auferlegte Fasten in

bestimmten Kreisen üblich. Man fastete als Buße für eigene oder fremde Schuld und um die Erhörung wichtiger Gebetsanliegen zu erreichen. Man wollte sich Gott geneigt machen und man ging davon aus, daß der Mensch durch religiöse Leistungen wie das Fasten Gott zur Hilfe verpflichte.

Die Frage der Johannesjünger und der Pharisäer ist wie ein Vorwurf, seine Jünger würden die sühnende Kraft des Fastens mißachten und damit gleichsam eine religiöse Pflicht des Gottesvolkes verletzen. Die Frage ist typisch für Menschen, die auf dem Gebiet des Religiösen etwas Besonderes leisten wollen und deren Gefühle verletzt werden, wenn sie bei anderen mit einer religiösen Praxis konfrontiert werden, die ihren leistungsorientierten Vorstellungen und Idealen nicht entspricht. Aber einem Geheimnis kann man sich nicht mit asketischen Leistungen aufdrängen.

2. Jesus antwortet mit einer Gegenfrage, die den Verständnisrahmen seiner Gegner respektiert. Er will sie gewinnen und sie aus ihrer angestrengten Religiosität befreien. Er erinnert daran, daß auch nach jüdischer Sitte das Fasten am Sabbat und an den Festtagen nicht erlaubt ist. Jesus sagt: »Können die Gefährten des Bräutigams fasten, wenn der Bräutigam noch bei ihnen ist?« und er fügt hinzu: »Solange sie den Bräutigam bei sich haben, können sie nicht fasten«. Mit anderen Worten: Es ist Festzeit, und solange die Hochzeit dauert, können die Gäste unmöglich fasten. Vielleicht will dieses Wort das Bundesverhältnis zwischen Jahwe und Israel, seiner ungetreuen Braut, in Erinnerung rufen, wie es der Prophet Hosea ankündigt:

Jahwe beginnt, Israel erneut zu umwerben. Er will ihre Untreue vergeben und sie endgültig für sich gewinnen. »Ich traue dich mir an auf ewig. Ich traue dich mir an um den Brautpreis von Gerechtigkeit und Recht, von Liebe und Erbarmen. Ich traue dich mir an um den Brautpreis meiner Treue. Dann wirst du Jahwe erkennen« (Hos 2,21f.) Weil Gott selbst sich den Menschen zuneigt, wie die vorausgegangenen Abschnitte bei Markus zeigen, darum macht das Fasten keinen Sinn. Es ist überflüssig geworden.

Das Bild vom Bräutigam und von der Hochzeit ist nicht nur ein Hinweis auf die messianische Zeit, die mit Jesus angebrochen ist, sondern zugleich eine Ermutigung, sich mit allem Unerlösten versöhnen zu lassen und das Schattenhafte vor Gott zu bringen, um es heilend zu integrieren. Auf dieses Ziel der Mensch-werdung hin hat sich alles asketische Bemühen auszurichten, nicht auf religiöse Sonderleistungen.

Das Wort vom Weg-gerissen-Werden des Bräutigams ist die erste, noch verhüllte Leidensankündigung. Wenn das geschieht, dann werden die Jünger fasten. »An jenem Tag« wird ihr Fasten Ausdruck der Trauer über die reale Macht sein, die die Kräfte des Bösen noch über den Menschen haben. Die

Übung des Fastens kann dann auch das Bemühen um Wachsamkeit und Sensibilität fördern, um sich von diesen zerstörerischen Mächten nicht überraschen zu lassen. (vgl. Mk 14,34).

3. Wenn Markus an dieser Stelle, also in der Mitte der Auseinandersetzungen, vor allem mit den Schriftgelehrten und Pharisäern, den Doppelspruch von der Unvereinbarkeit des Neuen mit dem Alten einfügt, dann scheint dieser sich auf alle fünf »galiläischen Streitgespräche« zu beziehen. Die neue Art, wie Gott sich in Jesus den Menschen zuwendet und ihnen ihre ursprüngliche Freiheit und Würde zurückgibt, kann nicht mit dem alten Gewand religiöser Bemühungen und Zwänge zusammengeflickt werden. Das neue Leben braucht neue Ausdrucksformen und kann nicht in alte Schläuche gegossen werden. An dieser Stelle deutet sich schon die grundsätzliche Unversöhnbarkeit beider Lebenseinstellungen an, die in den beiden folgenden Sabbatkonflikten noch weiter eskaliert.

Der erste Sabbatkonflikt
Mk 2,23–28

23 Und es geschah, daß er am Sabbat zwischen den Kornfeldern
dahinging und seine Jünger anfingen, unterwegs die Ähren abzu-
rupfen. 24 Da sagten die Pharisäer ihm: Sieh nur, warum tun sie
am Sabbat, was nicht erlaubt ist? 25 Da sagt er ihnen: Habt ihr
niemals gelesen, was David getan hat, als er in Not war und
Hunger hatte, er und seine Gefährten? 26 Wie er hineinging in
das Gotteshaus unter Abjathar, dem Hohenpriester, und die
Schaubrote aß, die man nicht essen darf außer den Priestern, und
er auch seinen Gefährten davon gab?
27 Und er sagte ihnen: Der Sabbat ist wegen des Menschen ge-
macht, und nicht der Mensch wegen des Sabbats. 28 Also: Herr
ist der Menschensohn auch über den Sabbat.

1. Auf Jesu Worte von der Unvereinbarkeit des Neuen mit dem Alten folgt der erste Sabbatkonflikt mit den Pharisäern. Ursprünglich ein Gebot, um Leben und Würde des Menschen zu schützen, will der Sabbat die Israeliten zeitlebens daran erinnern, daß sie einmal Sklaven waren, Menschen, die von einem Übermaß an Arbeit körperlich und geistig niedergehalten wurden. Der massive Arbeitsdruck und die schweren Arbeitsbedingungen hatten sie einst zu Rivalen im Kampf ums Überleben gemacht und ihre Solidargemeinschaft zerstört. Zugleich hatte die aufgezwungene Fron sie in ihrem innersten Kern, ihrer Jahwebeziehung, getroffen. Jahwe selbst hatte sie aus diesem Sklavenhaus befreit. Der Sabbat war für Israel von so grundlegender Bedeutung, daß er theologisch in der Schöpfungsordnung verankert wurde (Dtn 5,12–15; Ex 20,8–11).

Für die Pharisäer ist der Sabbat ein Tag der Ruhe und der Freude. Abseits der täglichen Mühsal sollen die Menschen aufatmen und sich der Freiheit erinnern, die Jahwe ihnen geschenkt hat. Mit Thorastudium, festlichen Mahlzeiten und Festgewändern wird er geheiligt. Da der Sabbat Teil der göttlichen Schöpfungsordnung ist, waren seine Verletzungen genau festgelegt und wurden entsprechend streng geahndet.

Demgegenüber bilden die Jünger, wie sie am Sabbat durch die Kornfelder wandern und Ähren abrupfen, einen eigenartigen Kontrast. Nach schriftgelehrter Tradition zählt das Abreißen von Ähren zu den am Sabbat verbotenen Erntearbeiten. Jesus toleriert das gesetzeswidrige Verhalten seiner Jünger.

2. Plötzlich tauchen von irgendwoher Pharisäer auf und machen Jesus Vorhaltungen: »Sieh nur, warum tun sie am Sabbat, was nicht erlaubt ist?« Ihre Frage ist als Verwarnung zu verstehen und bedeutet in der Auseinandersetzung mit ihnen eine weitere Steigerung. Eine Verwarnung mußte bei jeder festgestellten Sabbatverletzung ausgesprochen werden. In seiner Antwort beruft sich Jesus auf David, der in einer vergleichbaren Notlage gesetzwidrig handelte. Nach markinischer Darstellung drang David sogar selbst in das Heiligtum ein und aß dort zusammen mit seinen Begleitern von den Schaubroten. Wie David als Gesalbter Jahwes um des Menschen willen die Freiheit vom Gesetz für sich und seine Gefährten in Anspruch nahm, so beansprucht Jesus diese Freiheit für seine Jünger. Damit führt er das Sabbatgebot auf seinen ursprünglichen Sinn zurück, Leben und Würde des Menschen zu wahren. Er bringt die mit schriftgelehrter Strenge gehandhabte Weisung Gottes wieder zu ihrer ursprünglichen Geltung. Jesu Antwort ist von grundsätzlicher Kritik. Die von den Pharisäern eingeforderte Sabbatordnung unterwirft den Menschen dem Sabbat. Das alttestamentliche Gottesgebot ist vielmehr als Gabe des Schöpfers an sein Geschöpf zu verstehen, nicht als Last, die das Leben kasuistisch einengt und bedroht.

Der Abschlußvers von der Herrschaft des Menschen-Sohnes über den Sabbat bezieht sich auf die gesamte Perikope. In ihr formuliert Markus das gläubige Bekenntnis zu Jesus, von dem alle Freiheit von Menschensatzungen um des Menschen willen ausgeht. Kein Wunder, daß sich an dieser »Machtfrage« der Konflikt mit den religiös-politischen Autoritäten weiter verschärft.

3. Um des Menschen willen ist aber nach wie vor daran zu erinnern, daß das große Gebot der wöchentlichen Ruhe vom Ursprung der Schöpfung einem lebensnotwendigen Rhythmus unseres Menschseins entspricht. Dieser Rhythmus der Ruhe ist so heilig, »daß die Nichtbeachtung dieses Gesetzes im Menschen eine Entstellung des Gottesbildes nachsichzieht« (R. Voillaume).

Wer nicht immer wieder Abstand von der Geschäftigkeit und Mühsal des Alltags gewinnt, um vor Gott Atem zu holen in Gebet und Rückbesinnung auf die Quellen des Glaubens, wird zwangsläufig Schaden nehmen und an Substanz verlieren. Jesus selbst hat dieses lebensnotwendige Gesetz während der Jahre seines öffentlichen Wirkens beachtet und immer wieder Zeiten ausfindig gemacht, in denen er sich aus allen Anforderungen und Zwängen herauslöste, um im Frieden mit dem Vater zu sein. An ihm kann man ablesen, daß die Verwiesenheit unseres Lebens an Gottes Gebot nicht allein von äußeren Gesetzen abgesichert werden kann.

Die Heilung der verdorrten Hand am Sabbat
Mk 3,1–6

1 Und wieder ging er in die Synagoge. Und es war dort ein
Mensch mit verdorrter Hand. 2 Und sie belauerten ihn, ob er am
Sabbat heile, um ihn verklagen zu können. 3 Da sagt er dem
Mann mit der verdorrten Hand: Steh auf! In die Mitte! 4 Und er
sagt ihnen: Ist es am Sabbat erlaubt, Gutes zu tun oder Böses zu
tun, Leben zu retten oder zu töten? Sie aber schwiegen. 5 Da
blickt er sie rundherum an, voll Zorn, traurig über die Verstockt-
heit ihres Herzens, und sagt dem Mann: Strecke die Hand aus!
Und er streckte sie aus, und wiederhergestellt ward seine Hand. 6
Und hinausgingen die Pharisäer und suchten gleich mit den He-
rodianern einen Beschluß zu fassen gegen ihn, wie sie ihn ver-
nichten könnten.

Die Auseinandersetzung mit den Pharisäern hat sich inzwischen weiter verschärft. Das Sabbatgebot war z. Zt. Jesu, also mehr als vierhundert Jahre nach dem babylonischen Exil, zum eigentlichen Unterscheidungsmerkmal zwischen Juden und Nichtjuden geworden. Von daher mußte jeder mit Feindseligkeit und harten Sanktionen rechnen, der es sich herausnahm, in einem so sensiblen Bereich religiöser und nationaler Einheit Ausnahmen zu machen. Je deutlicher nun Jesus Gottes ursprüngliche Lebensabsicht mit den Menschen einfordert (Mk 2,27 f.), desto heftiger wird der Widerspruch der Schriftgelehrten und Pharisäer. So kommt es zum offenen Konflikt, als Jesus wieder einmal am Sabbat zum Gottesdienst in eine Synagoge geht. Dort ist ein Mann mit einer verdorrten Hand. Diese leblose Hand kann eine Metapher für die Lebensuntüchtigkeit dieses Menschen sein. Vielleicht ist sie ein Ausdruck seiner Unfähigkeit, das eigene Leben in die Hand zu nehmen. So stehen menschliches Leid und gesetzliche Bestimmungen wie unversöhnliche Gegensätze am Anfang dieser Perikope. Die Gegner Jesu suchen nach einer Möglichkeit, Jesus legal aus dem Weg zu räumen. Wenn er den Mann am Sabbat heilt, können sie Anklage gegen ihn erheben.

1. **Und sie belauern ihn:** Sie haben sich ihre Meinung über Jesus schon gebildet. Sie wissen, was sie von ihm zu halten haben. Er ist anders als sie. Sein Einfluß auf die Menschen ist für sie bedrohlich. Ihre Wirkung verblaßt dagegen (Mk 1,22). Er geht anders mit den Menschen um. Sie spüren den Unterschied. Seine innere Freiheit und Souveränität ist schockierend. Sie fürchten sich vor ihm. Sie suchen kein Gespräch mit ihm und scheuen die offene Auseinandersetzung mit ihm. Lieber warten sie und lauern . . ., bis er einen Fehler macht. Dann können sie mit ihm »fertig« werden. Es fehlt ihnen die Wärme des Vertrauens. Sie nehmen nicht wahr, daß Haß und Gewalt in ihnen am Werk sind.

Jesus spürt die feindselige Atmosphäre, die ihm in der Synagoge entgegenschlägt. Trotzdem versucht er, seine Gegner persönlich anzusprechen und sie zu einer persönlichen Stellungnahme herauszufordern. Dazu bittet er den Mann mit der leblosen Hand, sich »in die Mitte« zu stellen, so daß sich die Aufmerksamkeit aller auf ihn richten kann: Von seinem Ursprung her steht der Mensch im Mittelpunkt der Schöpfung. Am Heil des Menschen hat sich alle geschöpfliche Wirklichkeit zu relativieren – auch das »Gesetz« und was Menschen daraus gemacht haben. Diese ursprüngliche Ordnung will Jesus wieder bewußt machen. Darum stellt er hier den Menschen zeichenhaft in den Mittelpunkt, und darum fragt er seine Gegner im Angesicht dieses vom Elend gezeichneten Menschen: Ist es am Sabbat erlaubt Gutes zu tun oder Böses? Darf man ein Leben retten oder es zugrunde richten? M. a. W.: Worin besteht der Sinn des Sabbats?

2. **Sie aber schweigen.** Jesus scheut nicht das offene Gespräch. Er entzieht sich nicht der notwendigen Auseinandersetzung. Er will sie überzeugen und gewinnen. Er fragt sie nach dem Grund ihrer Ablehnung. Sie schweigen. Er spürt ihre geistige Unbeweglichkeit und Verschlossenheit. Er sieht ihre Angst und Heuchelei. Ihr Eifer für Gott mißachtet die Not des Menschen. Das Verdorrte in ihrer Mitte geht sie nichts an. Die unselige Trennung von Gesetz und Barmherzigkeit verkehrt Gottes Lebensabsicht und macht ihn in den Herzen der Menschen zum Widersacher. Jesus steht vor einer undurchdringlichen Wand. Seine Gegner bleiben stumm. Da schaut er sie der Reihe nach an, voll Zorn und Trauer über die Verhärtung ihres Herzens. Gegenüber solchem Widerstand ist Jesus machtlos. Er kann sich nicht mehr verständlich machen. Aus Gegnern sind ihm unerbittliche Feinde geworden.

Als Antwort auf ihre menschen-verachtende Einstellung zu Sabbat und Gesetz lenkt Jesus die Aufmerksamkeit wieder auf den Mann mit der verdorrten Hand in ihrer Mitte und heilt ihn auf der Stelle. Jesus hebt die Thora nicht auf, sondern er legt sie aus: Gott bleibt nicht ungerührt von menschlichem Leid und alle überlieferten Gesetze und religiösen Weisungen haben ihre Geltung allein darin, den Menschen seiner ursprünglichen Bestimmung näher zu bringen. Nur wer um seinen leblosen Zustand weiß und sich nach LEBEN sehnt, wie dieser unbekannte Mann, ist einer Heilung zugänglich.

3. **Da gehen die Pharisäer hinaus** ... Sie sind entschlossen, Jesus zu vernichten. Der Auszug aus der Synagoge ist noch einmal Ausdruck ihrer totalen Verweigerung. In haßerfüllter Aggression verbünden sie sich mit den politisch Mächtigen, um Jesus aus dem Weg zu räumen. Sie planen einen Mord und tun damit am Sabbat, was man an keinem Tag tun darf. Der Rest des Markusevangeliums beschreibt »nur« die Folgen dieser verhängnisvollen Konfrontation. Während der tödliche Konflikt hier zum ersten Mal offen ausbricht, erreicht der Andrang der Volksscharen im folgenden Sammelbericht seinen Höhepunkt. Jesus wird buchstäblich fast erdrückt vom Elend der Menschen. Damit klingt der erste Teil des Evangeliums aus.

Der Andrang des Volkes und die Einsetzung der Zwölf
Mk 3,7–19

[7] Und Jesus entwich mit seinen Jüngern ans Meer, und eine gro-
ße Menge von Galiläa folgte, auch von Judäa, [8] von Jerusalem,
von Idumäa, von jenseits des Jordan und der Gegend von Tyrus
und Sidon – eine große Menge; hörend, was alles er tat, kamen
sie zu ihm.
[9] Und er sagte seinen Jüngern, ein Boot solle für ihn bereitliegen
wegen des Volks, daß sie ihn nicht bedrängten. [10] Viele nämlich
heilte er, so daß man sich auf ihn stürzte, damit ihn berührten all
die Geplagten. [11] Auch die unreinen Geister, wenn sie ihn er-
blickten, stürzten auf ihn los, schrien, und sagten: Du bist der
Sohn Gottes. [12] Und streng herrschte er sie an, daß sie ihn nicht
öffentlich machen sollten. [13] Da steigt er hinauf zum Berg und
ruft herbei, die er selbst wollte, und sie gingen weg, zu ihm hin.
[14] Und er setzte zwölf ein – die er auch Apostel nannte –, daß sie
mit ihm seien und daß er sie sende, zu verkünden [15] und Voll-
macht zu haben, die Abergeister auszutreiben.
Und so bestellte er die Zwölf, und gab einen Beinamen dem Si-
mon: Petrus; [17] dann Jakobus, den Sohn des Zebedäus, dann Jo-
hannes, den Bruder des Jakobus; auch ihnen gab er einen Beina-
men: Boanerges, das heißt: Donnersöhne; [18] dann Andreas,
Philippus, Bartholomäus, Matthäus, Thomas, Jakobus, den Sohn
des Alphäus, Thaddäus, Simon den Kananäer [19] und Judas Iska-
rioth, der ihn ausgeliefert hat.

1. Nach dem offenen Konflikt mit den Pharisäern zieht Jesus sich mit seinen Jüngern an den See zurück (*'anachoreo*). Der Andrang des Volkes erreicht nun einen neuen Höhepunkt. Aus fast allen Provinzen des Landes strömen die Menschen herbei, um sich von Jesus heilen zu lassen. Das Gedränge um ihn wird bisweilen so turbulent, daß er sich mit einem Boot die notwendige Distanz verschaffen muß. Umringt und bedrängt von Krankheit und dämonischen Kräften löst er sich aus der Menge »und steigt auf den Berg«. Die Menschen folgen ihm.

2. Vor diesem Hintergrund, im Angesicht der von so viel Elend gezeichneten Volksscharen »ruft Jesus die zu sich, die er selbst wollte«. Er erwählt die Seinen im Blick auf die zahllosen Menschen, die bei ihm Hilfe suchen. Mit dem nachdrücklichen »die er selbst wollte« betont Markus, daß nicht bestimmte Eigenschaften und Vorzüge der Grund ihrer Berufung sind, sondern allein Jesu souveräne Freiheit. Weil ihm an **diesen** Menschen liegt, darum ruft er sie in ein enges persönliches Verhältnis. »Und sie gingen weg zu ihm hin«, d. h. sie verlassen ihren bisherigen Platz unter den Menschen, um sich vor den Augen der Öffentlichkeit Jesus anzuschließen.

3. »Und er setzt zwölf ein,
daß sie mit ihm seien
und daß er sie aussende, zu verkünden
und Vollmacht zu haben, Dämonen auszutreiben.«

Jeder Satz hat hier seine eigene, tiefe Bedeutung: Mit der Einsetzung des Zwölferkreises will Jesus vermutlich das neue Gottesvolk ins Leben rufen und anders als die Pharisäer und Qumranleute sich **ganz** Israel zuwenden.

Es fällt auf, daß als erste und eigentliche Bestimmung der Zwölf genannt wird, daß sie **mit Jesus** seien. Allein von ihm her und nur in der Gemeinschaft mit ihm können sie sich verstehen. Außerhalb dieser persönlichen Beziehung verlieren sie das »Prinzip und Fundament« ihrer neuen Lebensform.

Ebenso können sie **nur** aus der Vertrautheit mit dem Herrn sein Werk fortsetzen: sein »Wort« weitersagen und die Macht des Bösen über den Menschen brechen. Nur wer diesen »Ort« seiner eigenen Berufung im Blick behält und »pflegt«, wird imstande sein, anderen die Stelle ihrer Lebensaufgabe finden zu helfen. Wie Jesus aus der innigen Verbundenheit mit dem Vater (vgl. Mk 14,36) sich der Not und dem Elend der Volksscharen stellt, so können sie den Kampf um das Heil der Vielen nur aufnehmen, wenn sie damit beginnen, in die Gesinnung hineinzuwachsen, die dem Leben in Christus Jesus entspricht (vgl. Phil 2,5).

4. Von den Zwölf wird jeder bei seinem Namen gerufen. Bei aller Gemeinschaft und Gemeinsamkeit, die sie von nun an miteinander verbindet, bleibt jeder im Letzten ihm allein verantwortlich ... Am Anfang der Namenliste stehen die vier Erstberufenen. Drei von ihnen werden Zeugen besonderer Geschehnisse sein (Mk 5,37; 9,2; 14,33). Sie werden am tiefsten vom Geheimnis des Menschensohnes berührt, ohne zu verstehen. Am Ende der Liste steht jener Name, der nicht mehr aus der Erinnerung zu löschen ist: Judas Iskariot, der ihn »ausliefert«. Wieder taucht das inhaltsschwere Wort (vgl. Mk 1,14) auf und läßt das Ende anklingen, da einer von den Gerufenen sich weigerte, mit ihm zu sein.

In scharfem Kontrast zu der offenen Ablehnung durch die Pharisäer beginnt Jesus damit, den Zwölferkreis zu gründen, um seine eigene Tätigkeit noch auszuweiten.

Verrückt und besessen
Mk 3,20–35

[20] Und er kommt ins Haus, und wieder läuft das Volk zusammen,
so daß sie nicht einmal Brot essen konnten. [21] Und als seine An-
gehörigen es hörten, zogen sie aus, ihn zu packen; sie sagten
nämlich: Er ist verrückt. [22] Und die Schriftgelehrten, die von Je-
rusalem herunter gekommen waren, sagten: Den Beelzebul hat
er, und: Mit dem Obersten der Abergeister treibt er die Abergei-
ster aus.
[23] Da rief er sie her, und in Gleichnissen sagte er ihnen: Wie
kann Satan Satan austreiben? [24] Und wenn ein Königreich gegen
sich selber sich spaltet, kann jenes Königreich keinen Bestand
haben. [25] Und wenn ein Haus gegen sich selber sich spaltet, wird
jenes Haus keinen Bestand haben können. [26] Wenn nun der Satan
aufgestanden wäre gegen sich selbst und gespalten wäre, kann er
keinen Bestand haben, sondern am Ende ist er. [27] Nein, niemand
kann in das Haus des Starken eindringen, um seine Sachen zu
rauben, wenn er nicht als erstes den Starken gefesselt hat; dann
mag er sein Haus ausrauben.
[28] Wahrlich, ich sage euch: Alles wird den Menschenkindern
nachgelassen – die Sünden und die Lästerungen, wieviel sie auch
lästerlich reden mögen; [29] wer aber lästert gegen den heiligen
Geist, erhält keinen Nachlaß in Ewigkeit, sondern schuldverhaf-
tet bleibt er ewiger Sünde. [30] – Weil sie sagten: Einen unreinen
Geist hat er! [31] Und da kommt seine Mutter und seine Brüder,
und draußen sich hinstellend schickten sie zu ihm und ließen ihn
rufen. [32] Und um ihn herum saß Volk und sie sagen ihm: Da!
Deine Mutter und deine Brüder – und deine Schwestern – drau-
ßen suchen dich!
[33] Da antwortete er ihnen und sagt: Wer ist meine Mutter und
meine Brüder? [34] Und ringsum schaut er die ihn im Kreis um ihn
Sitzenden an und sagt: Da! Meine Mutter, meine Brüder! [35] Denn
wer den Willen Gottes tut, der ist mir Bruder und Schwester und
Mutter.

1. Nach der Gründung des Zwölferkreises kommt Jesus wieder nach Hause (vermutlich nach Kapharnaum) und der Zulauf des Volkes wächst so an, daß sie nicht einmal Zeit zum Essen finden. Es sieht so aus, als habe das öffentliche Wirken Jesu Formen und Ausmaße angenommen, daß seine engsten Angehörigen es mit der Angst zu tun bekommen und ihn, wenn nötig, mit Gewalt (*kratéo*) in die Familie zurückholen wollen. Sie halten ihn für verrückt. Es ist nicht auszuschließen, daß sich schon früh eine gewisse Konkurrenz zwischen der Familie Jesu und seiner neuen Jüngergemeinschaft entwickelte. Offenbar hat Jesus die Erwartungen seiner Verwandten enttäuscht, bis er schließlich untragbar für sie geworden ist. Im Markusevangelium lautet also die erste Bemerkung aus dem Kreis seiner Familie über ihn: Er ist verrückt.

2. Diese abschätzige Meinung wird von den Jerusalemer Schriftgelehrten noch überboten. Als die höchsten Autoritäten in Sachen des Glaubens sind sie hier als die gefährlichsten Gegner Jesu anzusehen. Sie halten ihn für besessen und werfen ihm vor, im Bund mit den Dämonen zu stehen. Es wirkt auf sie bedrohlich, wenn Menschen, die mit diesem Jesus aus Nazareth in Berührung kommen, unabhängig davon werden, was andere sagen und was andere von ihnen halten. Ihr Unbehagen wächst, wenn all das Böse, das den Menschen fesselt und gefangen hält, durch diesen galiläischen Rabbi zur Sprache gebracht wird und Menschen die Kraft finden, sich davon zu lösen. Es erregt ihren Unwillen, wenn sie sehen, mit welchen Leuten er sich umgibt und welche Anziehungskraft er auf die Volksmassen hat. Vielleicht ist es für sie auch befremdlich, die Freude und das Glück zu spüren, das dieser Jesus auf dem Antlitz der Menschen zurückläßt.

Jesus zeigt keine Scheu, sich seinen gefährlichsten Kritikern zu stellen und ihre Vorwürfe in aller Öffentlichkeit ad absurdum zu führen. In gezielter Gleichnisrede gibt er zu bedenken, wer hier der Bezwinger des Starken ist, dessen Haus nun ausgeraubt wird. Die Beute, die dem Starken entrissen wird, sind die Menschen, die Jesus von Krankheit und von der Dämonie befreit, die Wahrheit des eigenen Lebens nicht leben zu können. So mag es verständlich werden, wenn es nur eine Sünde gibt, die nicht vergeben werden kann: die Absicht, Menschen daran zu hindern, die Wahrheit ihres Lebens zu entdecken und zu leben: Bild und Gleichnis dessen zu sein, von dem sich niemand ein Bild machen darf.

3. Unter den Angehörigen, die Jesus für verrückt erklären und ihn notfalls mit Gewalt in die Familie zurückholen wollen, ist auch seine Mutter: »Da kommen seine Mutter und seine Brüder und draußen sich hinstellend, schikken sie zu ihm und lassen ihn herausrufen.« Vielerorts ist es im Orient heute

noch so, daß die Kinder ein Leben lang von der Familie, der Sippe abhängig bleiben. Die Familie »läßt herausrufen«. Als Jesus von den Leuten um sich herum hört: »Da, deine Mutter und deine Brüder – und deine Schwestern – draußen suchen dich!«, scheint er nicht einmal Anstalten zu machen, aufzustehen, geschweige denn hinauszugehen. Dieser Sohn läßt sich nicht mehr von seiner Familie zur Ordnung rufen. Der Ablösungsprozeß ist endgültig vollzogen. Jesu Haltung dürfte für den außerordentlich starken Familiensinn der Juden eine große Herausforderung gewesen sein. Doch wie beim Aufbruch von Kapharnaum (Mk 1,37) lehnt Jesus auch hier das Ansinnen derer ab, die glauben, einen Anspruch auf ihn zu haben.

Jesus selbst bestimmt, wer zu ihm gehört: »Wer ist meine Mutter und wer sind meine Brüder?« fragt er zurück. Dann blickt er auf die Menschen, die im Kreis um ihn herumsitzen und sagt: »Das hier sind meine Mutter und meine Brüder! Denn (nur) wer tut, was Gott will, der ist mir Bruder und Schwester und Mutter«. Jesus erinnert seine Angehörigen daran, was sie aus der Thora eigentlich wissen sollten: Gottes Wille relativiert alle Bindungen und Beziehungen. Der Durchbruch in die Freiheit vom Willen der Familie, der Mutter und der Geschwister ist zutiefst religiös bestimmt. Es liegt nun an ihnen, ob sie die neue Freiheit Jesu akzeptieren. Dazu scheinen sie aber vorerst nicht bereit zu sein. Als Jesus einige Zeit später mit seinen Jüngern, also mit denen, die nicht zu seiner Familie gehören, in seinen Heimatort Nazareth zieht, stößt er nach anfänglicher Bewunderung auf breite Ablehnung (Mk 6,1–6a).

In der Antwort Jesu ist nicht nur von »Brüdern«, sondern auch von »Schwestern« die Rede. Auch wenn bis jetzt noch keine Frauen in der Nachfolge Jesu erwähnt werden, so wird hier schon deutlich, daß es in der neuen Familie auch für Frauen einen ebenbürtigen Platz gibt.

Das Gleichnis vom unverdrossenen Sämann
Mk 4,1–20

1 Und wieder fing er an, am Meer zu lehren, und zusammen-
kommt bei ihm eine so große Volksmenge, daß er in ein Boot
stieg und auf dem Meer sich setzte, während all das Volk zum
Meer hin auf dem Land war. 2 Und er lehrte sie in Gleichnissen
vieles und sagte ihnen in seiner Lehrrede:
3 Hört! Siehe, der Sämann ging hinaus zum Säen. 4 Und beim Sä-
en geschah es: Das eine fiel neben den Weg, und es kamen die
Vögel und fraßen es weg. 5 Und anderes fiel auf felsigen Grund,
wo es nicht viel Erde hatte, und gleich ging es auf, weil es keine
Erdentiefe hatte. 6 Doch als die Sonne aufging, verbrannte es,
und weil es keine Wurzel hatte, verdorrte es. 7 Anderes wiederum
fiel in die Dornen; und die Dornen gingen auf und erstickten es,
so daß es keine Frucht gab. 8 Anderes wiederum fiel auf gute Er-
de, und es gab Frucht, indem es aufging und wuchs und trug: ei-
nes dreißigfach und eines sechzigfach und eines hundertfach. 9
Und er sagte: Wer Ohren hat, zu hören, höre!
10 Und als er allein war, fragten ihn die um ihn mit den Zwölf
waren nach den Gleichnissen. 11 Und er sagte ihnen: Euch ist das
Geheimnis des Königtums Gottes gegeben; denen draußen aber
geschieht alles in Gleichnissen, so kommt es,12 *daß sie sehen und*
doch nicht erkennen und hören und doch nicht verstehen, so daß
sie nicht umkehren und ihnen nicht vergeben wird.
13 Und er sagt ihnen: Dieses Gleichnis versteht ihr nicht? Wie
wollt ihr dann überhaupt all die Gleichnisse begreifen? 14 Der
Sämann sät das Wort. 15 Die am Weg sind die, bei denen das
Wort gesät wird, doch gleich, wenn sie es hören, kommt der Sa-
tan und nimmt das Wort weg, das in sie gesät wurde. 16 Die auf
den felsigen Grund Gesäten sind die, die gleich, wenn sie das
Wort hören, mit Freude es aufnehmen, 17 doch sie haben keine
Wurzel in sich, sondern sie sind Menschen des Augenblicks.
Wenn dann Drangsal entsteht oder Verfolgung wegen des Wor-
tes, sogleich nehmen sie Anstoß.

[18] Andere wiederum sind die unter die Dornen Gesäten. Das sind
die, die das Wort gehört haben, [19] doch die Sorgen der Welt und
der Trug des Reichtums und die Begierden nach dem Übrigen
dringen ein und ersticken das Wort, und es wird unfruchtbar. [20]
Doch jene auf gute Erde Gesäten sind die, die das Wort hören
und es aufnehmen und Frucht tragen: eines dreißigfach und eines
sechzigfach und eines hundertfach.

Jesus nimmt seine Lehrtätigkeit am See wieder auf und wieder (vgl. Mk 3,7 und 3,20) strömt eine so gewaltige Menschenmenge (*óchlos pleistos*) zusammen, daß er in ein Boot steigt, um von dort aus zu ihnen zu sprechen. Die folgende Gleichnisrede ist bei Markus die einzige ausführliche Rede Jesu in der Öffentlichkeit: »Hört, seht, ein Sämann zog aus zu säen ...« Von der Arbeit des Sämanns hat er gelernt, daß nicht alle Saat aufgeht:

1. Jesus erzählt von einem festgetretenen Weg am Rande eines Ackers. Viele Menschen sind diesen Feldweg gegangen. Mit der Zeit ist er steinhart geworden. Auf den Weg fallen einige Getreidekörner. Der harte Boden kann sie nicht mehr aufnehmen. Vögel kommen und picken die Körner weg ... Jesus sagt: es gibt Menschen, die sind wie festgetretene Feldwege. Ihr Inneres hat sich mit der Zeit so verhärtet, daß jede schöpferische Berührung vergeblich bleibt. Auf solchem Boden kann nichts mehr wachsen ...

Eine solche Verhärtung kann geschehen, ohne daß wir es merken. Manchmal ist es ein Übermaß an Arbeit, ein Zuviel an Pflichten und Aufgaben, das unsere gemüthaften Kräfte veröden und unsere Sensibilität, unsere Spürigkeit abstumpfen läßt.

2. Jesus erzählt von einem steinigen Acker, auf den die Sonne niederbrennt. An einigen Stellen liegen verwelkte und vertrocknete Halme über dem Boden. Hier ist die dünne Krume über dem felsigen Grund von der sengenden Hitze schon ausgedörrt . .

Jesus sagt: es gibt Menschen, die sind wie eine dünne Erdkrume auf felsigem Grund. Nichts kann in ihnen tiefe Wurzeln schlagen. Was sie hervorbringen, verwelkt und vertrocknet schnell. Bei äußeren Belastungen geben sie auf. Sie sind eines wirklichen Einsatzes nicht fähig . . .

Es kann sein, daß eine solche Verflachung durch die rasende Mobilität unserer Umwelt, durch die Rastlosigkeit unseres Tuns sich nach und nach einstellt. Wenn wir nicht mehr die Zeit aufbringen und am Ende auch nicht mehr die Kraft, zu unterscheiden, was uns bewegt und wohin das alles geht, dann kann das auch ein Anzeichen dafür sein, daß wir Angst vor unserer eigenen Tiefe haben, daß wir uns den Wesensimpulsen aus der Tiefe unseres Selbst nicht stellen wollen.

3. Jesus erzählt von einem mit Dornengestrüpp überwucherten Acker. Die Dornen haben tieferreichende Wurzeln und wachsen schneller als die junge Saat. Nach und nach sind die Halme erstickt. Ohne Frucht verdorren sie im Gestrüpp ...

Jesus sagt: es gibt Menschen, die sind wie ein Acker, der mit einem Wurzelteppich von Dornen durchzogen ist. Was in ihnen zur Entfaltung und Reife drängt, wird schnell vom Drang des »Habens« überwuchert und erstickt. Es bekommt keine Luft zum Atmen. Ohne Sinn verdirbt ihr Leben und bleibt ohne Erfüllung ...

Eine solche schleichende Aushöhlung unseres Lebens ist oft der Preis, den wir für die sog. Sachzwänge, die Erfordernisse des Alltags zahlen. Die Allmacht der Umstände ist aber nicht selten ein Vorwand, um die Angst zu verbergen, die diese Zwänge benötigt und erschafft. Wieviel Lebensverdruß und Sinnleere handeln sich Menschen ein, nur um ihren Einfluß und ihr Ansehen zu erhalten, um liebgewonnene Gewöhnungen und selbstverschuldete Abhängigkeiten nicht zu verlieren!

4. Jesus erzählt von einem Ährenfeld, das reif ist zur Ernte. Der Boden ist locker und reicht tief hinunter. Er ist frei von Unkraut und Gestrüpp. Die Saat ging gut auf und trägt Frucht: dreißigfach, sechzigfach und hundertfach ...

Jesus sagt: es gibt Menschen, die sind wie guter Ackerboden. Offen und durchlässig für alles, was in ihnen Mensch werden will, bleiben sie unterwegs zu dem Bild und Gleichnis, das Gott sich von ihnen gemacht hat. Tief im Boden verwurzelt, können sie äußere Belastungen aushalten und ihr Leben zur Reife bringen ...

Mit dem Gleichnis macht Jesus deutlich, daß Gottes Wort nicht von selbst Frucht bringt: es ist auch abhängig von der jeweiligen Empfänglichkeit des Bodens, von der inneren Disposition des Menschen. Sehr realistisch und ausführlich werden die Voraussetzungen geschildert, unter denen es keine Frucht bringen kann. All die Erfahrungen erfolglosen und fruchtlosen Bemühens verdienen ernstgenommen zu werden. All die Erfahrungen von Mutlosigkeit und Enttäuschung, von Müdigkeit und Trauer brauchen ein einfühlsames Wort, um der Not des Herzens Ausdruck zu geben.

Vielleicht spiegelt dieser Teil des Gleichnisses eine erste Krise im öffentlichen Wirken Jesu wider. Vielleicht waren die Widerstände vielfältiger als erwartet und die Mißerfolge größer als vermutet. Doch Jesus hat vom Sämann gelernt, daß es trotz der zwangsläufigen Verluste zu reichen Erträgen kommen wird: dreißigfach, sechzigfach, hundertfach. Er sieht all die Vergeblichkeit menschlichen Bemühens noch einmal umgriffen von der unbedingten Zusage Gottes. »Wie Regen und Schnee vom Himmel fallen und dorthin nicht zurückkehren, sondern die Erde tränken, daß sie keimt und sproßt; daß sie Samen bringt dem Sämann und Brot als Speise, so ist es auch mit meinem Wort, das von meinem Munde ausgeht: Es kehrt nicht erfolglos zu mir zurück, sondern wirkt, was ich will, und führt aus, wozu ich es sende« (Jes 55,10f).

Die Mühe der Aussaat wird sich allemal lohnen, denn bei Gott hat unser Leben seinen Wert und seine Fruchtbarkeit – bis zu hundertmal mehr als wir ahnen. Vom Sämann hat Jesus gelernt, was es heißt, unverdrossen zu säen und zu säen und zu säen ...

Vom Offenbarwerden des Verborgenen und vom Maß, mit dem gemessen wird
Mk 4,21–25

21 Auch sagte er ihnen: Kommt denn die Leuchte, um unter den
Scheffel gestellt zu werden oder unter das Bett? Nicht, um auf
den Leuchter gestellt zu werden?
22 Denn nichts ist verborgen, es sei denn, damit es offenbar wer-
de, und nichts wurde verborgen, außer damit es ans Licht kom-
me.
23 Wenn einer Ohren hat zu hören, höre er!
24 Auch sagte er ihnen: Betrachtet, was ihr hört! Mit welchem
Maß ihr meßt, wird euch gemessen, ja, hinzugelegt wird euch. 25
Denn wer hat, dem wird gegeben, und wer nicht hat, von dem
wird auch das, was er hat, genommen.

Die vier Jesuslogien, die als einzelne Sprüche verstreut auch in der Logienquelle (Q) überliefert sind, hat Markus zu zwei Spruchpaaren zusammenkomponiert und an dieser Stelle in sein Gleichniskapitel eingefügt. Die erste Spruchgruppe ist vermutlich im Zusammenhang mit V. 11 f. zu sehen, die zweite führt möglicherweise das Gleichnis vom unverdrossenen Sämann weiter. Auf diese Weise hätte der Evangelist von V. 10–25 eine thematisch zusammenhängende Jüngerunterweisung geschaffen. Die wiederholte Aufforderung zum Hören (Mk 4,23 f.) deutet darauf hin, daß es in den folgenden Worten weiter um das Geheimnis des Gottesreiches geht.

1. Das Bildwort vom Licht ist eine eindringliche Mahnung an die Jünger, das Geheimnis der Gottesherrschaft nicht im Verborgenen zu halten. Es muß hinaus zu den Menschen. Den Jüngern wird das Geheimnis anvertraut, damit sie es als Licht, als Lebens-orientierung in der Welt aufleuchten lassen. Wie es absurd wäre, ein Licht zu entzünden, um es gleich wieder abzudecken oder gar unters Bett zu schieben, so kann man das mit Jesus gerade aufgeleuchtete Licht der nahen Gottesherrschaft unmöglich wieder den Menschen entziehen. Das Wort vom Verborgenen, das in die Öffentlichkeit dringt, will das Bildwort vom Licht begründen. An sich ist es ein Widerspruch, daß etwas in der Absicht versteckt wird, um es bekannt zu machen. Aber in diesem Kontext ist

der Wider-spruch als Verheißung zu verstehen, daß Gott selbst das Verborgene zu seiner Zeit ans Licht bringen wird. »Denen draußen« (vgl. Mk 4,11b) wird das Wachsen und Reifen des Gottesreiches verborgen bleiben, aber das gläubige Schauen ist schon auf seine endgültige Offenbarung ausgerichtet. Dieser Wachstums- und Vollendungsprozeß ist letztlich Gottes Werk und darum, wie alle Lebensprozesse, schwer zu begreifen. Deshalb ist Aufmerksamkeit angeraten.

Das Bildwort vom Maß, mit dem gemessen wird, bezieht sich hier vermutlich auf das Vertrauen in den Sämann, der unverdrossen sät und aus seiner Fülle mehr schenkt, als Menschen erwarten. In dem Maß, wie ein Mensch sich den Wachstumsgesetzen der Gottesherrschaft öffnet, in dem Maß wird sein Leben zur Fülle und Vollendung kommen. Wer sich aus Angst und Mißtrauen diesen Wachstumsprozessen gegenüber verschließt, dessen Leben wird verkümmern. Wo Gottes Gabe und Verheißung schon fruchtbar geworden sind, erfahren sie sein noch größeres Schenken. Ignatius von Loyola formuliert diese paradoxe Gesetzmäßigkeit einmal mit den Worten:

»Wenige Menschen ahnen,
was Gott aus ihnen machen würde,
wenn sie sich seiner Führung rückhaltlos anvertrauen,
wenn sie sich selbst aus den Augen verlieren,
und sich Gott **ganz** überantworten,
damit er ihr Leben in seinen Händen forme.«

Wo Gottes Gabe und Verheißung unfruchtbar bleiben, gehen sie verloren ...

Das Gleichnis vom Wachsen der Saat und das Gleichnis vom Senfkorn Mk 4, 26–34

26 Und er sagte: So ist es mit dem Königtum Gottes: wie wenn einer den Samen auf die Erde wirft 27 und schläft und aufwacht, nachts und tags, und der Same sproßt und wird lang – wie, weiß er selbst nicht. 28 Von selber trägt die Erde Frucht, erst Halm, dann Ähre, dann volles Korn in der Ähre. 29 Wenn aber die Frucht es zuläßt, gleich schickt er die Sichel aus, denn die Ernte ist da.

30 Und er sagte: Womit sollen wir das Königtum Gottes vergleichen oder mit welchem Gleichnis es darlegen? 31 Wie mit einem Senfkorn, das, wenn es auf die Erde gesät wird, kleiner ist als alle Samen auf der Erde, 32 doch wenn es gesät wird, aufgeht und größer wird als alle Kräuter und Zweige treibt so groß, daß unter seinem Schatten die Vögel des Himmels nisten können.

33 Und in vielen solchen Gleichnissen sprach er ihnen das Wort, wie sie es hören konnten. 34 Ohne Gleichnis aber sprach er nicht zu ihnen; wenn sie aber für sich waren, den eigenen Jüngern, löste er alles auf.

Vielleicht wollen auch diese beiden Gleichnisse eine Antwort geben auf die Auswirkungen einer ersten Krise im öffentlichen Wirken Jesu bei den Jüngern. Nach einer Zeit der Anfangserfolge, in der Jesus immer wieder von gewaltigen Menschenmassen umlagert ist, folgt Ernüchterung. Nach den Augenblicken der Begeisterung mag die Enttäuschung darüber wachsen, daß die Zahl der Anhänger klein und unbedeutend geblieben ist, daß mit der Menge des Volkes »kein Staat zu machen ist«, daß es mit dem Reich Gottes – wie die Jünger es verstehen – nicht recht weitergeht. Es mag sich auch die Erkenntnis durchsetzen, daß sie bei den religiös-politischen Autoritäten keine Anerkennung finden und auf immer entschiedeneren Widerstand stoßen (vgl. Mk 3,6 und 3,22). Vielleicht ist bei einigen Jüngern auch Ungeduld und Ärger lautgeworden, daß man das Reich Gottes nie erreichen wird, wenn man so weitermacht wie bisher:

1. Mit dem ersten Gleichnis erinnert Jesus seine Zuhörer an das unaufhaltsame Wachsen der Samenkörner, die von selbst (*automáte*) nach eigener Gesetzmäßigkeit zu ihrer Zeit reif werden. Wollte der Sämann in diesen inneren Lebens-prozeß des Wachsens und Reifens eingreifen, etwa um ihn zu beschleunigen, würde er Gefahr laufen, alles zu zerstören. Dieser Erfahrung entsprechend sollen seine Jünger (wieder) Vertrauen fassen, daß die Anfänge, die Er mit seinem Wirken gesetzt hat, unaufhaltsam nach eigenen Wachstumsgesetzen zu ihrer vollendeten Gestalt, zur Gottesherrschaft, reifen.

So gibt es auch im Leben eines jeden Menschen Phasen, wo jeder Eingriff von außen aus Ungeduld, Eifer oder Mitleid sich verbietet. Mangelndes Vertrauen in die heilenden und ordnenden Kräfte unseres Daseins, in das unauffällige und unaufhaltsame Wachsen Gottes in unserem Leben kann vieles zerstören. Vielleicht gehört dieses Gleichnis, das uns nur von Markus überliefert ist, zu den wichtigsten Botschaften seines Evangeliums. Es befreit uns von falschen apostolischen Zwängen und von einer Radikalität, die »von den Dämonen« ist.

2. Mit dem Gleichnis vom Senfkorn antwortet Jesus auf die Zweifel, ob Gottesherrschaft überhaupt eine Chance hat, sich in dieser Welt durchzusetzen. Das Senfkorn galt als das sprichwörtlich kleinste Ding der Welt. Aus dem winzigen Samenkorn konnte aber im Laufe eines Jahres eine Staude hervorgehen, die am See Genesareth drei bis vier Meter hoch wird und alle Gartengewächse übertrifft. Ihre Zweige werden so groß, daß die Vögel sie gern als Nist- und Ruheplätze aufsuchen.

Ebenso gewiß – will Jesus sagen –, wie aus dem kleinen Senfkorn die große Staude wächst, wird Gott aus den unscheinbaren Anfängen, aus der kleinen Schar der Jünger, das große weltumspannende Gottesvolk hervorgehen lassen. Gottes Reich ist Gottes Macht und darum ist seine Entfaltung nicht aufzuhalten. Dieses Gleichnis ist zugleich Ausdruck seines eigenen Vertrauens in die unaufhaltsam große Zukunft seiner kleinen Anfänge.

Das Gleichniskapitel schließt mit der Bemerkung des Evangelisten, daß Jesus bewußt in der Form von Gleichnisreden zu den Leuten spricht. Ein Gleichnis ist wie eine Einladung, die dem einzelnen Raum läßt, sich in seinen Bildern zu bewegen und sich von ihrer Aussagekraft bewegen zu lassen. Die Gleichnisrede vertraut auf die heilenden und kreativen Kräfte im Menschen und respektiert seine freie Entscheidung. Vielleicht ist die Gleichnisrede die einzig gewaltfreie Rede, die einzige Möglichkeit, Lehre als Leben weiterzugeben.

Jesu Macht über Sturm und Wellen
Mk 4,35–41

[35] Und er sagt ihnen an jenem Tage, als es Abend geworden war:
Fahren wir hinüber zur Jenseite. [36] Und sie entlassen das Volk
und nehmen ihn, wie er war, im Boot mit; auch andere Boote wa-
ren mit ihm. [37] Und es kommt auf ein gewaltiger Sturmwind, und
die Wogen schlugen ins Boot, daß schon das Boot vollief. [38]
Doch er selbst war im Heck auf dem Kissen am Schlafen. Da
wecken sie ihn und sagen ihm: Meister, kümmert es dich nicht,
daß wir zugrunde gehen? [39] Und er richtete sich auf, herrschte
den Wind an und sagte dem Meer: »Schweig! Sei still!« Da legte
sich der Wind, und eine große Stille trat ein. [40] Und er sagte ih-
nen: Was seid ihr feige! Noch immer habt ihr keinen Glauben? [41]
Da überkam sie Furcht, eine große Furcht, und sie sagten zuein-
ander: Wer ist doch dieser, daß auch der Wind und das Meer ihm
gehorchen?

Jesus ist dabei, seine Jünger in »das Geheimnis des Reiches Gottes« (Mk 4,11) einzuführen. Im Zusammensein mit ihm lernen sie die Sprache, mit der Gott zu den Menschen spricht. Wenn sie mit ihm allein sind, erschließt er ihnen »das Wort« (Mk 4,33). Ohne seine Hilfe können sie den Sinn der Geheimnisse nicht verstehen. Zur Sprache Gottes gehören auch die vier großen Wunder, die im Folgenden erzählt werden.

1. Als es **Abend** geworden ist, sagt Jesus zu den Jüngern: ›Wir wollen hinüberfahren ans andere Ufer.‹ Im Tun seines Wortes beginnen sie mit ihm die Überfahrt. Markus sieht in den Jüngern das Bild der Kirche unter den Heiden, – eine Kirche aus armseligen, ängstlichen und verständnislosen Menschen, – eine Kirche, für deren Bestand diese Menschen letztlich nicht bürgen können. Bestand hat sie nur, wenn sie sich von Jesus die Richtung bestimmen läßt und darauf vertraut, daß er mit ihr das andere Ufer erreicht. Kirche muß immer wieder ins Ungewisse aufbrechen. Sie darf nicht bleiben, wenn sie der Gefahr entgehen will, zu einem »Altwasserarm« zu werden, der vom Lebensstrom des Reiches Gottes abgeschnitten ist.

Unser Glaube muß notwendig auf vielfältige Weise geschichtliche Gestalt annehmen, sonst bleibt er abstraktes Prinzip. Aber jede Konkretisierung ist zeitbedingt und es bricht der Abend darüberherein, wo wir uns von dem Vertrauten und Liebgewonnenen wieder trennen müssen. Es kommt der Abend, an dem wir wieder ins Boot steigen müssen und gerade noch für kurze Zeit die Silhouette des anderen Ufers als Orientierung erkennen können. Es kommt der Abend, wo wir gedrängt werden, uns mit der ganzen Kraft unseres Herzens von neuem zu riskieren.

Als es **Abend** geworden ist, sagt Jesus zu den Jüngern: ›Wir wollen hinüberfahren ans andere Ufer.‹

2. Bei dieser Überfahrt wird ihr Boot plötzlich von einem furchtbaren Sturm erfaßt. Sie geraten in äußerste Gefahr. Sturm und aufgewühlte See sind auf dem Hintergrund alttestamentlichen Schriftverständnisses Zeichen, Symbole für elementare Anfechtung im Glauben. Die Jünger »nehmen viel Wasser über«: Sie bekommen furchtbare Angst um sich selbst, um den Bestand ihrer Gemeinschaft. Sie sehen sich am Ende **ihrer** Möglichkeiten.

Inmitten dieser angstvollen Bedrängnis wird im Bild des schlafenden Jesus eine Ruhe spürbar, die alles Erschütternde übersteigt. Doch Jesu Ruhe wirkt auf seine erschöpften und verzweifelten Jünger befremdend. Sie verstehen ihn nicht und wecken ihn vorwurfsvoll: »Kümmert es dich nicht, daß wir zugrunde gehen?« Es sieht so aus, als trauten sie ihm keine Kompetenz zu, mit der Situation fertig zu werden.

Jesus »droht« dem Sturm und der aufgewühlten See wie einem bösen Dämon und schlagartig hört das Toben der Elemente auf. Die »große Stille«, die nun eintritt, ist zugleich ein Bild für den Frieden Gottes, der sie erfaßt und alles Begreifen übersteigt. In diese Stille hinein werden sie nach ihrem Glauben gefragt: »Was seid ihr so feige?« Habt ihr noch keinen Glauben?« So lange sind sie schon mit Jesus unterwegs. Doch sie verstehen die Sprache noch nicht, mit der Gott ihren Glauben zu wecken sucht. Ihr Glaube wird erst möglich, wenn Jesus seinen Weg – ohne sie – zu Ende gegangen ist ...

3. »Und sie geraten in große Furcht«. Diese Furcht ist etwas ganz anderes als die vorher geschilderte Angst. Die Jünger werden von der Erfahrung überwältigt, daß Jesus wie Gott handelt. Sie fragen einander nach dem Geheimnis dessen, dem Sturm und See gehorchen. Sie haben sich wie Menschen verhalten, in deren Leben Gott nicht mehr vorkommt. Jetzt werden sie jäh aus ihrer Gott-vergessenheit herausgerissen.

4. Das Bild des schlafenden Jesus umtost von aufgewühlter See spricht eine Sprache, mit der Gott auch heute noch nach unserem Glauben sucht. Unsere Entwicklung verlangt immer wieder von uns, vertraute Bindungen und Beziehungen aufzugeben, uns aus überkommenen Lebens- und Glaubensformen zu lösen. Immer wieder spüren wir, daß es uns aufgegeben ist, zu neuen Ufern aufzubrechen. In solchen Situationen des Übergangs können dann plötzlich aus der Tiefe unserer Seele lange nicht beachtete und verdrängte Kräfte uns mit elementarer Wucht bedrohen. Gott nötigt uns geradezu manchmal, uns auf neue Erfahrungen einzulassen und uns bestimmten Gefahren auszusetzen. Nur so können wir als Menschen und als Glaubende wachsen. In diesen Momenten angstvoller Bedrängnis und Erschütterung, in denen wir glauben, zugrunde zu gehen, können wir auf *den* Grund stoßen, der uns aus aller Gottvergessenheit herausreißt. Dann kann es geschehen, daß wir jenseits der Zone panischer Angst den »Ort« erreichen, von wo aus wir den aufgebrachten Elementen gebieten und wieder Stille eintritt, eine Stille, die unser Leben weiterträgt. Es kann uns dann wie den Jüngern geschehen, daß wir von der Erfahrung überwältigt werden: Gott ist uns näher als wir uns selbst. Er handelt an uns. »Wer ist doch dieser, daß auch der Wind und das Meer ihm gehorchen?«

Die Heilung des Besessenen von Gerasa
Mk 5,1–20

[1] Und sie kamen an die Jenseite des Meeres in das Land der Ge-
rasener. [2] Und als er aus dem Boot stieg, gleich trat ihm aus den
Gräbern ein Mann mit einem unreinen Geist entgegen, [3] der sei-
ne Behausung in den Gräbern hatte. Und nicht einmal mit einer
Kette vermochte einer ihn zu binden. [4] Denn oft war er mit Fuß-
fesseln und Ketten gebunden worden, doch zerrissen waren von
ihm die Ketten und die Fußfesseln zerrieben, und keiner hatte die
Kraft, ihn zu bändigen. [5] Und die ganze Zeit, nachts und tags war
er in den Grüften und in den Bergen am Schreien und schlug auf
sich ein mit Steinen. [6] Und als er Jesus von weitem erblickt, lief
er herbei und fiel nieder vor ihm, [7] und aufschreiend mit lauter
Stimme sagt er: Was habe ich mit dir zu schaffen, Jesus, Sohn
Gottes, des Höchsten? Ich beschwöre dich bei Gott: quäle mich
nicht! [8] Denn er hatte ihm gesagt: Ausfahre, unreiner Geist, aus
dem Menschen. [9] Nun fragte er ihn: Was ist dein Name? Da sagt
er ihm: Legion ist mein Name, denn viele sind wir. [10] Und er bat
ihn inständig, sie nicht außer Landes zu schicken. [11] Es war aber
dort am Berg eine große Schweineherde auf der Weide. [12] Und
sie baten ihn und sagten: Schick uns in die Schweine, damit wir
in sie hineinfahren. [13] Und er gewährte es ihnen. Und hinausfuh-
ren die unreinen Geister, und hinein in die Schweine, und die
Herde raste den Steilhang hinab in das Meer, an die zweitausend,
und sie ersoffen im Meer.
[14] Und die sie hüteten flohen und meldeten es in der Stadt und
auf den Höfen, und sie kamen, zu sehen, was da passiert ist. [15] So
kommen sie zu Jesus und betrachten den Besessenen, wie er da-
sitzt, bekleidet und bei Sinnen, ihn, der die Legion gehabt hatte,
und sie gerieten in Furcht. [16] Und es erzählten ihnen die es gese-
hen, wie dem Besessenen geschehen war und das mit den
Schweinen. [17] Und sie fingen an, ihn zu bitten, er möge wegge-
hen aus ihren Gebieten.
[18] Und als er in das Boot steigt, bat ihn der vormals Besessene,
daß er mit ihm sei.[19] Doch nicht ließ er ihn, sondern sagt ihm:

Geh nach Haus zu den Deinen und berichte ihnen, was alles der Herr dir getan hat und wie er sich deiner erbarmt hat. [20] Und fort ging er und fing an, im Zehnstädteland zu verkünden, was alles ihm Jesus getan hatte, und alle staunten.

Diese Erzählung steht in enger Verbindung mit dem vorausgegangenen Wunderbericht. Überwältigt von der Erfahrung, daß Jesus wie Jahwe handelt, fragten die Jünger einander nach dem Geheimnis dessen, dem Sturm und See gehorchen: **Wer ist doch dieser ...?** Diese Frage steht auch im Hintergrund der beiden folgenden Heilungsgeschichten. Alle drei Perikopen (Mk 4,35–5,43) sind überdies durch den gemeinsamen Schauplatz geographisch miteinander verbunden. Am galiläischen »Meer« ist das bevorzugte Gebiet des öffentlichen Wirkens Jesu.

1. Jesus landet mit seinen Jüngern am jenseitigen Ufer des »Meeres« und betritt heidnischen Boden. Es fällt auf, daß die Jünger im gesamten Ablauf des dramatischen Heilungsgeschehens mit keinem Wort erwähnt werden. Alles konzentriert sich auf die »Begegnung« zwischen Jesus und dem Besessenen. Das Wort für »begegnen« *(hupantáo)* meint hier wohl auch in feindselig abwehrender Absicht. Der Besessene tritt Jesus entgegen, um ihn von seinem Gebiet zu vertreiben. Alles deutet darauf hin, daß eine kämpferische Auseinandersetzung bevorsteht. Von dem Besessenen wird berichtet, daß er einen unreinen Geist hat, in Grabhöhlen haust und alle Versuche, ihn zu bändigen, bisher gescheitert sind. Aus der menschlichen Gesellschaft ausgestoßen lebt er dort, wo kein Leben mehr ist. Auch des nachts irrt er auf den Bergen und in den Grüften umher, stößt schauerliche Schreie aus und verstärkt den Prozeß seiner Zerstörung noch, indem er sich mit Steinen schlägt. Ein Bild des Grauens! Es sieht so aus, als seien alle Lebensenergien dieser verstörten und gequälten Kreatur negativ gepolt. Seine geistigen Kräfte und seelischen Funktionen sind außer Kontrolle geraten. Er kann sich und sein Verhalten nicht mehr koordinieren. Unter den »unreinen Geistern« oder Dämonen können abgespaltene Persönlichkeitsanteile verstanden werden, die sich zu autonomen Komplexen verselbständigt haben und in der Seele ein zerstörerisches Eigenleben führen. Diese unbewußten seelischen Energien sind in der Lage, mit bildhaften Vorstellungen das Bewußtsein so sehr zu beherrschen, daß ein Mensch das Gefühl hat, von übermenschlichen Kräften »besessen« zu sein. Wenn einer sich derart bedrängt fühlt, ist es nicht verwunderlich, daß seine Affekte und Wahnvorstellungen sich in ungewöhnlichen und gewalttätigen

Verhaltensweisen äußern. Die erste Begegnung mit Jesus ist von der krankheitsbedingten Widersprüchlichkeit gekennzeichnet. Einerseits läuft er hilfesuchend auf Jesus zu und fällt vor ihm nieder, als erkenne er dessen Macht und Überlegenheit an. Andererseits lehnt er gleichzeitig mit lautem Aufschrei jede Annäherung ab, als würde sie seine seelischen Qualen nur noch steigern. Allem Anschein nach projiziert der »Besessene« seine selbstzerstörerischen Tendenzen auf Jesus und meint, daß auch dieser ihn nur quälen wird. Die seelische Not des Kranken ist so groß, daß er Jesus sogar bei Gott beschwört, ihn doch in Ruhe zu lassen. Wie kann einem solchen Menschen geholfen werden?

2. Die Kraft, jemanden aus einer solchen inneren Zerrissenheit und Entfremdung zurückzuführen zu sich selbst, kann nur aufbringen, wer seine bewußten und unbewußten Gegensätze integriert hat. Jesus selbst hat vor Beginn seines öffentlichen Wirkens vierzig Tage und vierzig Nächte in der Wüste zugebracht, um der ganzen Wirklichkeit seines Wesens ansichtig zu werden. Er hat die gegensätzlichen Kräfte in sich versöhnt. Aus dieser geist-gewirkten Integration seines Menschseins wachsen denen, die ihm begegnen, Kräfte der Integration zu. Er kann ihren Lebensenergien eine neue und positive Zielrichtung ermöglichen und sich als Herr über die zerstörerischen Mächte erweisen.

Im weiteren Verlauf der Begegnung spricht Jesus den unreinen Geist direkt an und macht damit deutlich, daß er die unbewußten seelischen Kräfte meint, die in der Psyche des Mannes bis jetzt ihr zerstörerisches Eigenleben geführt haben. Sie müssen ihre wahre Natur offenbaren: »Was ist dein Name?« Die Preisgabe des Namens ist der erste entscheidende Schritt auf dem Weg der Heilung. Der Name »Legion« macht noch einmal deutlich, wie innerlich zerrissen und verstört der Kranke ist. Durch die heilende Beziehung, die Jesus zum »Besessenen« aufgenommen hat, werden die quälenden Impulse und Inhalte des Unbewußten in eine neue Richtung gezwungen. Damit sie ihre beängstigend zwanghafte Wirkung verlieren, müssen die bisher abgespaltenen Persönlichkeitsanteile abreagiert und durchgearbeitet werden. Das kann in symbolischen rituellen Handlungen und an Ersatzobjekten geschehen. Auf diese Weise kann das seelische Erleben eines Kranken wieder gereinigt und geordnet werden. Dabei ist wichtig, daß die autonomen Komplexe sich nicht selbst die Erlaubnis zum Ausfahren geben und der Kranke selbst nach Möglichkeiten des Abreagierens suchen sollte. In unserer Geschichte erlaubt Jesus den Dämonen, in eine riesige Schweineherde zu fahren. Daraufhin stürzen die Säue den Abhang hinunter und ersaufen im Meer, d. h. die in den Schweinen dargestellten zerstörerischen Kräfte werden ersäuft. Diese Darstellung kann als eine bildhafte Beschreibung innerer Erfahrungen verstanden werden. Ein derartiges Erleben ist meist mit tiefen Erschütterungen bis zu den Wurzeln des Personkerns verbunden.

3. Die Reaktion auf das Geschehene löst bei den Menschen Angst und Flucht, Neugier und Abwehr aus. Als sie zu Jesus kommen und den Mann, der die »Legion« gehabt, »bekleidet und vernünftig« antreffen, geraten sie in Furcht. Jesus hat das dem Tod und Verderben ausgelieferte Geschöpf wieder zu einem gesunden Mitglied der menschlichen Gemeinschaft gemacht. Beim Anblick des Geheilten wird den Menschen unheimlich. Vielleicht sehen sie sich mit ihrer eigenen Unerlöstheit konfrontiert und scheuen den »Preis«, den die Heilung sie kosten würde. Lieber möchten sie den ungebetenen Gast loswerden. Seine Anwesenheit auf »ihrem Gebiet« ist ihnen nicht geheuer. Jesus entspricht ihrer Bitte, ohne ein Wort zu sagen.

4. Als Jesus wieder ins Boot steigt, bittet ihn der Geheilte, »daß er mit ihm sei« (vgl. Mk 3,14). Er möchte bei dem bleiben, der ihn ins Leben zurückgerufen hat. Vermutlich muß er befürchten, daß die Bevölkerung nicht bereit ist, ihn wieder aufzunehmen und zu integrieren. Jesus aber verweist ihn an seine herkömnmlichen Bindungen und schickt ihn nach Haus. Die Integration der erfahrenen Heilung soll in seiner gewohnten Lebenswelt stattfinden. Dort soll er auch bezeugen, was der Herr *(ó kýrios)* ihm alles getan und wie er sich seiner erbarmt hat. Das ist älteste Christologie. Jesu Antwort zeigt, wie unterschiedlich er Menschen in seinen Dienst nimmt. Die einen werden von Haus und Familie weggeholt (vgl. Mk 1,16–20 und Mk 2,13–17), dieser wird gegen seinen Willen dorthin zurückgeschickt. Seine Sendung macht ihn für seine Familie bedeutsam und erleichtert seine Eingliederung. Auf Dauer wird seine menschliche Integration nur gelingen, wenn er aus der Erfahrung des göttlichen Erbarmens die Kräfte, die im Schatten seines Bewußtseins liegen, erkennt und mit sich versöhnt. Die Erzählung schließt mit der Bemerkung, daß der Geheilte seinen Sendungsauftrag auf das Gebiet der zehn Städte ausdehnt und Jesus als den »Ort« göttlichen Erbarmens verkündet. Der Unbekannte aus dem heidnischen Land gibt aus eigener Erfahrung die Antwort auf die Frage: Wer ist doch dieser?

Diese Heilungsgeschichte will zur persönlichen Begegnung mit Jesus als dem Herrn *(kyrios)* führen und den gläubigen Betrachter motivieren, in Seiner Gegenwart mit seinen unerlösten Anteilen ins Gespräch zu kommen, um ihnen nach und nach ihre zerstörerische Dynamik zu nehmen und ihre gegenläufige Kraft zu integrieren. Das Vertrauen in einen solchen Integrationsprozeß wird wachsen, wenn ich mir vergegenwärtige, was alles der Herr schon an mir getan und wie er sich meiner bisher erbarmt hat.

Die Heilung einer kranken Frau
Mk 5,21–34

21 Und als Jesus – im Boot – wieder zur Jenseite hinübergefahren
war, kam eine große Volksmenge bei ihm zusammen, und er war
am Meer. 22 Und es kommt einer der Synagogenvorsteher, mit
Namen Jairus, und als er ihn sieht, fällt er ihm zu Füßen 23 und
bittet ihn inständig, und sagt: Mit meinem Töchterchen geht es
dem Ende zu! Komm doch, leg ihr die Hände auf, damit sie ge-
rettet wird und am Leben bleibt.
24 Und er ging fort mit ihm. Und es folgte ihm eine große
Volksmenge, und sie umdrängten ihn.
25 Und eine Frau – die hatte Blutfluß schon zwölf Jahre; 26 viel
hatte sie gelitten von vielen Ärzten, und aufgebraucht hatte sie
ihr ganzes Vermögen, doch nichts hatte es ihr genützt, sondern
eher noch schlimmer war es mit ihr gekommen. 27 Sie hatte von
Jesus gehört, und kam in der Volksmenge und berührte von hin-
ten sein Gewand. 28 Denn sie sagte sich: wenn ich auch nur seine
Gewänder berühre, werde ich gerettet sein. 29 Und gleich ver-
trocknete der Quell ihres Blutes, und sie erkannte an ihrem Leib,
daß sie geheilt war von der Geißel. 30 Und gleich merkte Jesus an
sich, daß die Kraft von ihm ausgegangen war; er wandte sich in
der Volksmenge um und sagte: Wer hat meine Gewänder be-
rührt? 31 Da sagten ihm die Jünger: Du siehst, wie die Volks-
menge dich umdrängt, und da sagst du: Wer hat mich berührt? 32
Und er blickte umher, um die zu sehen, die das getan hatte. 33
Die Frau aber, erschrocken und zitternd, da sie wußte, was ihr
geschehen, kam und fiel vor ihm nieder und sagte ihm die ganze
Wahrheit. 34 Er aber sagte ihr: Tochter, dein Glaube hat dich ge-
rettet. Geh hin in Frieden und sei gesund von deiner Geißel.

1. Jesus ist unterwegs zum Haus des Synagogenvorstehers Jairus – dicht umdrängt von einer großen Menschenmenge. Darunter ist auch eine kranke Frau, die von Jesus Hilfe sucht. Ihre Krankheit wird als Blutfluß bezeichnet.

Dieses Leiden hat für sie eine sozial ächtende Wirkung. Sie gilt als kultisch unrein (vgl. bes. Lev 15,1 ff. und 25 ff.), d. h. jeder, der mit ihr oder auch nur mit Gegenständen ihres alltäglichen Lebens in Berührung kommt, macht sich kultisch unrein. Seit zwölf Jahren leidet sie an dieser Krankheit und ihren furchtbaren Folgen. Ständig ist sie geschwächt und muß darauf bedacht sein, andere von sich fernzuhalten oder ihnen auszuweichen – aus Rücksicht, daß sie sich nicht »anstecken«. Das Verlangen, so zu sein wie die anderen und einfach dazu zu gehören, wird in ihr immer schmerzlicher geworden sein. Kein Arzt hat sie heilen können. Nach einer endlos scheinenden Kette von Hoffnungen und Enttäuschungen sind alle menschlichen Versuche, ihr zu helfen, erschöpft. Alles hatte sie drangesetzt, um von dieser Geißel *(mástix)* befreit zu werden und wieder menschenwürdig leben zu können. Ihr Leben gleicht einem immer weiter fortschreitenden Verlust, den sie von sich aus weder aufhalten noch beenden kann. Es ist nicht auszuschließen, daß die körperlichen Leiden dieser Frau ihre Ursache in einer seelischen Störung oder Verletzung haben, daß sie Ausdruck ihrer Einstellung, ihres Grundgefühls gegenüber ihrem Frausein überhaupt ist. Trotz ihrer hoffnungslosen Krankheitsgeschichte hat sie die Erwartung nicht aufgegeben, doch noch einmal jemandem zu begegnen, der die Unreinheit von ihrem Körper nimmt, ihre soziale Ächtung aufhebt und sie zu ihrem Frausein befreit. So drängt sie sich in der Menge von hinten an Jesus heran. Sie will unerkannt bleiben und unbemerkt sein Gewand berühren, ein flüchtiger Kontakt, der wie zufällig aussieht und sich von einer absichtslosen Berührung nicht unterscheiden läßt. Und doch ist in dieser scheuen Bewegung auf Jesus zu die ganze Kraft ihres Vertrauens lebendig. Ihr Glaube an Gottes heilende Macht in Jesus ist so groß, daß sie meint, schon der äußere Kontakt mit ihm bringe ihr Heilung. Als sie schließlich sein Gewand zu fassen bekommt, spürt sie unmittelbar *(euthús)* bis ins Leibliche hinein, daß sie von ihrem langen Leiden erlöst ist.

2. Im selben Augenblick spürt Jesus die Kraft, die von ihm ausgegangen ist. Er wendet sich in der Menge um und will den Menschen sehen, der ihn gesucht hat. Zum vollen Glauben gehört die personale Begegnung mit Jesus: Seine Frage: »Wer hat mein Gewand berührt?« wird von den Jüngern »vernünftig« beantwortet, d. h. sie haben den Sinn seiner Frage nicht verstanden. Jesu suchender Blick holt die Frau aus ihrer Anonymität heraus. Er will nicht, daß ihr Tun als etwas »Verstohlen – Gestohlenes« im Verborgenen bleibt. Damit ermöglicht er ihr den Weg einer personalen Beziehung zu ihm. Glaube findet erst »im Gespräch« mit Jesus, in lebendigem Austausch mit ihm zu seiner vollen Gestalt.

3. Mit Furcht und Zittern geht die Frau auf Jesus zu. Sie fällt vor ihm nieder und sagt ihm »die ganze Wahrheit«. Sie, die unerkannt bleiben wollte, findet auf einmal den Mut, vor allen Leuten zu bekennen, daß sie gegen das Gesetz verstoßen habe. Furcht und Zittern können auch Ausdruck der überwältigenden Erfahrung sein, daß Gott an ihr gehandelt hat. Jesu Antwort ist ohne Vorwurf. Für ihn haben Gesetze dort, wo sie den Menschen am Leben hindern, keine Bedeutung. »Meine Tochter, dein Glaube hat dich gerettet. Geh in Frieden und sei von deiner Geißel geheilt!« Jesus deutet ihr Handeln, auch die Übertretung des Gesetzes, vor aller Augen als Glaube und schenkt ihr das Heil in einem umfassenden Sinn. Die unbekannte Frau taucht wieder in der Menge unter.

Die Tochter des Jairus
Mk 5,35–43

35 Während er noch redet, kommen sie vom Synagogenvorsteher
und sagen: Deine Tochter ist gestorben. Was behelligst du noch
den Meister? 36 Jesus aber, der nebenbei mitbekommen hatte,
was geredet wurde, sagt dem Synagogenvorsteher: Fürchte dich
nicht. Glaube nur! 37 Und er ließ niemanden mit sich kommen,
außer Petrus, Jakobus und Johannes, den Bruder des Jakobus. 38
So kommen sie zum Haus des Synagogenvorstehers, und er
schaut das laute Durcheinander und wie sie weinen und heftig
wehklagen, 39 und er geht hinein und sagt ihnen: Was lärmt und
weint ihr? Das Kind ist nicht gestorben, es schläft. 40 Da ver-
lachten sie ihn. Er aber warf sie alle hinaus, nimmt den Vater des
Kindes und die Mutter und seine Begleiter mit sich und geht hin-
ein, wo das Kind war. 41 Und er faßt die Hand des Kindes und
sagt ihr: Talitha kum, das heißt übersetzt: Mädchen, ich sage dir:
steh auf! 42 Und gleich stand das Mädchen auf und ging umher;
es war ja schon zwölf Jahre alt. Und gleich gerieten sie außer
sich, mit großem Entsetzen. 43 Und er gebot ihnen streng, keiner
dürfe das erfahren, und er sagte, man solle ihr zu essen geben.

In dieser Erzählung sind zunächst zwei gegenläufige Bewegungen zu beobachten. Die eine ist der Zug Jesu und seiner Begleiter am Ufer des galiläischen Sees zur todkranken bzw. gestorbenen Tochter im Haus des Synagogenvorstehers Jairus. Die andere Bewegung versucht, diesen Zug aufzuhalten: Zunächst geschieht eine Unterbrechung durch die blutflüssige Frau, dann durch die Boten aus dem Haus des Jairus mit der Todesnachricht und schließlich durch die lärmende Menge, die sich bereits in seinem Haus eingefunden hat.

Es fällt auf, daß Jesus hier jene drei Jünger mit in das Sterbezimmer nimmt, die er immer dann in seiner Nähe hat, wenn es um die Offenbarung zentraler Geheimnisse geht (Mk 9,2; 14,33; vgl. auch 13,3).

Es ist auch nicht zu übersehen, daß die blutflüssige Frau nach **zwölf**jährigem Leiden von Jesus zu neuem Leben befähigt wird, während zur selben Zeit die **zwölf**jährige Tochter des Jairus im Sterben liegt. Offenbar haben die beiden Frauengestalten und die zwölfjährige Leidens- und Lebenszeit etwas miteinander zu tun.

1. Jesus hält sich nach der Überfahrt von Gerasa am Ufer des Sees auf. Viel Volk ist um ihn versammelt, als ein Synagogenvorsteher, mit Namen Jairus, sich ihm zu Füßen wirft und ihn verzweifelt um das Leben seines Töchterchens (*thygátrion*) anfleht. Später erfahren wir, daß dieses »Mädchen« zwölf Jahre alt ist, also gerade in dem Alter, in dem sie nach dem Gesetz zu einer erwachsenen, heiratsfähigen Frau wird. Es sieht so aus, als sei es das einzige Kind des Jairus, auf das sich darum seine ganze Zuneigung und Fürsorge konzentriert. So kann es sein, daß in dieser innigen Beziehung und Sorge **für sie** die eigentliche Ursache der tödlichen Erkrankung beim Eintritt in das Erwachsenenalter liegt. Wie soll in einer so umsorgten Abhängigkeit ein junger Mensch sich entfalten können? Wie soll er seine Eigenständigkeit und sein Selbstvertrauen entwickeln können? Wie soll jemand, der nie gelernt hat, für sich selbst Entscheidungen zu treffen, in der Welt der Erwachsenen sich zurechtfinden? Auch wenn der Spielraum persönlicher Entscheidungsfreiheit für eine junge Frau in einer patriarchalischen Gesellschaft klein war, so wird die Tochter des Jairus doch die Notwendigkeit gespürt haben, erwachsen zu werden und die Aufgaben einer heranreifenden Frau zu übernehmen. Es kann durchaus sein, daß sie sich dagegen wehrt, daß sie sich einer weiteren körperlichen und seelischen Entwicklung verweigert.

Von daher wird verständlich, warum das »Töchterchen« des Synagogenvorstehers zunächst sterben muß. Nur wenn Jairus es zuläßt, daß sie für ihn »gestorben« ist, hat sie überhaupt eine Chance, selbst ein eigenes Leben zu leben. Und dazu braucht es eine Zuversicht und einen Mut, der nicht jedes Risiko vor lauter Angst meidet. Um ein Leben zu führen, das diesen Namen auch verdient, bedarf es einer Vision, einer Perspektive, die über den Tod hinausgeht. Erst eine Liebe, die aus der Freiheit eines unendlichen Horizontes lebt, kann das Wagnis eingehen, den anderen in seine Freiheit unter den Augen Gottes zu entlassen. Doch dazu scheint Jairus noch nicht fähig zu sein. Jedenfalls führt ihn Jesus auf dem Weg nach Haus bis an die Grenze des Todes. Es scheint, als wolle er zunächst die Einstellung des Jairus zu seiner Tochter heilen. So läßt er viel kostbare Zeit verstreichen für die Begegnung mit der blutflüssigen Frau, ein Aufschub, der den Synagogenvorsteher wohl noch mehr an den Rand der Verzweiflung bringt.

2. Das Gespräch mit der unbekannten Frau aus der Menge ist noch nicht zu Ende, als Leute aus dem Haus des Jairus eintreffen und diesem melden, seine Tochter sei gestorben und er könne sich alle weiteren Bemühungen sparen.

Jesus bekommt nebenbei mit, was dem Synagogenvorsteher zugetragen wird. Das seltene Verb *parakoúo* kann auch bedeuten: überhören oder: nicht hören auf. Dann könnte hier gemeint sein, daß Jesus sich durch die Todesnachricht, die wie die Stimme des Versuchers tönt, nicht beeindrucken läßt und dann den Jairus im Angesicht des Todes auffordert, die ängstliche Sorge und Verantwortung für seine Tochter aufzugeben. Nur wenn er lernt, seine Tochter dem zurückzugeben, der Herr über Leben und Tod ist, wird sie leben können, wie es ihr entspricht. »Fürchte dich nicht, glaube nur!«

3. Von einer Reaktion des Jairus wird nichts berichtet. Jesus hält es aber für angebracht, sich jetzt von allen Leuten zu trennen und nur mit den drei ausgewählten Jüngern den Synagogenvorsteher nach Hause zu begleiten. Dort stößt der kaum geweckte Glaube auf die größte Herausforderung. Eine lärmende Trauergesellschaft erfüllt mit Weinen und heftigen Wehklagen das Haus. Jesus fragt sie nach dem Grund ihrer Trauer und fügt hinzu: »Das Mädchen ist nicht gestorben, es schläft nur«. Es ist das entscheidende Wort, an dem sich Trauer in Trost verwandeln kann. Von Gott her gesehen gibt es keinen Tod, nur einen Übergang aus dieser Zeit, aus dieser Welt der Vergänglichkeit in die Ewigkeit. – Da lachten sie ihn aus. Das Gelächter der Menschen drückt ihre überlegene Gewißheit aus, daß dieses Mädchen tatsächlich tot ist, eine Gewißheit, der nur der Tod gewiß zu sein scheint. Jesus wirft kurzerhand die ganze Trauergesellschaft hinaus. Eine Verständigung mit diesen Leuten ist ihm nicht möglich.

4. Nur mit den Eltern des Mädchens und seinen drei Begleitern betritt Jesus den Raum, in dem die »Schlafende« liegt. Er ergreift ihre Hand und unter seinem Wort erwacht sie zu neuem Leben. Die Tochter des Jairus stellt sich auf die Beine und geht die ersten Schritte in ein eigenes Leben. Sie beginnt erwachsen zu werden. Es fällt auf, daß Jesus hier wie so oft im Anschluß an ein Heilungswunder verbietet, anderen auch nur ein Wort davon zu sagen. Er will damit auch verhindern, daß jemand, der auf so wunderbare Weise zu seiner ursprünglichen Freiheit zurückgefunden hat, ins Gerede kommt. Eine so überwältigende Erfahrung muß sich unabhängig von der Meinung der Leute entfalten und durchsetzen.

Wenn die Tochter des Jairus wieder Nahrung zu sich nehmen kann, unterstreicht das nur ihren neuen Lebenswillen. Daß aber Gott im Leben dieser Menschen so »handgreiflich« erfahrbar wird, darüber geraten alle außer sich (*ekstásis megálä*). Es wird ihnen un-heimlich, wenn Gottes Gegenwart ihnen plötzlich so nahekommt. So führt auch dieses jähe Erschrecken nicht zur Begegnung mit Jesus, zum Glauben an ihn.

Jesus in seinem Heimatort
Mk 6,1–6a

[1] Und er ging weg von dort und kommt in seine Vaterstadt, und
es folgen ihm seine Jünger. [2] Und als Sabbat war, fing er an, zu
lehren in der Synagoge und viele, die zuhörten, gerieten außer
sich und sagten: Woher der das hat? Und: Was für eine Weisheit
soll dem schon gegeben sein? Und: Solche Machterweise sollen
durch seine Hände geschehen? [3] Ist das nicht der Handwerker,
der Sohn der Maria, der Bruder von Jakobus, Joses, Juda und
Simon? Und sind nicht seine Schwestern hier bei uns? Und sie
nahmen Anstoß an ihm. Da sagte ihnen Jesus: kein Prophet ist
ehrlos außer in seiner Vaterstadt, bei seinen Verwandten und in
seinem Hause. [5] Und nicht vermochte er dort auch nur einen ein-
zigen Machterweis zu wirken, außer daß er einigen Kranken die
Hände auflegte und sie heilte. [6] Und er wunderte sich wegen ih-
res Unglaubens.

Jesus verläßt das Haus des Synagogenvorstehers Jairus und gelangt nach Nazareth. Seine Jünger »folgen ihm nach«. Was ihm in seinem Heimatort widerfährt, wird für sie von Bedeutung sein.

1. Am Sabbat geht Jesus wie gewöhnlich in die Synagoge und lehrt. Wie in Kafarnaum sind die Leute sehr betroffen. Sie geraten außer sich. Damit betont Markus, daß auch hier »die neue Lehre in Vollmacht« gespürt wird. Seine Hörer können sich ihrer Wirkung zunächst nicht entziehen. Doch dann fangen sie an zu fragen, und indem sie fragen, stellen sie ihre Erfahrung mit Jesus wieder in Zweifel:

Woher hat er das?
Und was ist das für eine Weisheit, die ihm gegeben ist?
Und was sind das für Machttaten, die durch seine Hände geschehen?
Ist das nicht der Bauhandwerker,
der Sohn Marias
und der Bruder von Jakobus und Judas, von Joses und Simeon?
Und sind nicht seine Schwestern hier bei uns?

Seine Art, die hl. Schrift auszulegen, muß bei den Leuten von Nazareth auch Verunsicherung und Besorgnis ausgelöst haben. Wenn das stimmt, was ihr Mitbürger und Verwandter da sagt, dann stimmt im eigenen Leben womöglich eine ganze Menge nicht mehr. Und wer ist schon geneigt, seine liebgewonnenen Gewohnheiten aufzugeben, sich von der Verläßlichkeit seiner Vorurteile und vom »normalen« Lauf der Dinge zu verabschieden? Oder wer versteht sich schon dazu, von Seinesgleichen ein Wort als *Gottes* Wort anzunehmen, vor allem, wenn es so überzeugend und menschlich daherkommt? Die anfängliche Verunsicherung seiner Zuhörer löst inneren Widerstand aus und führt schließlich zu einem klaren und entschiedenen Urteil gegen ihn.

Weil sie wissen, wo er herkommt, weil sein Beruf und seine Familie ihnen bekannt sind, weil er wie sie in Nazareth gelebt hat, darum können sie eine so machtvolle Wirkung seiner Lehre nicht zulassen. Die Tatsache, daß sie Jesus kennen, ist Grund genug, ihn radikal abzulehnen (*skandalidzein*). Das Ärgernis, das sie nehmen, wird von Markus als Unglaube charakterisiert. Zu denen, die ihn ungläubig ablehnen, gehören auch seine Verwandten und seine Familie (vgl. Mk 3,20 f.).

So kann er in seiner Heimat keine Wunder wirken. Es sind nur einige wenige, die ihn nicht zurückweisen und von ihren »Schwächen« geheilt werden. Sie erkennen, daß Gott durch ihren Jesus aus Nazareth Gemeinschaft mit den Menschen sucht, damit sie wieder »leben« können.

Wie am Ende der »galiläischen Streitgespräche« die Verstockung der Gegner Jesu unüberwindlich wird und sie den Entschluß fassen, ihn zu töten, so folgt auf die Gleichnisreden und die Wunderberichte seine Ablehnung in Nazareth, der Unglaube »in seiner Vaterstadt, bei seiner Verwandtschaft und in seinem Haus«.

2. Die Szene mit Jesus in der Synagoge von Nazareth wiederholt sich oft genug in unserem eigenen Herzen.

Wir selbst sind Nazareth, seine Heimat,
wo er aufgewachsen ist.
Wir glauben, ihn zu kennen;
wir meinen zu wissen, wer er ist.
Wir haben Geschichte mit ihm.

Ich staune über seine Worte
und trenne sie von ihrer Wirkmacht,
wenn sie mich berühren.

Ich lasse sie ins Leere gehen.
Wenn ich mich in seinen Worten erkenne,
regt sich oft Widerstand in mir –
bis zu leidenschaftlicher Ablehnung.

Was mit Jesus in der Synagoge von Nazareth geschieht,
das passiert oft genug im eigenen Herzen.
Er hat kein Ansehen in seiner Heimat
und kann dort keine Wunder tun.
Jesus wird denen zum Heil, die sich als »Schwache« *(arrostos)* wissen und
sich von ihm die Bekehrung ihrer Herzen herbeisehnen.

Die eingangs erwähnten Jünger spielen im weiteren Verlauf der Geschichte keine Rolle mehr. Dennoch hat die Ablehnung, die Jesus in seinem heimatlichen Milieu erfahren hat, für sie exemplarische Bedeutung. Sie steht hier unmittelbar vor ihrer Aussendung (Mk 6,7 ff.).

Die Aussendung der Zwölf
Mk 6,6b-13

Dann zog er durch die Dörfer ringsum und lehrte. 7 Und er ruft
die Zwölf herbei und fing an, sie auszusenden, jeweils zu zweit,
und gab ihnen Vollmacht über die unreinen Geister. 8 Auch ge-
bot er ihnen, nichts auf den Weg mitzunehmen, außer einem
Stab, kein Brot, keine Tasche, kein Kupfergeld im Gürtel, 9 nur
Sandalen untergebunden, und: Zieht euch nicht zwei Leibröcke
an! 10 Und er sagte ihnen: Wo ihr in ein Haus kommt, dort bleibt,
bis ihr weggeht von dort. 11 Und wo ein Ort euch nicht aufnimmt
und sie nicht hören auf euch – wenn ihr weggeht von dort –,
schüttelt den Staub unter euren Füßen ab, zum Zeugnis gegen
sie. 12 Da gingen sie hinaus und verkündeten, es heiße umkehren.
13 Auch viele Abergeister trieben sie aus und salbten mit Öl viele
Kranke und heilten sie.

1. Nach der Ablehnung in Nazareth, »seiner Vaterstadt, bei seiner Verwandtschaft und in seinem Haus«, nimmt Jesus seine Lehrtätigkeit wieder auf. Während er durch die umliegenden Dörfer zieht, ruft er die Zwölf herbei und gibt ihnen die Vollmacht, Gottes Nähe zu den Menschen sichtbar und erfahrbar zu machen. Wie Jesus nach dem offenen Konflikt mit den Pharisäern den Zwölferkreis gründete, so fängt er jetzt nach der offenen Konfrontation in seinem Heimatort damit an, sein eigenes Wirken mit Hilfe der Zwölf noch auszuweiten. Beide Texte, Einsetzung und Aussendung, sind eng aufeinander bezogen. Es sieht so aus, als habe Jesus sich schon sehr früh wenig Illusionen über den Ausgang von öffentlicher Zustimmung und Ablehnung gemacht. Die anschließende Erzählung vom Ende des Täufers (Mk 6,14–29) scheint diese Deutung noch zu unterstreichen.

2. Es ist Jesus offenbar daran gelegen, daß die Jünger sich jeweils zu zweit auf den Weg machen. Wenigstens zwei Menschen braucht es, um einander zu stützen und zu ermutigen, Freude zu teilen, Erfahrungen zu deuten und offen zu bleiben für notwendige Kritik. Die Gefährtenschaft von wenigstens zweien soll den einzelnen davor bewahren, menschlich und geistlich zu verkümmern und den Elan persönlicher Berufung zu verlieren. Wer dieses lebensnotwendi-

ge Element menschlicher Begleitung vernachlässigt oder gar bewußt meidet, wie wird der auf Dauer glaubhaft von Gott sprechen können?

Die Jünger sollen den Menschen ermöglichen, sich selbst wieder näherzukommen und sich aus den Entfremdungen zu lösen, die sie daran hindern, so zu leben, wie Gott uns ursprünglich gewollt hat. Das Vertrauen in ihre Freiheit soll ihnen zurückgegeben werden. Die Menschen sollen zu einem ganzheitlichen Gott-Vertrauen zurückfinden und sich von den »unreinen Geistern«, von allen leben-mindernden Mechanismen der Angst erlösen lassen.

3. Diese Umkehr in den Herzen der Menschen kann wiederum nur von denen ausgehen, die aus dem Vertrauen in Gottes Nähe leben und auf alle unnötigen Absicherungen verzichtet haben. Jesus weist seine Jünger an, nichts Überflüssiges mitzunehmen und sich so »unbefangen« wie nur möglich der Not der anderen anzunehmen. Ihre äußere Erscheinung, ihr Auftreten soll Vertrauen in die Glaubwürdigkeit und Uneigennützigkeit ihres Auftrages wecken. Wer ständig um sein Ansehen besorgt ist, wer sich immer in Konkurrenz zu anderen sieht und mit eigenen Rollenzwängen sich selbst im Wege steht, ist untauglich für den Dienst, zu dem Jesus die Zwölf unter die Menschen schickt. Die Glaubwürdigkeit ihrer Sendung würde auch Schaden nehmen, wenn sie ihr Quartier an einem Ort wechseln, um sich eine angenehmere Unterkunft zu verschaffen.

4. Die Jünger sollen einerseits davon überzeugt sein, daß es nichts Wichtigeres auf der Welt gibt, als Gottes Nähe unter den Menschen sichtbar und erfahrbar zu machen. Andererseits sollen sie ihre Überzeugung in großem Respekt vor der persönlichen Freiheit der anderen weitergeben. Es ist letztlich Gottes Sache, was daraus wird. Wenn es Orte gibt, die sie nicht aufnehmen und nicht einmal anhören wollen, dann sollen sie auch diese Haltung respektieren und einfach weiterziehen. Doch sollen sie deutlich machen, wie ernst es ihnen mit ihrem Auftrag ist. Der Gestus des Staubabschüttelns bedeutet Aufhebung der Gemeinschaft. Wenn ein Jude aus heidnischem Land in seine Heimat zurückkehrte, dann schüttelte er den Staub von den Füßen, um alles Unreine hinter sich zu lassen. Die Jünger demonstrieren mit dieser Gebärde, daß die Schuld an der Verweigerung nicht zu ihren Lasten geht.

Die beiden abschließenden Verse zeigen die Möglichkeiten, die Menschen gegeben sind, wenn sie sich in das Vertrauen Gottes hineinziehen lassen: Die Jünger »zogen hinaus und verkündeten, es heiße umkehren. Auch Abergeister trieben sie viele aus und salbten mit Öl viele Kranke und heilten sie.«

Das Ende Johannes des Täufers
Mk 6,14–29

14 Auch König Herodes hörte davon, denn öffentlich bekannt war
sein Name geworden, und man sagte: Johannes der Täufer ist
auferweckt von den Toten und deshalb wirken die Mächte in
ihm. 15 Andere aber sagten: Elija ist es. Wieder andere sagten:
Ein Prophet! Wie einer der Propheten! 16 Doch als Herodes das
hörte, sagte er: Den ich habe enthaupten lassen, Johannes, der!
Auferweckt ist er! 17 In eigener Person nämlich hatte Herodes
hingeschickt und Johannes verhaften lassen. Er hielt ihn gefesselt
im Gefängnis wegen Herodias, der Frau des Philippus, seines
Bruders – weil er die geheiratet hatte. 18 Johannes nämlich hatte
Herodes gesagt: Es ist dir nicht erlaubt, die Frau deines Bruders
zu haben. 19 Herodias aber war böse auf ihn und wollte ihn um-
bringen, doch konnte sie nicht. 20 Denn Herodes fürchtete Johan-
nes, kannte er ihn doch als gerechten und heiligen Mann, und so
hielt er ihn in Gewahrsam. Und wenn er ihn hörte, war er sehr
verlegen, und doch hörte er ihn gern.
21 Da ergab sich ein günstiger Tag, als Herodes an seinem Ge-
burtsfest ein Gastmahl hielt für seine Großen – die Obristen und
die ersten Männer Galiläas. 22 Und hereinkam ihre, der Herodias
Tochter, und tanzte, und sie gefiel dem Herodes und denen, die
mit ihm zu Tische lagen. Der König sagte dem Mädchen: Bitte
mich, um was du willst, und ich werde es dir geben. 23 Ja, er
schwur ihr sogar – feierlich –: Was auch immer, wenn du mich
bittest, ich werd es dir geben, bis zur Hälfte meines Königs-
reichs! 24 Da ging sie hinaus und sagte ihrer Mutter: Was soll ich
erbitten? Die aber sagte: Das Haupt Johannes des Täufers. 25 Und
gleich ging sie eilig zum König hinein und bat mit den Worten:
Ich will, daß du auf der Stelle mir gibst auf einer Schale den
Kopf Johannes des Täufers. 26 Und wurde auch tief betrübt der
König – wegen des Schwurs und der Tischgenossen wollte er sie
nicht abweisen. 27 Und gleich schickte der König einen Leib-
wächter mit dem Befehl, seinen Kopf zu bringen. Und der ging
hin und enthauptete ihn im Gefängnis. 28 Und brachte seinen

Kopf auf einer Schale und gab ihn dem Mädchen, und das Mädchen gab ihn seiner Mutter. [29] Und seine Jünger hörten das; sie kamen und holten seinen Leichnam und legten ihn in ein Grab.

1. Zwischen Aussendung und Rückkehr der Zwölf fügt Markus den Bericht vom gewaltsamen Ende des Täufers. Sein Tod war bereits in Mk 1,14 angedeutet und wird hier vorausgesetzt. Gerade in dem Augenblick, als Jesus sein Wirken mit Hilfe der Zwölf öffentlich auszuweiten beginnt, erinnert der Evangelist an das Schicksal des Johannes. Was mit dem Täufer geschehen ist, läßt schon das Ende ahnen, das über Jesus kommen wird: Sie haben mit ihm gemacht, was sie wollten (vgl. Mk 9,11–13).

Markus beginnt seine Schilderung mit der Bemerkung, daß der Landesfürst Herodes Antipas auf Jesus aufmerksam geworden ist. Was an Volksmeinung über diesen Mann aus Nazareth in Umlauf ist, wirkt bedrohlich. Er selbst kommt schließlich zu dem Urteil, daß Jesus der ins Leben zurückgekehrte Johannes ist, den er hatte enthaupten lassen. Das hört sich an, wie die Äußerung eines tief beunruhigten Menschen und bedeutet Gefahr für Jesus.

Der Bericht vom gewaltsamen Ende des Täufers greift also auf zeitlich früher liegende Vorgänge zurück. Die handelnden Personen und der Ablauf des ebenso dramatischen wie banalen Geschehens beanspruchen keine historische Verläßlichkeit. Markus geht es in dieser Geschichte mehr um die Wahrheit, wie sie sich im Menschen, in den Gestalten eines Herodes und einer Salome, eines Johannes und einer Herodias offenbart. Diese Realität gilt es zu erfassen, um die Wahrheit des eigenen Herzens freizulegen.

2. Herodes hatte den Täufer ergreifen und gefesselt ins Gefängnis werfen lassen. Auch wenn »ergreifen« und »binden« geläufige Begriffe aus dem Justizvollzug sind, so fällt doch auf, daß Jesus zu Beginn seiner Passion ebenfalls ergriffen und gebunden wird (Mk 14,44.46.49; 15,1). Der Landesfürst hatte seine erste Frau verstoßen und nach Hause zurückgeschickt, um Herodias, die Frau seines Halbbruders, zu heiraten. Johannes hatte ihm deshalb öffentlich den Bruch göttlichen Rechts vorgehalten und so den Zorn des Königs auf sich gezogen. Herodes Antipas mußte befürchten, daß der Täufer aufgrund seines Ansehens und seiner großen Anziehungskraft ihm gefährlich werden konnte. Doch der leidenschaftliche Widerstand des Johannes gegen diese Verbindung hatte vor allem den unversöhnlichen Haß der Herodias provo-

ziert. Wie Isebel den Propheten Elija, so sucht die gekränkte Herodias den Täufer zu vernichten. Noch kann sie ihr Ziel nicht erreichen, weil Herodes zu seinem unbequemen Gefangenen eine sonderbare Zuneigung gefaßt hat. Einerseits fürchtet er diesen unbestechlichen und unerschrockenen Gottesmann, andererseits hört er ihm gern zu, auch wenn diese privaten Gespräche ihn innerlich aufwühlen und in Verlegenheit bringen.

Es muß in dem Herodes, wie Markus ihn schildert, Saiten gegeben haben, die trotz aller Skrupellosigkeit und Korruption von Johannes noch zum Schwingen gebracht werden konnten. Es muß vom Täufer eine Überzeugungskraft ausgegangen sein, die den unzerstörbaren Kern im Herzen des Königs noch berühren konnte.

3. Doch Herodias behält im Hintergrund die Fäden in der Hand. Ihrem Ränkespiel wird Herodes gegen seinen Willen schließlich erliegen. Der Geburtstag des Königs verschafft unversehens eine günstige Gelegenheit, ihr Vorhaben mit tödlicher Raffinesse zu inszenieren. Sie gebraucht ihre eigene Tochter, um sie in der vom Wein gelockerten Männergesellschaft auftreten zu lassen. Die Männer beim Mahl durch Tanz zu unterhalten, war üblicherweise das Geschäft von Dirnen und Hetären. Herodias ist offenbar jedes Mittel recht, um ihr Ziel zu erreichen. Ihre Tochter tanzt und gefällt. Von Herodes und der ganzen Tischgesellschaft bekommt sie Beifall. Genau das hatte ihre Mutter beabsichtigt. In einer Laune von Leichtsinnigkeit und Selbstüberschätzung gibt er dem Mädchen eine Bitte frei bis zur Hälfte seines Königreiches. Der kleine, von Rom abhängige Landesfürst, läßt sich zu einer Geste hinreißen, die ihm gar nicht freistand. Aller Gedankenlosigkeit zum Trotz bekräftigt er sein Angebot noch mit einem feierlichen Schwur. Das Mädchen verläßt die Männergesellschaft, um sich mit ihrer Mutter zu beraten. Ohne zu zögern, schickt Herodias ihre Tochter zurück und verlangt auf der Stelle das Haupt Johannes des Täufers. Die Eile, mit der das Mädchen den Wunsch ihrer Mutter vor dem König ausspricht, wird eigens betont. In diesem Augenblick verändert sich die Stimmung schlagartig. Der König, von der Forderung des Mädchens überrascht und überrumpelt, wird sehr traurig. Aus der selbstverschuldeten Situation sieht er nur den Ausweg auf Kosten des Schwächeren. Pilatus wird nicht anders entscheiden.

4. Die Hinrichtung des Täufers wird umgehend vollstreckt. Sein abgeschlagenes Haupt wandert auf einer Schüssel vom Henker zum Mädchen und von dort zu Herodias, ihrer Mutter ...

Nüchtern, ohne Glanz, wird das Martyrium geschildert. Johannes kommt nicht einmal mehr zu Wort. Eine Intrige aus Haß und Rachsucht gesponnen und ein Wort in Festlaune leichtfertig dahingesagt, machen seinem Leben ein Ende. Diese Ohnmacht gegenüber der Willkür von Mächtigen ist wohl die stärkste Herausforderung für den gläubigen Betrachter der Geschichte. Wie soll er das sinnlos erscheinende Sterben des Täufers begreifen? Hat Gott seinen Propheten im Stich gelassen?

Markus versteht das gewaltsame Ende des Johannes in seiner Hinordnung auf die Passion Jesu. Auch in seinem Todesschicksal ist er zum Vorläufer Jesu bestimmt. Wie um diese Sichtweise zu unterstreichen, stellt die Bestattung seines Leichnams durch seine Jünger nochmals eine Parallele zum Schicksal Jesu dar, wenn auch eine mit Kontrast (vgl. Mk 15,42–47).

Wenn Markus an dieser Stelle das einsame und sinnlos erscheinende Sterben des Täufers einfügt, dann will er offenbar darauf aufmerksam machen, in welche Ohnmacht die geraten können, die Gottes Wort glaubwürdig verkünden.

Die Rückkehr der Zwölf und die Speisung der Fünftausend
Mk 6,30–44

[30] Und zusammen kommen die Apostel bei Jesus, und sie be-
richteten ihm alles, was sie getan und was sie gelehrt hatten. [31]
Und er sagt ihnen: Kommt, nur ihr für euch, an einen einsamen
Ort und ruht euch ein wenig aus. Denn es waren viele, die kamen
und gingen, und nicht einmal zu essen hatten sie Zeit.
[32] Und sie fuhren im Boot an einen einsamen Ort, für sich allein.
[33] Doch man sah sie fortgehen, und viele erfuhren es, und zu Fuß
von allen Städten liefen sie dort zusammen und kamen vor ihnen
an.
[34] Und als er ausstieg, sah er eine große Volksmenge. Da tat es
ihm weh um sie, denn sie waren wie Schafe, die keinen Hirten
hatten, und er fing an, sie vieles zu lehren.
[35] Als es schon spät geworden, kamen seine Jünger zu ihm und
sagten: Einsam ist der Ort und die Stunde schon spät; [36] entlasse
sie, daß sie in die umliegenden Gehöfte und Dörfer gehen und
sich etwas zu essen kaufen. [37] Er aber antwortete ihnen und sag-
te: Gebt ihr ihnen zu essen! Und sie sagen ihm: Wir sollen gehen
und für zweihundert Denare Brot kaufen und ihnen zu essen ge-
ben? [38] Er aber sagt ihnen: Wie viele Brote habt ihr? Geht, seht
nach! Und als sie es festgestellt haben, sagen sie: Fünf, und zwei
Fische. [39] Und er befahl ihnen, sie sollten sich lagern, alle, Mahl-
gemeinschaft für Mahlgemeinschaft, auf dem grünen Gras. [40]
Und sie ließen sich nieder, Gruppe für Gruppe, zu hundert, zu
fünfzig.[41] Und er nahm die fünf Brote und die zwei Fische,
blickte auf zum Himmel, sprach die Preisung und brach die
Brote und gab seinen Jüngern, daß sie ihnen vorlegten, und auch
die zwei Fische teilte er allen zu. [42] Und es aßen alle und wurden
satt. [43] Und sie hoben noch Brocken auf: zwölf Körbe voll, und
auch von den Fischen. [44] Und die, die (die Brote) gegessen, wa-
ren fünftausend Männer.

Der Abschnitt von der einen Brotvermehrung zur anderen (Mk 6,30 bzw. 32–8,10) schließt mit der Zeichenforderung der Pharisäer und der *Verstokkung* der Jünger (Mk 8,17). Damit geraten die Jünger in eine gefährliche Nähe zu den Feinden Jesu. Die Erzählung von der Speisung der Fünftausend folgt auf den gewaltsamen Tod des Täufers und mündet in die Seewandelgeschichte, die Markus mit der Bemerkung abschließt: Die Jünger waren nicht zur Einsicht gekommen, als das mit den Broten geschah. Denn ihr Herz war *verstockt* (Mk 6,52). Mit diesen wenigen Kompositions-»Strichen« macht der Evangelist deutlich, in welchem Zusammenhang er die Erzählung von dem großen Gastmahl in einsamer Gegend sieht.

1. Die Zwölf kehren von ihrer ersten Mission zurück und erzählen Jesus ***alles,*** was sie unter den Menschen getan und gelehrt haben. Es braucht einen »Raum«, wo alles, was uns bewegt, zur Sprache kommen kann, damit es sich ordnet und klärt, damit die Erfahrungen uns als Orientierung für Neues zur Verfügung stehen. Jesus lädt seine Jünger ein, sich mit ihm für einige Zeit in die Einsamkeit (*éremos tópos)* zurückzuziehen. Er will mit ihnen ***allein sein*** und ihnen die Möglichkeit verschaffen, sich etwas auszuruhen. Gleich zweimal steht in dem ersten kleinen Abschnitt das Wort »allein sein«. Offenbar wird es auch für Jesus höchste Zeit, sich dem ständigen Andrang des Volkes zu entziehen. Auch für die Beziehungen im Jüngerkreis und für die Freude am apostolischen Wirken ist ein solcher Rückzug wichtig, doch die Menschen kommen ihnen zuvor. Als Jesus aus dem Boot steigt, sieht er sich einer großen Menschenmenge gegenüber. Und das Erbarmen mit den Vielen überkommt ihn. Sie sind wie Menschen, an denen niemand etwas liegt. Er ist für diese Namenlosen einer, der ein Herz für sie hat und dessen Wort ihr Herz erreicht. Seine Lehre ist das, was die Menschen brauchen.

2. Als es schon spät geworden ist, machen sich die Jünger Sorgen, was mit den vielen Menschen wird, wenn sie ohne ausreichend Proviant in dieser abgelegenen Gegend bei Nacht bleiben. Sie ergreifen die Initiative und legen Jesus nahe, die Scharen zu entlassen, damit sie in den umliegenden Dörfern und Gehöften sich mit dem Notwendigen versorgen können. Die Jünger machen also Jesus auf die entstandene Situation aufmerksam und erklären ihm, wie er nach ihrer Einschätzung damit fertig werden könnte.

3. »Gebt ihr ihnen zu essen!« Jesu Antwort ist für sie eine unverständliche Herausforderung. All das, was sie mit ihm und in seiner Vollmacht (*exousia)* erlebt haben (Mk 6,30), scheint angesichts der bedrängenden Situation wie aus ihrem Bewußtsein geschwunden. Sie argumentieren aus einer Sicht der Dinge, in der für Gottes Handeln kein Raum ist. Dennoch gehen sie willig auf

Jesu Anweisung ein, die ungefähr fünftausend Leute sich in Mahlgemeinschaften zu je hundert und fünfzig lagern zu lassen. Damit bleiben die Jünger im »Kraftfeld« Jesu und bringen »Ordnung« in die Scharen, eine Ordnung, die den vielen Gemeinschaft erst ermöglicht. Im hinhörenden Tun schaffen sie wieder den Raum, in dem Gott durch sie wirksam werden kann.

4. Dann erleben die Jünger, wie Jesus das Wenige, das sie mitgebracht haben, in seine Hände nimmt, wie er gleich einem jüdischen Hausvater zu Beginn des Mahles den Segen darüber spricht und alles in ihre Hände zurückgibt, damit ihnen nach seinem Wort geschehe: »Gebt ihr ihnen zu essen!« Indem sie seinem Wort ohne Einschränung Raum geben, erfahren sie seine Macht (*dúnamis*): alle bekommen zu essen und alle werden satt. In der überreichen Speisung der Fünftausend leuchtet plötzlich Gottes Gemeinschaft mit den Menschen auf. Die Fülle wird zum Zeichen des messianischen Mahles am Ende der Zeiten (vgl. Jes 25,6–8).

Von der hereinbrechenden Dunkelheit, von der Gefährdung bei Nacht in dieser abgelegenen Gegend ist nicht mehr die Rede. Es sieht so aus, als habe die Erfahrung des messianischen Mahles alle Dunkelheit und Gefährdung vorübergehend von den Menschen genommen.

Dennoch liegt ein Schatten über dem Ausgang der wunderbaren Speisung: Den Scharen bleibt Gottes Sprache in diesem machtvollen Zeichen ebenso unverständlich wie den Jüngern. Sie begreifen nicht, was mit ihnen und vor ihren Augen geschehen ist. Ihr Herz bleibt *verstockt* (vgl. Mk 6,52).

Abwesenheit und Nähe Jesu
Mk 6,45–56

45 Und gleich nötigte er seine Jünger, ins Boot zu steigen und
vorauszufahren zur Jenseite nach Bethsaida, während er selber
das Volk entlasse. 46 Nachdem er sie verabschiedet hatte, ging er
weg auf den Berg, um zu beten. 47 Und als es Abend geworden,
war das Boot mitten auf dem Meer, und er selbst war allein auf
dem Land. 48 Und als er sieht, wie sie sich abmühen beim Ru-
dern, denn der Wind stand ihnen entgegen, um die vierte Nacht-
wache, kommt er zu ihnen, einhergehend auf dem Meer, und er
wollte vorübergehen an ihnen. 49 Als sie ihn aber auf dem Meer
dahergehen sahen, glaubten sie, es sei ein Gespenst und schrien
auf. 50 Denn alle sahen ihn und kamen durcheinander. Doch
gleich redete er mit ihnen und sagt ihnen: Habt Mut, ich bin (es)!
Fürchtet euch nicht! 51 Und er stieg zu ihnen ins Boot, und es
legte sich der Wind, und sie waren völlig außer sich – über die
Maßen; 52 denn sie waren nicht zur Einsicht gekommen bei den
Broten, vielmehr war ihr Herz verstockt.
53 Und hinüberfahrend ans Land kamen sie nach Gennesaret und
legten an. 54 Und als sie aus dem Boot stiegen, gleich erkannte
man ihn; 55 und sie liefen umher in der ganzen dortigen Gegend
und fingen an, die übel dran waren, auf Tragen dorthin zu brin-
gen, wenn sie hörten, wo er war. 56 Und wo immer er einzog in
Dörfer, Städte oder Höfe, da legten sie auf den Plätzen die Kran-
ken hin und flehten ihn an, sie möchten nur den Saum seines
Gewandes berühren, und so viele ihn auch berührten, sie wurden
gerettet.

1. Eine eigenartige Spannung zwischen Jesus und seinen Jüngern durchzieht den gesamten Verlauf des Geschehens.

Unmittelbar vorausgegangen war die Fahrt zu einer abgelegenen Stelle am See, um sich auszuruhen und ein bißchen Zeit für sich zu haben. Denn so viele Menschen kamen und gingen ständig, daß sie nicht einmal Zeit zum Essen fanden (Mk 6,31 f.).

Als sie wieder an Land gingen, wurde Jesus von einer großen Menschenmenge erwartet. »Und das Erbarmen mit ihnen überkam ihn« (Mk 6,34). *tà splágchna* heißen ursprünglich die Eingeweide und meinen dann Herz und Gemüt. Jesus ist also beim Anblick dieser zahllosen Menschen in seinem Innern, in der Tiefe seines Wesens bewegt. Er ist erschüttert darüber, daß diese vielen nichts haben, das ihrem Leben Orientierung und Sinn gibt. »Und er fing an, sie vieles zu lehren«. Jesus ist für diese Enthoffneten wie einer, der noch ein Wort hat, wenn alle Worte dieser Welt ihren Klang und ihre Kraft verloren haben. Von seinem Anblick geht eine Wärme und ein Verstehen aus, das ihnen wieder An-sehen gibt. Seine Nähe ist wie das Brot, von dem alle satt werden (Mk 6,42).

Doch die Jünger verstehen nichts von der Fülle, die durch ihre Hände gegangen ist. Sie begreifen nicht, daß die Speise, um die es Jesus geht, nicht in Körbe gesammelt und aufbewahrt werden kann ...

2. Jesus trennt sich von den Jüngern. Er zwingt sie, bei hereinbrechender Dunkelheit allein ins Boot zu steigen und ohne ihn ans jenseitige Ufer vorauszufahren. Es ist auffallend, daß der Name Jesus in der ganzen Erzählung nicht einmal genannt wird. Jesus zieht sich zurück. In aktiver Distanz zu allem sucht er jene Einsamkeit und Stille, in der die Stimmen der gegenständlichen Welt verklingen und die Nähe des Vaters ihn ganz und gar durchdringt. Markus spricht selten vom Beten Jesu. Umso größeres Gewicht haben die drei Stellen: Am Anfang des öffentlichen Wirkens Jesu beim Aufbruch von Kapernaum (Mk 1,35); hier nach der Speisung der Fünftausend und im Garten von Gethsemani (Mk 14,35–39). Jedesmal wird eine schmerzliche Distanz zu den Menschen spürbar, die ihm am nächsten sind. Das vergebliche Rudern bei Gegenwind »mitten auf dem See« ist wie ein Bild für die Unvereinbarkeit ihrer Lebenseinstellung mit der befremdenden Freiheit Jesu. Ohne ihn kommen sie nicht weiter. Allein erreichen sie das andere Ufer nicht.

So kommt Jesus zu ihnen. »Er wollte an ihnen ***vorübergehen***«. Auf dem Hintergrund alttestamentlicher Glaubenserfahrung bedeutet dieser Satz: Die Jünger sollen Gottes machtvolle und erbarmende Nähe zu spüren bekommen, wie Mose, als Jahwes Herrlichkeit (*kabod)* auf dem Sinai an ihm ***vorüberzog*** (Ex 33,21–23) oder wie Elija, als der Herr auf dem Gottesberg an ihm ***vorüberzog*** im leichten Wehen eines Lufthauches, – »wie eine Stimme verschwebenden Schweigens« (Buber). Jesus kommt nach langer Nacht zu den Jüngern wie einst Jahwe zu den Gottesmännern des Alten Bundes.

3. Ihre panische Angst überwindend, spricht er sie an: »Habt Vertrauen, ICH BIN (es), habt keine Angst!« – Es ist das unbegreifliche »Ich bin« wie es für die Selbstoffenbarung Gottes im Alten Testament charakteristisch ist. Was

immer die ursprüngliche Bedeutung und Herkunft dieses Namens gewesen sein mag, Israel hat ihn erfahren und verstanden als die helfende und unverbrauchte Treue einer personalen Wirklichkeit, die sich jeglichem menschlichen Begreifen, Vorstellen und Erwarten entzieht. »Ihr sollt erkennen, daß Ich (es) bin ... Ich, ja Ich bin der Herr, und außer mir gibt es keinen, der hilft« (Jes 43,10 f.). Und an einer anderen Stelle: »Führwahr, du bist ein verborgener (oder: sich verbergender) Gott, du Gott Israels, Heiland« (Jes 45,5). Die beiden Imperative »Habt Vertrauen« (*tharseite*) und »Habt keine Angst« (*mà phobeisthe*), die das Offenbarungswort »ICH BIN« umfassen, spiegeln gleichsam die befreiende Wirkung der unbegreiflichen Gegenwart Jesu.

Nach langer Nacht stieg er zu den Jüngern ins Boot und der Wind legte sich, – ein Bild für die Geborgenheit, in die Christus entläßt, wenn sich in seiner Nähe die Angst vor dem Tod verliert.

Die Jünger geraten außer sich über das, was mit ihnen geschieht. Und dennoch glauben sie nicht. Ihr Herz bleibt verstockt. Es ist unendlich schwer, das Vertrauen zuzulassen, zu dem Jesus befreien möchte ... Doch Er bleibt bei ihnen und mit ihm erreichen sie das andere Ufer. Er läßt sie nicht allein.

Zusammenfassung:

Jesus ***zwingt*** seine Jünger
bei hereinbrechender Dunkelheit
allein ins Boot zu steigen
und ohne ihn ans andere Ufer vorauszufahren.

Sie müssen den festen Boden unter ihren Füßen verlassen
in großer Unsicherheit ...

Mühsames, vergebliches Rudern bei Gegenwind,
sie kommen nicht weiter ...
Mitten auf dem See –
das alte Ufer ist nicht mehr in Sicht –
das neue Ufer kommt nicht in Sicht ...
Allein gelassen bei Nacht,
ausgeliefert dem Wind, den Wellen, der Finsternis –
orientierungslos, führungslos eine lange Nacht hindurch ...

Jesus kommt nach langer Nacht zu ihnen.
Seine plötzliche Nähe versetzt sie in panische Angst . . .
»Habt Vertrauen, ICH BIN (es), habt keine Angst!«

Die befreiende Wirkung seiner unbegreiflichen Gegenwart:
Der Wind legte sich, die Wasser werden ruhig,
die Nacht hat ihren Schrecken verloren ...

Die Jünger geraten außer sich über das,
was mit ihnen geschieht,
und dennoch glauben sie nicht.
Ihr Herz bleibt verstockt; sie bleiben die alten.
Sie können sich noch nicht ändern ...

Als die alten betreten sie das neue Ufer mit IHM;
er bleibt bei ihnen ...

Das anschließende Summarium (Mk 6,54–56) schildert den unaufhaltsamen Zulauf des Volkes. Alle wollen mit Jesus in Berührung kommen und sei es auch nur mit den Saumfäden seines Mantels. »Alle, die ihn berührten, wurden heil.«

Wahre Frömmigkeit und Menschlichkeit
Mk 7,1–23

1 Und zusammenkommen bei ihm die Pharisäer und einige von
den Schriftgelehrten; sie kamen von Jerusalem 2 und beobachten
bei einigen von seinen Jüngern, daß sie mit unreinen, das heißt
mit ungewaschenen Händen ihre Brote essen; 3 die Pharisäer
nämlich, wie alle Juden, essen nicht, wenn sie nicht mit einer
Handvoll Wasser die Hände gewaschen haben; so halten sie fest
an der Tradition der Alten; 4 auch vom Markt (kommend), ohne
sich abzuspülen, essen sie nicht; und noch vieles anderes gibt es,
was sie übernommen haben, einzuhalten: das Waschen von Be-
chern, Krügen und Kupfergeschirr. 5 Und so fragten ihn die Pha-
risäer und die Schriftgelehrten: Weshalb gehen deine Jünger
nicht nach der Tradition der Alten, sondern essen mit unreinen
Händen das Brot? 6 Er aber sagt ihnen: Treffend hat Jesaja ge-
weissagt über euch Heuchler, wie geschrieben ist: *Dies Volk ehrt*
mich mit den Lippen, doch ihr Herz ist fern von mir; 7 *umsonst*
verehren sie mich, sie lehren als Lehren (nur) Menschensatzun-
gen!
8 Fahren laßt ihr Gottes Gebot, und haltet fest die Überlieferung
von Menschen. 9 Und er sagt ihnen: Trefflich erledigt ihr Gottes
Gebot, um eure Überlieferung zu bewahren. 10 Denn Mose hat
gesagt *Ehre deinen Vater und deine Mutter!* und: *Wer beschimpft*
Vater oder Mutter, soll mit dem Tod enden. 11 Ihr aber sagt:
Wenn einer zu Vater oder Mutter sagt: Korban, das heißt Weihe-
gabe ist, was du von mir zu Nutzen hättest, 12 so laßt ihr ihn
nichts mehr tun, nichts für Vater oder Mutter; 13 damit entmach-
tet ihr Gottes Wort durch eure Überlieferung, die ihr übernom-
men habt; und ähnliches dieser Art tut ihr noch vieles.
14 Und wieder rief er das Volk herbei und sagte ihnen: Hört
mich, alle, und versteht! 15 Nichts gibt es, das von außerhalb des
Menschen in ihn hineinkommt, das ihn unrein machen kann,
sondern was aus dem Menschen herauskommt, das ist es, was
den Menschen unrein macht. 16 Wer Ohren hat zu hören, höre!
17 Und als er ins Haus kam, abseits vom Volk, fragten ihn seine

Jünger nach dem Gleichnis. [18] Da sagt er ihnen: So seid auch ihr verständnislos? Begreift ihr nicht, daß alles, was von außen hineinkommt in den Menschen, ihn nicht unrein machen kann? [19] Denn nicht geht es in das Herz, sondern in den Bauch und hinaus in die Grube. Für rein erklärte er damit alle Speisen. [20] Er sagte: Was aus dem Menschen herauskommt, das macht den Menschen unrein. [21] Denn von innen, aus dem Herzen der Menschen, kommen die bösen Gedanken, Hurereien, Diebstähle, Morde, [22] Ehebrüche, Habgierigkeiten, Bosheiten, Arglist, Ausschweifung, neidisches Auge, Lästerung, Überheblichkeit, Unvernunft, [23] – all dieses Böse kommt von innen heraus und macht den Menschen unrein.

Unmittelbar vor seinem Aufbruch in das Gebiet von Tyrus kommt es zu einem Streitgespräch mit Pharisäern und einigen Schriftgelehrten aus Jerusalem, deren Autorität in Sachen des Glaubens und des Lebenswandels weithin anerkannt war. Die Heftigkeit und die Länge der Auseinandersetzung läßt auf ihre Bedeutung schließen. Hier vollzieht sich praktisch der Bruch mit dem offiziellen Judentum. Der geistigen Scheidung folgt die räumliche Trennung. Jesus zieht sich auf heidnisches Gebiet zurück. Der Übergang des Evangeliums von Israel zu den Heiden bereitet sich vor.

1. Bei Jesus versammeln sich also Pharisäer und einige Jerusalemer Schriftgelehrte. Als sie beobachten, daß einige seiner Jünger nicht mit rituell gewaschenen Händen die Mahlzeit einnehmen, werden sie unwillig und fragen Jesus vorwurfsvoll, warum seine Jünger sich nicht an die Tradition der rabbinischen Gesetzesauslegung halten. Ihre Anfrage ist prinzipieller Art, wie es von einer Theologenkommission aus Jerusalem nicht anders zu erwarten war. Sie wollen wissen, wie Jesus selbst zur sog. Überlieferung der Väter steht. Die »Väter« der Schrift-gelehrsamkeit hatten neben die Thora die Überlieferung gesetzt, die Mose von Jahwe mündlich empfangen habe und die über die Propheten bis zu den Schriftgelehrten gelangt sei. Im Verlauf von etwa zweihundert Jahren war von den Rabbinen ein »Zaun« gelehrter Auslegungen um das »Gesetz« entwickelt worden, der immer größere Autorität beanspruchte, bis er schließlich mit der Thora gleichrangig war. Die große Masse des Volkes konnte sich in diesem differenzierten und komplizierten Geflecht von Schrifterklärung und Gesetzesauslegung nicht auskennen und war deshalb aus der

Sicht der Theologen unfähig, nach der Überlieferung der Väter zu leben. Für sie folgte daraus, daß all diese Leute keinen Zugang zu Gott haben können. Besonderen Unwillen erregte es bei den Gesetzeskundigen, daß die »Leute vom Lande« die rituellen Reinheitsvorschriften höchst unzulänglich beobachteten. Dadurch kamen sie selbst in Gefahr, levitisch unrein zu werden, so oft sie mit ihnen zu tun hatten. Die »Leute vom Land«, wie sie von den Thorafrommen abschätzig genannt wurden, waren außerdem vom gemeinsamen Tischgebet ausgeschlossen. Damit behandelte man sie wie Nichtisraeliten, Frauen, Kinder und Sklaven.

2. Jesu Antwort fällt nicht weniger prinzipiell aus. Mit schonungsloser Offenheit und nicht ohne ironische Spitze bezieht er ein Wort aus dem Propheten Jesaja auf seine Gesprächspartner und deckt damit ihre wahre Gottesbeziehung auf. Er bezichtigt sie der Heuchelei, da ihr äußeres Tun in krassem Widerspruch zu ihrer inneren Gesinnung stehe. Seine Anschuldigungen gipfeln in dem Vorwurf, sie würden Gottes Gebot zugunsten menschlicher Satzung außer Kraft setzen. Ohne an polemischer Schärfe zu verlieren, beweist er seine Behauptung mit dem Beispiel des vierten Gebotes und der durch schriftgelehrte Tradition ermöglichten Korbanpraxis. Jesus zitiert hier die übliche Schwurformel des Korban: »Weihegabe sei, was du von mir zu Nutzen hättest!« Durch diese Formel konnte z. B. ein Sohn seinen Eltern das Nutzungsrecht aus seinem Besitz entziehen und sich von der Versorgungspflicht für die Eltern dispensieren. Das für Gott beschlagnahmte Gut durfte nicht mehr veräußert werden und stand nur noch in der Nutznießung des Eigentümers, da es erst nach seinem Tod in den Besitz des Tempels überging. Jesus polemisiert also gegen eine religiöse Praxis, gegen eine von den Rabbinen legitimierte Frömmigkeit, die elementare Gebote der Menschlichkeit mißachtet. Wer unmenschliches Verhalten theologisch rechtfertigt, indem er die Schrift gegen die Liebe Gottes ausspielt, zerstört wahre Frömmigkeit und Menschlichkeit.

3. Dann ruft Jesus ausgerechnet das Volk zusammen, das nach Meinung dieser Theologen das Gesetz nicht kennt und deshalb von der Nähe Gottes ausgeschlossen ist. Im Angesicht selbst der Jerusalemer Schriftgelehrten macht er unmißverständlich klar, daß die Frage von rein und unrein nicht an äußeren Riten und Vorschriften festzumachen ist, sondern sich daran entscheidet, was im Herzen des Menschen vor sich geht. Gut und Böse hängen davon ab, welche Gedanken und Gefühle, welche Absichten und Motive unser Herz bestimmen. Diese Position Jesu ist ohne Beispiel im Spätjudentum und ein wichtiger Schlüssel zum Verständnis seiner Botschaft. Seine Zuhörer müssen fassungslos gewesen sein.

4. Im anschließenden Gespräch zuhause mit den Jüngern wiederholt und bekräftigt Jesus seine Haltung gegenüber einer Frömmigkeit, die in der sorgfältigen Beobachtung kultischer Reinigungsvorschriften sich über die Unreinheit des eigenen Herzens hinwegtäuscht. In dieser Gefahr stehen auch die Jünger.

Markus ist der Hinweis auf die Verständnislosigkeit der Jünger an dieser Stelle wichtig. Er gibt damit dem ganzen Abschnitt noch eine besondere Pointe.

Zur Überwindung der eigenen Zwiespältigkeit ist es unerläßlich, den eigenen Schatten zu entdecken und sich mit ihm auseinanderzusetzen. Sich dem eigenen Schatten stellen, erfordert aber Mut. Gerade weil dabei etwas offenbar werden kann, das peinlich berührt oder in Frage stellt (vgl. V. 21 und 22), ist es nicht verwunderlich, wenn wir Angst vor dem Dunklen und Unerlösten in uns haben und ihm lieber davonlaufen möchten. Die Angst vor dem Schatten verleitet aber dazu, eigene Minderwertigkeiten auf andere Menschen zu übertragen, sie äußeren Dingen oder Umständen anzulasten oder, wie in dieser Perikope, sich mit Ersatzhandlungen darüber hinwegzutäuschen.

Manchmal dauert es lange, bis ein Mensch fähig wird, die Maske von seinem Gesicht zu nehmen und sich erkennen zu lassen, wer er in Wahrheit ist. Manchmal braucht es eine ungewöhnlich harte Konfrontation, bis einer erkennt, wie weit er sich von sich selbst und von Gott entfernt hat. Im Blick Jesu konnten Menschen sich ihre Verlogenheit eingestehen und der unglückseligen Übertragung und »Überspielung« eigener Minderwertigkeit ein Ende machen.

Der Glaube der Heidin
Mk 7,24–30

24 Von dort brach er auf und ging fort in das Gebiet von Tyrus.
Und als er in ein Haus gegangen war, wollte er es niemand erfah-
ren lassen, doch er konnte nicht verborgen bleiben, 25 nein,
gleich hörte eine Frau von ihm, deren Töchterchen einen unrei-
nen Geist hatte. Sie kam und fiel ihm zu Füßen. 26 Die Frau aber
war eine Griechin, eine Syrophönizierin von Geburt, und sie bat
ihn, daß er den Abergeist austreibe aus ihrer Tochter. 27 Und er
sagte ihr: Laß zuerst die Kinder satt werden! Es ist ja nicht recht,
das Brot der Kinder wegzunehmen und den Hündlein hinzuwer-
fen. 28 Sie aber antwortete und sagte ihm: Herr, auch die Hünd-
lein unter dem Tisch fressen von den Bröckchen der Kinder. 29
Da sagte er zu ihr: Wegen dieses Wortes geh, ausgefahren aus
deiner Tochter ist der Abergeist.
30 Und sie ging weg, in ihr Haus, und fand das Kind hingestreckt
auf das Lager und den Abergeist ausgefahren.

1. Die vorausgehende Auseinandersetzung mit den Pharisäern und einigen Schriftgelehrten aus Jerusalem (Mk 7,1–13) gipfelt in dem Vorwurf Jesu, sie würden Gottes Wort zugunsten menschlicher Satzung außer Kraft setzen. Mit schonungsloser Offenheit deckt er ihre wahre Gottesbeziehung auf und warnt das Volk und seine unverständigen Jünger vor der Gefahr, sich mit der äußeren Beobachtung religiöser Vorschriften über die wahre Gesinnung ihres Herzens hinwegzutäuschen (Mk 7,14–23). Jesus hat sich praktisch schon von den offiziellen Vertretern des Judentums getrennt. Der Übergang des Evangeliums von Israel zu den Heiden kündigt sich an. Dieser Hintergrund ist bei dem Aufbruch Jesu in das Gebiet von Tyrus mitzuberücksichtigen. Vielleicht weicht er auch auf heidnisches Gebiet aus, um sich dem Ansturm menschlicher Not (Mk 6,53–56) und der ständigen Auseinandersetzung mit den Schriftgelehrten und Pharisäern vorübergehend zu entziehen. Niemand ist unbegrenzt belastbar, auch Jesus nicht. Sein Verhalten macht deutlich, daß wir Menschen Grenzen haben, die wir nicht ohne Schaden für uns und andere übergehen dürfen. Jedenfalls fällt auf, daß die Jünger in dieser Geschichte

nicht erwähnt werden und daß er bei seinem Aufenthalt in heidnischem Land unerkannt bleiben will. Aber auch hier muß er – wie so oft – die Erfahrung machen, daß er nicht verborgen bleiben kann (vgl. Mk 1,45; 2,1; 3,7; 6,30–34).

2. Kaum hat Jesus sich in ein Haus zurückgezogen, als eine heidnische Frau davon hört, zu ihm läuft und sich ihm zu Füßen wirft mit der Bitte, ihre kleine Tochter von einem »unreinen Geist« zu befreien. Die Not, die diese Frau mit ihrer Tochter hat, muß groß sein. Was hier mit dem Wort »Dämon« bezeichnet wird, scheint darauf hinzudeuten, daß ihr Kind wie unter einer fremden, bösartigen Macht stehend dem Einflußvermögen der Mutter entzogen ist, so als müsse sie ohnmächtig mitansehen, wie ihre Tochter ins Unglück gestoßen oder in den Untergang getrieben wird. In ihrer Entschlossenheit, das Kind wieder frei zu bekommen – koste es, was es wolle – geht sie bis zu einer Art des Bittens, die man als demütigend empfinden kann. Jesu Reaktion wirkt befremdlich: »Laß zuerst die Kinder satt werden! Es ist ja nicht recht, das Brot der Kinder wegzunehmen und den Hündlein vorzuwerfen.« Vielleicht wird die Irritation über das anstößige Verhalten Jesu geringer, wenn man sich den geschichtlichen Hintergrund vergegenwärtigt. Tyrus war eine reiche Stadt, die auch im galiläischen Hinterland landwirtschaftliche Produkte aufkaufen mußte. Bei den immer wieder eintretenden Dürren und Versorgungskrisen war die Stadt finanziell stark genug, Getreide auch für teures Geld aufzukaufen. Aber auch in den normalen Zeiten werden die Bauern in den jüdisch besiedelten Gebieten das Gefühl nicht los geworden sein, für die Reichen der Stadt produzieren zu müssen, während sie selbst sich eher schlecht als recht durchschlagen mußten. Auf diesem Hintergrund könnte das Jesuswort sagen: »Laßt zuerst die armen Leute im jüdischen Hinterland satt werden! Denn es ist nicht gut, das Brot der armen Leute zu nehmen und es den reichen Heiden (Hunden) in den Städten hinzuwerfen.« Jesus würde also der privilegierten Frau aus Tyrus mit einem Vorurteil antworten, das aus der sozialen und wirtschaftlichen Situation heraus entstanden und verständlich ist.

Vielleicht will aber das Bildwort den heilsgeschichtlichen Vorrang Israels vor den Heiden betonen und so die Überzeugung Jesu ausdrücken, daß er seine Sendung zu den »Kindern« Israels noch nicht erfüllt sieht. Auch wenn damit die Verheißung an die Heiden anklingt, ist Jesu Reaktion auf die gegenwärtige Not der Mutter zu seinen Füßen eine klare Abweisung. Es sieht so aus, als brauche Jesus Zeit, um sich in dieser ungewohnten Situation mit seinen Einsichten und Überzeugungen neu zu orientieren.

Doch die Frau läßt sich nicht abweisen. Sie greift Jesu Bildwort auf und sagt zu ihm: »Herr, doch auch die Hündlein unterm Tisch essen von den Bröckchen der Kinder.« Ihre Not ist so elementar, daß sie alle Vorurteile oder

Privilegien gelten läßt, wenn sie nur für sich das bekommt, was in ihrem Haus den Hündlein gewährt wird. In bedingungslosem Vertrauen bittet sie Jesus um einen »winzigen Brocken« *(psíchion)* von der Fülle des Heils für ihre »besessene« Tochter.

3. Einem solchen Glauben kann Jesus nicht widerstehen. Er schickt die Frau nach Hause: »Geh! Ausgefahren aus deiner Tochter ist der Dämon.« Im Glauben an die Verläßlichkeit des Wortes Jesu macht sie sich auf den Weg und erfährt so die Erfüllung ihrer Bitte.

An dieser unbekannten Heidin schildert Markus, was Glaube ist. Anders als die Schriftgelehrten und Pharisäer und ohne sich auf Eigenleistung und Privilegien zu berufen, vertraut sie sich Gottes helfender Macht in Jesus an. Ihr Glaube ist größer als sein Widerstand. Sie verhilft Jesus zu einer neuen Erfahrung ...

Die Heilung des Taubstummen
Mk 7,31–37

31 Und wieder ging er weg aus dem Gebiet von Tyrus, und kam
durch Sidon, an das Meer von Galiläa, mitten in das Gebiet des
Zehnstädtelands. 32 Und sie bringen ihm einen Tauben und
Stummen und bitten ihn, daß er ihm die Hand auflege.
33 Und er nahm ihn beiseite, weg vom Volk, (allein) für sich, und
steckte seine Finger in seine Ohren, spuckte und berührte (damit)
seine Zunge, 34 und aufblickend zum Himmel stöhnte er auf und
sagt ihm: Ephphata, das heißt: Öffne dich! 35 Und gleich öffnete
sich sein Gehör, und gelöst wurde die Fessel seiner Zunge, und
er redete richtig. 36 Und er befahl ihnen, sie sollten es nieman-
dem sagen; doch soviel er es ihnen gebot, sie verkündeten es nur
um so mehr. 37 Und sie waren außer sich, über die Maßen, und
sagten: Gut hat er alles gemacht: Die Tauben macht er hören und
die Stummen sprechen.

1. Jesus ist noch unterwegs durch heidnisches Gebiet und kommt in die Dekapolis südöstlich des galiläischen Sees. Möglicherweise will Markus damit die Offenheit des Evangeliums für die Heiden unterstreichen. Wie bei der bald folgenden Heilung eines Blinden aus Bethsaida sind es auch hier unbekannte Leute, die einen Taubstummen zu Jesus bringen und ihn flehentlich bitten, er möge ihm die Hand auflegen und heilen. Das griechische Wort *mogiláios* kann einen Stummen bezeichnen oder einen Menschen, der nur mit schwerer Zunge reden kann. Wir wissen nicht, was bei diesem Namenlosen dazu geführt hat, daß er nicht (mehr) hören und sich nicht (mehr) richtig mitteilen kann. Die Art, wie Jesus mit ihm umgeht, läßt vermuten, daß es vor allem zwischenmenschliche Erfahrungen sind, die ihn unfähig gemacht haben, mit anderen zu kommunizieren. Vielleicht gehören auch die Leute, die sich jetzt so für ihn einsetzen, zu denen, die ihn mundtot gemacht und ihm beigebracht haben, was sich nicht ge-hört. Man kann ganze Bereiche seelischer Empfindungen für ungehörig erklären und sie damit unaussprechlich machen. Man kann durch abfällige Bemerkungen das Selbstvertrauen eines Menschen erschüttern und ihm die Fähigkeit nehmen, seinen eigenen Einsichten und Über-

zeugungen zu trauen. Es kann auch sein, daß der Kranke auf niemanden mehr hört und mit niemandem mehr spricht, weil alles, was er von den anderen zu hören bekommt, für ihn so unerträglich ist, daß er sich mit seiner Taubstummheit vor ihnen schützen muß.

2. Jesus scheint die Bedrohung, die von der Menge auf den Kranken ausgeht, zu spüren. Er nimmt ihn als erstes beiseite, weg vom Volk, und ermöglicht ihm durch ganz persönliche Aufmerksamkeit und Zuwendung einen geschützten Raum, in dem der Taubstumme wieder zu sich finden kann. Ohne ein Wort zu sagen, streckt Jesus seine Hand aus, um mit den Fingern die Ohren des Kranken zu berühren – ein stummer Gestus, mit dem er behutsam einen Zugang zu ihm sucht und um Vertrauen wirbt. Dann nimmt er von seinem eigenen Speichel und berührt damit – immer noch wortlos – die Zunge, die so lange gelähmt war. Die Zartheit, mit der Jesus seine Hand auflegt, läßt darauf schließen, wie verletzt dieser Mann sein muß.

Jesus blickt zum Himmel, und es entringt sich ihm ein Seufzen, als müsse er all sein Vertrauen zusammennehmen, damit dieser gestörte und leidende Mensch seine Fähigkeit zurückgewinnt, mit anderen wieder normal zu kommunizieren. Der Aufblick zum Himmel mag auch ein Hinweis sein, daß seine Selbstfindung nur gelingen kann, wenn der Kranke auch zurückfindet zu Gott. Im biblischen Verständnis sind Selbstfindung und Gottfindung untrennbar miteinander verbunden. Vielleicht liegt hier das tiefste Problem des Taubstummen. Aus der innigen Verbindung mit dem Vater spricht Jesus schließlich das lösende Wort: »*Ephphatha!* Öffne dich! und sogleich öffneten sich seine Ohren, und gelöst ward die Fessel seiner Zunge und er konnte richtig sprechen.«

3. Jesus gebietet Schweigen. Wer gerade erst zu seiner eigenen Sprache zurückgefunden hat, braucht Zeit für sich, um nicht durch das Gerede der Leute in seine alten Blockierungen zurückzufallen. Das neu geschenkte Vermögen muß sich erst noch entfalten und durchsetzen. Andererseits kann eine so überwältigende innere Erfahrung nicht durch äußere Propaganda weitergesagt werden. Doch die Leute lassen sich in ihrer Begeisterung von Jesu Verbot nicht beeindrucken: Je mehr er es ihnen verbietet, desto mehr verkünden sie es. Ihr Jubel erinnert an den Schöpfungsbericht (Gen 1,31 LXX): »Gut hat er alles gemacht«. Sie sehen in der Heilung des Taubstummen die Erfüllung einer messianischen Verheißung: »Die Tauben macht er hören und die Sprachlosen sprechen« (vgl. Jes 35,5 f.). Durch Jesu Wirken wird die gefallene Schöpfung erneuert.

4. Im Kontext des ganzen Evangeliums bekommt die Heilung des Taubstummen noch eine zusätzliche Bedeutung. Die Verständnislosigkeit der Jünger wird vorausgehend (Mk 7,18) und nachfolgend (Mk 8,17–21) sehr pointiert herausgestellt. Jesus wirft ihnen vor, sie seien mit Blindheit und Taubheit geschlagen und hätten ein verstocktes Herz. Damit sind die Jünger in eine gefährliche Nähe zu den Schriftgelehrten und Pharisäern geraten. Wenn nun hier in Erinnerung an Jes 35,5 f. das Ohr des Taubstummen sich öffnet und seine Zunge sich löst, dann wird damit zeichenhaft angedeutet, daß Jesus seinen Jüngern das zum Glauben notwendige Verstehen schenken kann, wenn sie sich nur zu ihm bringen und von ihm heilen lassen wollen.

Die Speisung der Viertausend
Mk 8,1–10

[1] In jenen Tagen, als wieder viel Volk da war, und sie nichts zu
essen hatten, ruft er die Jünger herbei und sagt ihnen: [2] Mir tut es
weh um das Volk, denn schon drei Tage harren sie aus bei mir
und haben nichts zu essen. [3] Und wenn ich sie hungrig nach
Hause schicke, werden sie unterwegs die Kräfte verlassen; und
einige von ihnen sind von weit her. [4] Da antworteten ihm seine
Jünger: Woher soll einer diese (Leute) satt machen können mit
Broten, hier in der Einöde! [5] Da fragte er sie: Wie viele Brote
habt ihr? Sie sagten: Sieben. [6] Da befiehlt er dem Volk, sich auf
der Erde niederzulassen, und er nahm die sieben Brote, dankte,
brach (sie) und gab (sie) seinen Jüngern zum Vorlegen, und sie
legten dem Volke vor. [7] Auch hatten sie ein paar Fischlein. Auch
über diese sprach er die Preisung und ließ auch diese vorlegen. [8]
Und sie aßen und wurden satt, und sie hoben die Überreste an
Brocken auf, sieben Körbe voll. [9] Es waren aber an die Viertau-
send. Dann entließ er sie. [10] Und sogleich stieg er in das Boot mit
seinen Jüngern und kam in die Gegend von Dalmanutha.

Auf die Erzählung von der ersten Brotvermehrung (Mk 6,35–44) folgt die Seewandelgeschichte, die Markus mit den Worten resümiert: Die Jünger waren nicht zur Einsicht gekommen, als das mit den Broten geschah. ***Denn ihr Herz war verstockt*** (Mk 6,52). Der Abschnitt von der zweiten Brotvermehrung ist in Zusammenhang mit der anschließenden Zeichenforderung der Pharisäer und vor allem mit dem Vorwurf Jesu an seine Jünger zu sehen: »Versteht ihr und begreift ihr noch nicht? ***Habt ihr ein verstocktes Herz?*** Augen habt ihr und seht nicht, Ohren habt ihr und hört nicht? Erinnert ihr euch nicht ...?« (Mk 8,17 f.). Nach der Auseinandersetzung mit den Pharisäern und einigen Schriftgelehrten um wahre Frömmigkeit und Menschlichkeit betont Markus noch ein drittes Mal, daß die Jünger geradezu mit Blindheit und Taubheit geschlagen sind und sich in ihrer inneren Einstellung nicht wesentlich von den Gegnern Jesu unterscheiden. »Begreift ihr nicht?« (Mk 7,18 f.)

Wenn also der Evangelist an dieser Stelle noch eine zweite Speisungsgeschichte einfügt, dann ist ihm offenbar daran gelegen, noch einmal anschaulich darzustellen, wie schwerfällig Menschen sein können, selbst wenn sie schon lange Zeit mit Jesus unterwegs sind, Gottes Handeln überhaupt wahrzunehmen, geschweige denn zu verstehen. Andererseits zeigt auch diese Erzählung, wie Jesus bemüht ist, seine Jünger aus ihrer Gott-vergessenheit und Verständnislosigkeit erneut herauszuholen.

1. »Wieder einmal« hat sich eine große Menschenmenge bei Jesus eingefunden. Einige von ihnen sind von weither gekommen. Der Hunger dieser Menschen nach einem Wort, das sie aufrichtet, muß groß gewesen sein. Drei Tage haben sie bei ihm in der Wüste ausgeharrt, bis aller Proviant aufgezehrt war. In Jesus haben sie jemand gefunden, der ihnen »zu Herzen redet« (vgl. Jes 40,1). Seine Worte kommen aus einer spürbaren Nähe und Herzenskenntnis und erfaßt auch die »von weit her«. In der Begegnung mit ihm erfahren die Vielen Gottes Barmherzigkeit. Das hebräische Wort für Erbarmen und Barmherzigkeit leitet sich von *raehaem* ab, und das bedeutet Mutterleib, dann im Plural die Eingeweide besonders als »Ort« des zarten Mitgefühls. So wie eine schwangere Frau ihr Kind in ihrem Schoß spürt und unmittelbar gefühlsmäßig mit ihm verbunden ist, so wird Jesus in seinem Innern von diesen Menschen bewegt. Und in diese Bewegung seines Herzens möchte er seine Jünger hineinnehmen, wenn er sie nun zusammenruft, um die große Menschenmenge für den Heimweg zu stärken: »Wenn ich sie hungrig nach Hause schicke, werden sie unterwegs zusammenbrechen«.

2. Die Reaktion der Jünger offenbart ihre Ratlosigkeit. »Wieder einmal« ist ihr Blick gehalten von den Grenzen ***ihrer*** Möglichkeiten. »Wieder einmal« haben sie vergessen, was Gott durch sie schon alles gewirkt hat, wenn sie sich mit dem Wenigen, was sie sind und was sie haben, IHM ganz in die Hände geben. Ohne Erinnerung kann man nicht verstehen. So muß Jesus sie wieder daran erinnern, was sie tatsächlich noch haben: sieben Brote. Dann fordert er die Leute auf, sich auf der Erde niederzulassen. Das bringt eine gewisse Ruhe und Aufmerksamkeit bei den vielen Menschen und schafft so den »Raum«, in dem Gott erneut wirksam werden kann. Jesus beginnt also wieder ganz von vorn und zeigt seinen Jüngern Schritt für Schritt, was geschehen muß, damit wir mit unseren Arm-seligkeiten andere sättigen können. Es wird immer genug geben, wenn wir alles, was uns gegeben ist, in den Kreislauf des Lebens hinein-geben, ja es wird im Überfluß »körbeweise« zu uns zurückkommen.

So erleben die Jünger von neuem, wie Jesus die wenigen Brote in seine Hände nimmt, wie er gleich einem jüdischen Hausvater den Segen darüber spricht und alles in ihre Hände zurückgibt, damit sie den Leuten zu essen geben. Es sieht so aus, als habe die Erfahrung, daß ihnen beim Verteilen das Brot nicht ausging, sie bewogen, Jesus auch noch die paar Fische zu überlassen. Und indem sie ***alles*** weggeben, bekommen alle zu essen und werden satt. Am Ende bleibt noch die Sorgfalt, den unerwarteten Überfluß nicht verkommen zu lassen: sieben Körbe voll.

Doch auch über dem Ausgang dieser Speisungsgeschichte liegt ein Schatten: Nirgendwo ist eine Reaktion der Beteiligten zu spüren. Den Vielen bleibt Gottes Sprache in dem wunderbaren Geschehen auch diesmal ebenso unverständlich wie den Jüngern. Sie sind wie mit Blindheit geschlagen. Sie erfassen nicht, was mit ihnen geschehen ist.

Die Zeichenforderung der Pharisäer und die Blindheit der Jünger
Mk 8,11–21

11 Und es kamen heraus die Pharisäer und fingen an, mit ihm zu
streiten. Sie verlangten von ihm ein Zeichen vom Himmel, um
ihn zu versuchen. 12 Und er stöhnte auf in seinem Geist und sagt:
Was? Dieses Geschlecht fordert ein Zeichen? Amen, ich sage
euch: Diesem Geschlecht wird kein Zeichen gegeben! 13 Und er
ließ sie stehen, stieg wieder ein und fuhr weg zur Jenseite.
14 Und sie vergaßen, Brote mitzunehmen, und außer einem Brot
hatten sie nichts bei sich im Boot. 15 Und er gebot ihnen und
sagte: Seht zu! Habt acht vor dem Sauerteig der Pharisäer und
dem Sauerteig des Herodes! 16 Doch sie überlegten miteinander,
daß sie keine Brote hatten. 17 Er merkte es und sagt ihnen: Was
überlegt ihr, daß ihr keine Brote habt? Immer noch merkt und
versteht ihr nicht? Verstockt haltet ihr euer Herz!
18 *Augen habt ihr und seht nicht, Ohren habt ihr und hört nicht.*
Erinnert ihr euch denn nicht? 19 Als ich die fünf Brote brach für
die Fünftausend, wie viele Körbe voll Brocken habt ihr da auf-
gehoben? Sie sagten ihm: zwölf! 20 Und die sieben für die Vier-
tausend: wie viele Körbe voll an Brocken habt ihr da aufgeho-
ben? Da sagen sie (ihm): sieben. 21 Da sagt er ihnen: Versteht ihr
immer noch nicht?

Die kurze Auseinandersetzung zwischen Jesus und den Pharisäern (V. 11–13) ist wie das Ende einer langen Kette aus Vergeblichkeit und Verweigerung. Hatten zu Beginn des offenen Konflikts die Pharisäer in wortlosem Protest die Synagoge verlassen (Mk 3,6), so ist es nun Jesus, der sie einfach stehen läßt.

Vorausgegangen war die Begegnung Jesu mit der Not so vieler Menschen:
– die Not, von zerstörerischen Kräften gefesselt zu sein (Mk 7,25);
– die Not, hicht hören und nicht sprechen zu können (Mk 7,32);
– die Not der großen Volksmenge, ihr Hunger nach Brot und Sinn (Mk 8,1 ff.)

Jesus ist getroffen von dem Jammer unerfüllten Lebens, der ihm unterwegs entgegenkommt. In der Tiefe seines Wesens wird er berührt (*splangchnidzo-*

mai) von dem Leid, von der Heillosigkeit dieser Zu-kurz-Gekommenen. »Und einige sind von weit her ...« Sein Mitleid geht bis ins Physische (*tà splángchna* = die Eingeweide) – so tief fühlt er sich mit diesen Menschen verbunden.

In der Begegnung mit Jesus erfahren die Verzweifelten, wie sich die Fesseln zerstörerischer Kräfte lösen (Mk 7,29 f.). Unter seinem Wort öffnen sich taube Ohren und ein Stummer beginnt zu reden. Menschen können (wieder) aufeinander hören und miteinander sprechen (Mk 7,33–35). Seine Nähe ist wie das Brot, von dem alle zu essen bekamen in dem großen Hunger ihres Lebens (Mk 8,8). – Aus der Begegnung mit Jesus wird eine Hoffnung wach – über die Leere und Mühsal ihrer Tage hinaus...

All das war auf heidnischem Gebiet vorausgegangen, als nach der Überfahrt in der Gegend von Dalmanutha eine Gruppe von Pharisäern ihm entgegenkommt.

1. »Die Pharisäer ziehen hinaus und beginnen mit Jesus zu streiten. Sie fordern von ihm ein Zeichen vom Himmel, um ihn zu versuchen.«

Jesus trifft hier auf Menschen, deren Glaubenspraxis und Theologie nicht mehr berührt wird von der Heillosigkeit der Vielen ohne Namen und Ansehen. Vor den Mauern und Türmen ihrer geheiligten Institutionen gehen die Vielen zugrunde in ihrem Hunger nach Selbstachtung, in dem Verlangen, ihrem Leben einen Sinn abzugewinnen.
Jesus trifft hier auf Menschen, deren Wissen und Reden von Gott wie abgetragene Kleider sind, auf denen kein neuer Flicken hält (vgl. Mk 2,21). Sie spüren nicht mehr, daß die Tradition, die sie in Erbpacht genommen haben, gegen sie spricht. Tempel und Synagoge, Sabbat und Gesetz verlieren ihre Daseinsberechtigung, wenn sie nicht mehr Zeichen der Leidenschaft Gottes für den Menschen sind. Am Heil des Menschen hat sich alles zu relativieren. Und ***darum*** geht es Jesus, wenn er den Zahllosen, die nicht zählen, die Grundnöte ihres Daseins bestehen hilft. Im Kontakt mit ihm gewinnt eine Lebensqualität Raum, die für sie nicht (mehr) erfahrbar war: Gott wohnt unter den Menschen.

Doch die Pharisäer, durch Jesu Auftreten verunsichert, wollen nur bestätigt haben, daß nicht sein kann, was nicht sein darf. Sie glauben die Kriterien zu kennen, nach denen man das Göttliche beurteilen muß. Ihre Forderung nach einem Zeichen (*sämeion)* vom Himmel löst bei Jesus einen tiefen Schmerz aus, so daß er aufseufzt (*anastenadzo).* Das Seufzen im Geist ist Klage über die zerstörerische Kraft ihres Unglaubens. Es gibt einen Grad persönlicher Verweigerung, vor dem auch er machtlos ist. Mit ungewöhnlich brüsken Worten weist er ihre Forderung zurück. Die Beteuerungsformel müßte im vollen Wortlaut heißen: »Wenn dieser Sorte Mensch ein Zeichen gegeben wird, will ich verflucht sein bzw. soll Gott mir dies oder jenes antun.« Dann läßt er sie stehen ... und wo sie stehen: ist für Gott kein Platz. Denn Gott wohnt da, wo man ihn einläßt. »Man kann ihn aber nur da einlassen, wo man steht, wo man wirklich steht, da, wo man lebt, wo man ein wahres Leben lebt« (M. Buber).

2. Der folgende Abschnitt zeigt, in welch gefährliche Nähe zu den Feinden Jesu die Jünger schon geraten sind. Sie sind wie mit Blindheit geschlagen und können die Zeichen-sprache Gottes immer noch nicht verstehen. Als sie entdecken, daß sie nicht genügend Brot mitgenommen haben, scheinen all ihre Erfahrungen »von der einen Brotvermehrung zur anderen« (Mk 6,35–8,10) wie ausgelöscht zu sein. Sie verhalten sich so, als sei Jesus nicht mit ihnen im Boot. Darum warnt er seine Jünger eindringlich »vor dem Sauerteig der Pharisäer und dem Sauerteig des Herodes« (vgl. Mk 3,6). »Sauerteig« bezeichnet bei den Rabbinen u. a. den bösen Trieb im Menschen, den schlechten Charakter oder die böse Gesinnung. Es kann auch ein Bild für die eigene Entfaltungskraft des Bösen sein. Jesus warnt also die Jünger vor dem Einfluß des Unglaubens, wie er von seinen Feinden ausgeht. Es sieht so aus, als sei ihre Beziehung zu Gott wie bei den Pharisäern und den Anhängern des Herodes etwas Äußeres geblieben. Alle Nähe zu Jesus hat ihre Lebenseinstellung nicht zu wandeln vermocht. In ihnen selbst hat sich (noch) nichts verändert. Sie haben alles gesehen und gehört und haben doch nichts erfaßt. Als Jesu Warnung ins Leere geht, stellt er ihnen die vorwurfsvolle Frage:

»Versteht und begreift ihr noch nicht?
Habt ihr ein verstocktes Herz?
Augen habt ihr und seht nicht,
und Ohren habt ihr und hört nicht?
Erinnert ihr euch nicht?«

Das ist der härteste Vorwurf, den sie je von ihm gehört haben. Was unterscheidet sie noch von seinen Feinden und von seinen Angehörigen (Mk 6,3)? Und dann beginnt Jesus seinen Jüngern in Erinnerung zu rufen, was sie vergessen haben: daß er das Brot ist für allen Hunger des Lebens. Aber die Sinne ihrer Herzen sind noch verschlossen. So endet der Abschnitt mit der Frage Jesu: Begreift ihr noch nicht?

In dieser Perikope laufen also mehrere Linien zusammen. Mit der folgenden Blindenheilung (Mk 8,22–26) deutet Markus an, daß nur sehend wird, wer sich von Jesus »hinausführen« und sich von ihm die Augen öffnen läßt. Die Jüngerunterweisung über die Notwendigkeit der Passion (Mk 8,31 f.) macht Jesu Absicht deutlich, denen, die mit ihm sind, die Augen zu öffnen.

Die Heilung eines Blinden aus Bethsaida
Mk 8,22–26

22 Und sie kommen nach Bethsaida. Da bringen sie ihm einen
Blinden und bitten ihn, daß er ihn berühre. 23 Und er nahm den
Blinden bei der Hand und führte ihn hinaus, außerhalb des Dor-
fes; und er spuckte in seine Augen, legte die Hände ihm auf und
fragte ihn: Siehst du etwas? 24 Und er blickte auf und sagte: Ich
sehe die Menschen. Denn wie Bäume erblicke ich welche, die
umhergehen. 25 Daraufhin legte er wieder die Hände auf seine
Augen, da sah er klar und war wiederhergestellt und sah bis in
die Ferne alles deutlich. 26 Da schickte er ihn weg nach Haus und
sagte: Geh aber nicht ins Dorf hinein!

Die Erzählung folgt unmittelbar dem Vorwurf Jesu an seine Jünger: »Noch immer begreift und versteht ihr nicht! Verstockt haltet ihr euer Herz! Augen habt ihr und seht nicht, Ohren habt ihr und hört nicht (Jer 5,21; Ez 12,2). Und ihr erinnert euch nicht ...

Versteht ihr immer noch nicht?« Die Heilungsgeschichte leitet über zu der »offenen« Rede Jesu über die Notwendigkeit seiner Passion und das Unverständnis der Jünger, das sich in der leidenschaftlichen Auflehnung des Petrus dagegen ausspricht. Auch wenn Blindheit zur Zeit Jesu ein weit verbreitetes Übel in Israel war, scheint Markus durch diesen Kontext anzudeuten, daß es ihm hier weniger um die Blindheit der Augen, als um die Blindheit des Herzens geht. Schon die Propheten haben im übertragenen Sinn von der Blindheit gesprochen, wenn sie die Uneinsichtigkeit der Menschen gegenüber den Weisungen Jahwes beklagen.

1. Unbekannte bringen einen Blinden zu Jesus und flehen ihn an, er möge ihn berühren und heilen. Die Einzelheiten der Erzählung lassen darauf schließen, daß vor allem seelische Gründe zu der Erblindung geführt haben. Dahinter können Schicksalsschläge oder soziale Ausweglosigkeit, unlösbare menschliche Verstrickungen oder unabänderliche Abhängigkeiten o. ä. stehen. Der Mann scheint in eine seelische Verfassung geraten zu sein, in der er einfach nicht mehr durchsieht, in der er vielleicht auch niemanden mehr sehen kann. Innerlich und äußerlich den Blicken der anderen entzogen, wird seine

seelische Isolation bedrohliche Züge angenommen haben. Aus seiner seelischen Verfinsterung findet er allein nicht mehr heraus. Andere müssen auf das Elend und die innere Not des Blinden aufmerksam geworden sein. Ihre flehentliche Bitte an Jesus offenbart ihr ganzes Unvermögen, diesem Menschen helfen zu können. Vielleicht gehören sie zu denen, die seine seelische Erblindung mitverursacht haben und die trotz allen Bemühens um ihn eine ständige Bedrohung für ihn sind.

2. Jesus nimmt den Blinden bei der Hand und führt ihn mit sich aus dem Dorf hinaus, um ihn abseits von seinem bedrückenden Lebensmilieu zu behandeln. Diese Distanz kann dem Kranken ein Gefühl von Sicherheit vermitteln. Die persönliche Zuwendung ermöglicht jene Atmosphäre von Geborgenheit und Vertrauen, die für die Heilung seelisch bedingter Erkrankungen so unerläßlich ist. Die Behandlung mit Speichel, das Berühren und Handauflegen haben vor allem diese Intention.

Es braucht seine Zeit, bis ein Mensch nach Jahren der Blindheit wieder lernt, richtig zu sehen. Deutlicher als die deutsche Übersetzung beschreiben die Verben im griechischen Urtext die einzelnen Phasen des Heilungsprozesses: Zunächst kann der Blinde wieder ***auf***blicken *(ànablépein).* Dann eröffnet sich ihm ein *Durch*blick *(diablépein).* Schließlich kann er alles wieder *deutlich sehen (emblépein).* Wir können davon ausgehen, daß Markus diese Worte für verschiedene Sehweisen nicht zufällig ausgewählt hat.

Zunächst also kann der von Jesus Behandelte aufblicken. Er kann seine Augen wieder auf die Wirklichkeit richten, die ihm so lange verschossen war. Aber noch kann er sie nicht richtig erfassen. Was er wahrnimmt, sind Bäume, die sich wie Gestalten bewegen, so daß er diesen Eindruck mit Menschen in Verbindung bringt. Diese Assoziation dürfte nicht nur an seiner noch undeutlichen Gestaltwahrnehmung liegen, sondern auch eine tiefere Bedeutung haben. Der Baum ist ein Ursymbol für Halt und Geborgenheit und ein Vorbild für das Wachsen und Reifen der eigenen Person. In solchen Symbolen liegt eine Kraft, die zur Heilung und Ganzwerdung eines Menschen in besonderer Weise beitragen kann. Daß ein Mensch seine Augen wieder erheben kann *(anablépein),* daß er von Menschenfurcht, von Schuld- und Minderwertigkeitsgefühlen befreit, sich seiner Würde und seines Wertes bewußt wird –, dieser Heilungs- und Mensch-werdungsprozeß beginnt mit den ersten Versuchen des zurückkehrenden Sehvermögens.

3. Die wiederholte Handauflegung Jesu verstärkt die heilende Kraft der im Blinden wirkenden Bilder und durchbricht den Schleier, der noch zwischen ihm und der Wirklichkeit liegt, bis er ***alles*** deutlich sieht. Der Blinde ist in einem umfassenden Sinn *(hápanta)* sehend geworden, aber er braucht noch Zeit

für sich, um sich an die neue Sehweise zu gewöhnen – unbeeinflußt von anderen. Deshalb verlangt Jesus von ihm, das Dorf zu meiden und geradewegs ***in sein Haus*** zu gehen. Die Welt mit eigenen Augen zu sehen, mit Augen, die sich in der Begegnung mit Jesus für die ganze Wirklichkeit (*hápanta)* aufgetan haben, dazu möchte diese Heilungsgeschichte motivieren. Wenn im Folgenden Jesus seine Jünger fragt, für wen sie ihn halten, welche Antwort legt sich von dieser Erzählung her nahe? Aber der Kontext dieser Perikope scheint noch auf ein weiteres Moment aufmerksam zu machen: In der Nachfolge Jesu sind bestimmte Heilungs- und Reifungsschritte nicht zu überspringen, sonst bleibe ich blind für die Wirklichkeit, die Jesus mir eröffnen will.

Die Frage nach dem Leben oder die erste Ankündigung von Leiden, Tod und Auferstehung
Mk 8,27–33

27 Dann ging Jesus hinaus, und auch seine Jünger, in die Dörfer
von Caesarea Philippi. Und auf dem Weg fragte er seine Jünger
und sagte ihnen: Was sagen die Leute, wer ich sei? 28 Sie aber
sagten zu ihm: Johannes der Täufer, andere: Elija, andere: einer
der Propheten. 29 Da fragte er sie selbst: Ihr aber, was sagt ihr,
wer ich sei? Da antwortete Petrus und sagte ihm: Du bist der
Messias! 30 Doch er fuhr sie an, daß sie niemandem (das) über
ihn sagen.
31 Und er fing an, sie zu lehren; der Menschensohn müsse viel
leiden und verworfen werden von den Ältesten, den Hoheprie-
stern, den Schriftgelehrten und getötet werden und nach drei Ta-
gen auferstehen.
32 Und ganz offen redete er das Wort. Und Petrus nahm ihn zu
sich und fing an, ihn anzufahren. 33 Er aber wandte sich um und
sah seine Jünger und fuhr Petrus an; und sagt: Weg da! Hinter
mich! Satan! Du hast nicht Gott im Sinn, sondern was die Men-
schen denken.

1. Jesus verläßt Bethsaida und zieht mit seinen Jüngern nach Norden in die Dörfer um Caesarea Philippi. Dort im Quellgebiet des Jordan verläuft die Grenze zwischen Juden und Heiden. Es sieht so aus, als suche Jesus in diesem äußersten Zipfel des israelitischen Stammesgebietes Distanz zu seinem bisherigen Wirken, um abseits von der Öffentlichkeit eine Entscheidung über seinen weiteren Weg herbeizuführen.

Es gibt Zeiten in unserem Leben, in denen wir uns spürbar auf eine innere Grenze zu bewegen. Es gibt Augenblicke, in denen unser Leben eine Entscheidung sucht, und wir mit großer Heftigkeit in das Kräftespiel gegensätzlicher Lebensimpulse geraten. In solchen Situationen steht unsere Identität auf dem Spiel. Wir werden gefragt, woraus wir leben, was uns trägt und im letzten be-wegt. Unsere Antwort verlangt den Einsatz der ganzen Person.

Jesus zieht die Jünger mit in seinen Entscheidungsprozeß hinein. Seine erste Frage: »Für wen halten mich die Leute?« berührt noch nicht die Wahrheit über ihr Leben. Erst als er sie fragt, für wen sie selbst ihn halten, wandelt sich mit einem Schlag ihr unverbindlicher Austausch in eine persönliche Herausforderung. Die Jünger werden gefragt, wie sie zu ihm stehen und warum sie bei ihm sind. Sie sollen Auskunft geben über ihre Erfahrung mit Jesus und ihre Beziehung zu ihm. »Ihr aber, für wen haltet ihr mich?«

An sich selbst hatten sie erfahren, mit welcher Kraft er Menschen anreden konnte, daß ihr Herz unter seinen Worten sich ordnete. Sie hatten gesehen, wie unter seinen Händen die Augen von Blinden und die Ohren von Tauben sich auftaten. Stumme begannen zu reden und Gelähmte durchfuhr neue Lebenskraft. Unglückliche wurden von der Macht »böser Geister« und vom Irrtum falscher Traditionen befreit und fingen an, selbst zu leben. Wie viele gab es, die in seiner Nähe zu ihrer ursprünglichen Wahrheit zurückfanden! Von ihm ging eine Kraft des Vertrauens aus, die alle »realistischen« Grenzen sprengte. Er hielt die »Wirklichkeit«, die uns manchmal so unumstößlich scheint, für Menschenverachtung und Gotteslästerung. »Ihr aber, für wen haltet ihr mich?« In dieser Frage faßt Markus den ersten Teil seines Evangeliums wie in einem Kristallisationspunkt zusammen.

2. Petrus antwortet für alle. Die Jünger sehen in Jesus mehr als einen Propheten. Für sie ist Jesus die Erfüllung aller Verheißungen, auf die Israel seit Jahrhunderten wartet. Was am Anfang ihrer Begegnung mit Jesus nur eine Ahnung war, hat sich bei ihnen zur Gewißheit verdichtet: »Du bist der Messias!« Doch was diese orthodoxe Antwort tatsächlich beinhaltet, zeigt die heftige Reaktion Jesu. Kaum hat einer aus dem Kreis der Jünger zum ersten Mal sich zur Wahrheit Jesu bekannt und ausgesprochen, wovon die anderen überzeugt waren, als er sie anfährt und ihnen verbietet, dieses Wort noch einmal in Zusammenhang mit ihm zu bringen. Was bedeutet dieser plötzlich hervorbrechende Unwille? Wie ist dieser krasse Widerspruch zu erklären?

Könnte es sein, daß Jesus die Wahrheit seiner Person, das Geheimnis seiner Sendung durch eine noch so orthodoxe Glaubensformel mißbraucht sieht? Wie kann man ihn erkennen, ohne eine innere Beziehung und Vertrautheit, die aber nie als etwas Bekanntes und Abgeschlossenes zur Verfügung steht? Kann ein allgemein bekannter Titel nicht eher daran hindern, ihm unvoreingenommen zu begegnen?

Die Schroffheit seiner Ablehnung deutet darauf hin, daß alle geläufigen Vorstellungen vom Messias zu seiner Zeit eher dazu angetan waren, ihn gründlich mißzuverstehen und seine Sendung ernsthaft zu gefährden.

3. So beginnt Jesus die Vorstellungswelt seiner Jünger mit völlig ungewohnten Inhalten zu konfrontieren. Seine Entscheidung, nach Jerusalem zu ziehen, ist gefallen. Es galt, die Botschaft von der kommenden Gottesherrschaft auch im geistigen Mittelpunkt des Volkes zu verkünden, an jenem heilsgeschichtlichen Ort, mit dem das Schicksal Israels in besonderer Weise verbunden war. Auf dem Hintergrund seiner bisherigen Auseinandersetzungen mit den religiös-politischen Machthabern in Galiläa, scheint Jesus keinen Zweifel mehr zu haben, welche Konsequenzen er mit seinem Weg nach Jerusalem zu gewärtigen hat: »Der Menschensohn muß vieles erleiden und von den Ältesten, den Hohenpriestern und den Schriftgelehrten verworfen und getötet werden und nach drei Tagen auferstehen.« Es überrascht noch einmal die Schroffheit, mit der Jesus seine neu gewonnene Gewißheit den Jüngern offenbart.

Markus unterstreicht die zentrale Bedeutung dieses Wortes, indem er es ausdrücklich als »Lehre« Jesu bezeichnet. Was bedeutet diese Lehre? Wie ist dieses tödliche »muß« zu verstehen, das über seinem Weg nach Jerusalem liegt? Wie ist es möglich, Gottes Herrschaft zu verkünden, wenn jeder Schritt zu ihrer Verwirklichung zunächst ein Schritt in den Tod ist? Wie soll sich ein Mensch verhalten, wenn er weiß, daß seine Wahrheit tödlich ist?

Immer, wenn ein Mensch etwas äußert oder tut, das seinem Wesensbild entspricht, das mit der Wahrheit seiner Person übereinstimmt, riskiert er in seiner Umgebung Unverständnis und Mißverständnis, Auseinandersetzungen und Anfeindungen. Wenn ich einem Menschen begegne, der so frei und unvoreingenommen wie Jesus auftritt, werde ich spüren, wie eng das eigene Herz ist. Ich werde ihn beneiden, und die Unzufriedenheit mit mir ist wie ein Gradmesser, der anzeigt, wie weit ich noch von mir entfernt bin. Der geheimen Gestalt meines Selbst kann ich nur auf der Spur bleiben aus dem Glauben an die Ewigkeit. »Nur aus dem Glauben an seine Unsterblichkeit erfaßt der Mensch seinen vernünftigen Zweck auf Erden« (Dostojewski). Jesus beschließt den Ausblick auf sein Ende mit der Gewißheit seiner Auferstehung.

4. Doch das Wort vom Leiden- und Sterbenmüssen des Menschensohnes bleibt dunkel und bedrohlich. Die Jünger können es (jetzt) nicht verstehen. Petrus lehnt sich leidenschaftlich dagegen auf. Er hat noch nicht erfaßt, daß eine tiefe menschliche Beziehung nur möglich ist, wenn ich dem anderen zutraue, die Wahrheit seines Lebens selbst zu entdecken und die Risiken des eigenen Weges auch selbst zu tragen. Petrus will unter allen Umständen, daß Jesus seine Entscheidung zurücknimmt. Wie dieser ihn vorher angefahren hat, so fährt der Jünger jetzt seinen Meister an. Jesus aber wendet sich um und sieht seine Jünger an. Sie sollen sich gut einprägen, was er nun dem Petrus

sagt. Dann fährt er ihn an: »Weg da! Hinter mich, Satan! Denn du sinnst nicht Gedanken Gottes, sondern Menschengedanken.« Dreimal steht in diesem kurzen Abschnitt das emotional geladene Wort »anfahren« (*epitimáo*). Es offenbart, wie leidenschaftlich hier um das wahre Leben des Jüngers gerungen wird. Petrus droht abzufallen. Von daher scheint Jesu Schroffheit unvermeidlich. Sein erstes Wort: »Weg da!« (*hypage*) sagt dem Petrus, daß er mit dieser Einstellung nicht mehr Jünger sein kann. Mit dem zweiten Wort: »Hinter mich!« (*opiso mou*) ruft Jesus ihn zurück in die Nachfolge. Diese beiden Worte erinnern an die beiden Worte aus der Berufungsgeschichte: »Hierher! Hinter mich!« (*deute opíso mou*).

Petrus kommt zurück. Aber es ist noch ein langer und schmerzhafter Weg, bis sich ihm und den anderen Jüngern Jesu Weg nach Jerusalem als Weg zum LEBEN erschließt. Es ist ein von Lebensangst und Zweifeln immer wieder angefochtener Weg, bis das ungläubige Bekenntnis des Petrus vom gläubigen Bekenntnis des heidnischen Centurio unter dem Kreuz eingeholt wird: »Wahrhaftig, dieser Mensch (Jesus) war Gottes Sohn!«

Die Kluft zwischen dem, was Gott und was Menschen im Sinn haben, wird nur dadurch überbrückt, daß der verworfene und getötete Menschensohn nach seiner Auferstehung den Jüngern die Augen öffnet für Gottes Weg mit seinem Gesalbten (Christus). Erst dann können sie zum vollen Glauben an den kommen, der sie eben noch fragte: »Ihr aber, für wen haltet ihr mich?«

Nachfolgebedingungen
Mk 8,34–9,1

34 Dann rief er das Volk herbei mit seinen Jüngern und sagte ih-
nen: Wenn einer hinter mir nachfolgen will, der muß sich lossa-
gen von sich und sein Kreuz aufnehmen und so folge er mir. 35
Denn wer sein Leben retten will, wird es verlieren. Wer aber sein
Leben verloren gibt, um meinet- und der Heilsbotschaft willen,
wird es retten. 36 Denn was nützt es einem Menschen, die ganze
Welt zu gewinnen und (dabei) sein Leben einzubüßen? 37 Denn
was könnte ein Mensch geben zum Tausch für sein Leben? 38
Denn wer sich schämt für mich und meine Worte in diesem ehe-
brecherischen und sündigen Geschlecht, auch der Menschensohn
wird sich schämen für ihn, wenn er kommt in der Herrlichkeit
seines Vaters mit den heiligen Engeln.
1 Und er sagte ihnen: Amen, ich sage euch: es gibt einige unter
denen, die hier stehen, die den Tod nicht schmecken werden, bis
sie sehen: das Königtum Gottes, gekommen in Macht.

In der Gegend bei Caesarea Philippi hatte Jesus um seine eigene Identität gerungen und sich für den Weg nach Jerusalem entschieden – mit allen möglichen Konsequenzen. Damit hatte er seine Jünger in einen Entscheidungsprozeß hineingezogen, der zu einer leidenschaftlichen Konfrontation mit Petrus führte. Allen Beteiligten wurde unmißverständlich klar, daß die innere Auseinandersetzung mit dem Weg Jesu den Einsatz der ganzen Person verlangt.

1. Im Folgenden bezieht Jesus das Volk in die Auseinandersetzung mit ein. Markus unterstreicht damit, daß die Worte von der Leidensnachfolge **allen** gelten:

»Wenn jemand mir nachfolgen will,
verleugne er sich selbst und nehme sein Kreuz auf,
und so folge er mir«.

War es bisher die Bestimmung der Zwölf gewesen, »daß sie mit ihm seien« und aus dem vertrauten Umgang mit Jesus sein »Wort« weitersagen und die Macht des Bösen über den Menschen brechen (vgl. Mk 3,13–15 und Mk 6,7), so wird nun für **alle** deutlich, daß Nachfolge an zwei Bedingungen geknüpft ist: Zunächst eine innere Freiheit sich selbst und allen Sicherungen gegenüber, auf die sich normalerweise unser Leben aufbaut. Etwas davon wurde schon sichtbar, als die Jünger Boote und Netze, Zollstätte und Familie zurückließen und sich Jesus anschlossen. Was mit der zweiten Aufforderung gemeint sein kann, veranschaulicht Markus im Passionsbericht am Beispiel des Simon von Kyrene (Mk 15,21). Hier wie dort gebraucht der Evangelist dasselbe Wort vom **Kreuz aufnehmen.** Obwohl dem Simon das Kreuz gewaltsam aufgezwungen wird, sieht Markus seinen Dienst als Nachfolge nach Jesu Wort, als Schicksalsgemeinschaft.

2. Wie ist diese Unbedingtheit der Nachfolge zu verstehen, ohne in einen gegen sich selbst gerichteten Rigorismus zu geraten? Wie kann ich diese Radikalität nachvollziehen, ohne mich auf einen unbarmherzigen Umgang mit mir selbst und die zerstörerischen Folgen einer solchen Einstellung einzulassen? Jesu Ruf in die Nachfolge würde mich überfordern, wenn ich die Wirklichkeit nicht miterfasse, die ihn selbst bei der Taufe im Jordan überwältigte. Damals öffnete sich der Himmel und Gott bekannte sich zu ihm als seinem geliebten Sohn. Dieser Einbruch des Himmels bestimmte seither sein Selbstbewußtsein und sein Gottesbild. Die Gewißheit, Gott als liebenden Vater zu haben, wird noch durch das Bild von der Taube verdeutlicht: Als Verkörperung des Geistes Gottes, als Symbol des Friedens und der Versöhnung veranschaulicht sie, wie Gott zu seiner Schöpfung steht und dem Menschen gesonnen ist. Damit hatte sich schon der Abschied von einem Gottesbild angekündigt, dem man nur mit der Erfüllung von Forderungen und Drohungen, mit radikalen Entschlüssen und moralisch-aszetischen Anstrengungen entsprechen kann – ein Zerrbild, dem man zu allen Zeiten begegnen kann.

Der Einsatz aller Lebensmöglichkeiten ist nur verantwortbar, wenn der Anlaß zu diesem Entschluß stimmt: Das Überwältigtwerden von der Größe der Entdeckung, von der Freude, hineingenommen zu sein in ein Geheimnis, in eine persönliche Beziehung, in eine Sendung, d. h. in die Lebensabsichten Gottes mit den Menschen. Jesus hat alles losgelassen aufgrund des Gottesreiches. Er hat auf die Geborgenheit verzichtet, die eine eheliche Partnerschaft und Groß-Familie geben kann. Er hat verzichtet auf die Freude, Kinder zu haben. Er hat sich keine Sorge um Besitz und soziale Sicherheiten gemacht. Er hat darauf verzichtet, seine Ziele mit Gewalt durchzusetzen. Und doch bleibt er bis zum Ende ein freier Mensch – bei aller Entschiedenheit, mit der er seinen Weg geht. Er bleibt bis zuletzt ein Mensch voller Hingabe, Liebenswürdigkeit und Menschlichkeit.

Die Unbedingtheit und Radikalität der Nachfolge wird nicht zuletzt verständlich »angesichts der vor uns liegenden Freude«, daß die Gottesherrschaft kommen wird in Macht (*en dynámei*). Nachfolge im »strengen Sinn«

wäre also gründlich mißverstanden, wollte man sie aus der Spirale von radikalen äußeren Forderungen und persönlichen aszetischen Bemühungen herleiten. Die Unbedingtheit und Radikalität der Nachfolge erschließt sich uns vielmehr, wenn wir den Lebensimpulsen in unserem Innern entschieden und beharrlich nachkommen. Wer seiner innersten Bestimmung folgt, erfährt etwas von der Einheit und Fülle seines Lebens, trotz aller Abgründigkeit, Unvollkommenheit und menschlichen Begrenzung. Wer konsequent seinen inneren Weg geht, wird oft genug in den Schnittpunkt von Gegensätzen und Konflikten geraten. Darin liegt die Chance, über mein bisheriges Denken und Fühlen, über meine bisherige Lebenseinstellung hinauszuwachsen und mich in meinem Lebensgehorsam, in meiner Nachfolge-motivation neu zu erleben. Nur aus der Dynamik einer inneren Entwicklung wird einsichtig und verantwortbar, warum Menschen ihr Leben verloren geben um Jesus und des Evangeliums willen.

Eine solche Umkehr des eigenen Wertesystems öffnet den Blick, wofür es sich lohnt, zu leben, und setzt so seelische Energien frei. Andererseits bedeutet die Erfahrung, in der mir eine neue Dimension des Daseins »aufgeht« auch, Abschied zu nehmen von dem, was meinem Leben bis jetzt Sinn und Gewißheit gegeben hat. Und das kann sehr schmerzlich sein. Darüberhinaus kann die Angst vor den Konsequenzen des inneren Weges und ihren Unwägbarkeiten einen Menschen daran hindern, sich mit ganzem Einsatz auf den persönlichen Weg der Nachfolge zu machen. Darum ist der Ausblick auf das Kommen des Menschensohnes (Mk 8,38) wichtig. Von einer solchen Vision her kann sich die Angst relativieren.

Die Entscheidung, dort zu sein, wo Jesus ist, kann letztlich nur jemand riskieren, ohne Schaden zu nehmen, wenn eine entsprechende Persönlichkeitsreife vorhanden ist. Wer nicht gelernt hat, sich selbst zu bejahen und sein Leben selbst in die Hand zu nehmen, darf solch einen Schritt nicht tun.

3. Die beiden folgenden Fragen (V. 36 f.) wollen bewußt machen, welche Einstellung und Dynamik das Leben von innen her aushöhlen und zerstören. Wer darauf aus ist, seine Lebenseinstellung auf Kosten anderer durchzusetzen, vertut die Chance, daß sein Leben sich erfüllt. Wer andere zum Objekt seines Erfolgstrebens heruntermacht, verliert selbst seine Selbstachtung und Würde. Nichts kann diesen Verlust aufwiegen.

In Anlehnung an alttestamentliche Prophetenaussagen, die den Abfall von Jahwe beschreiben (Jes 57,3 ff.; Ez 16,32 ff; Hos 2,4 f. u. a.), charakterisiert Jesus dann das Milieu, in dem Jüngerschaft sich zu bewähren hat, nicht weniger schmeichelhaft. Wer innerhalb dieses Milieus nicht zu ihm und seinen Worten steht, zerstört die gemeinsame Beziehung. Wer es vorzieht, sich nach den Spielregeln derer auszurichten, die ihr Leben »festhalten«, darf nicht damit rechnen, daß der Menschensohn sich zu ihm bekennt, »wenn er kommt in der Herrlichkeit seines Vaters mit den heiligen Engeln« (V. 38). Mit dieser Formulierung hat Markus nicht nur die Identität von Menschensohn und Jesus auf den Gottessohn ausgedehnt, sondern zugleich seine Gottessohnchristologie mit der Erwartung auf die Gottesherrschaft verknüpft: Mit Jesus, dem Gottessohn, ist nicht nur die Gottesherrschaft angebrochen (Mk 1,14 f.), sondern sie wird sich mit seinem Wiederkommen endgültig durchsetzen.

Wer sich als Jünger Jesu versteht und all dies (V. 34–38) noch nicht bedacht hat, dem wird eine neue Entscheidung abverlangt.

4. Das Amen-Wort (Mk 9,1) leitet von der Jüngerunterweisung zur Verklärungsgeschichte über. Es dürfte auf dem Hintergrund der Parusieverzögerung zu verstehen sein, die viele der ersten Christen als Problem beschäftigte. Ursprünglich waren sie wohl der Überzeugung, daß alle die endgültige Ankunft der Gottesherrschaft »in Macht« noch erleben würden. Diese Erwartung war ein Hauptmotiv, sich dem Aufruf in die Kreuzesnachfolge anzuschließen. Markus scheint diese termingebundene Naherwartung nicht geteilt zu haben. Wenn er der Jüngerunterweisung die Verklärung Jesu mit den drei auserwählten Zeugen folgen läßt, dann sieht er möglicherweise die Zusage des Amen-Wortes an diesen drei Jüngern erfüllt. Sie durften den Einbruch des Himmels »auf einem hohen Berg« schon schauen (Mk 9,9).

Die Verklärung Jesu
Mk 9,2–13

2 Und nach sechs Tagen, nimmt Jesus den Petrus und den Jako-
bus und den Johannes mit sich und bringt sie hinauf auf einen
hohen Berg, sie für sich allein. Da wurde er verwandelt vor ihnen
und 3 seine Kleider wurden strahlend weiß, so sehr, wie ein Wal-
ker auf Erden sie nicht so weiß machen kann. 4 Und sehen ließ
sich vor ihnen Elija mit Mose, und sie sprachen mit Jesus. 5 Und
Petrus antwortet und sagt zu Jesus: Rabbi, gut ist es, daß wir hier
sind! So laßt uns drei Zelte machen, dir eins, Mose eins und Elija
eins! 6 Er wußte ja nicht, was er antworten sollte, denn Schrek-
ken war in sie gefahren. 7 Und es geschah: eine Wolke über-
schattete sie, und eine Stimme kam aus der Wolke: Dies ist mein
Sohn, mein geliebter. Hört auf ihn! 8 Und plötzlich, wie sie um
sich blickten, sahen sie niemand als Jesus allein, an ihrer Seite. 9
Und als sie vom Berg herabstiegen, befahl er ihnen, keinem
sollten sie, was sie gesehen, erzählen, erst wenn der Menschen-
sohn von den Toten auferstanden sei. 10 Und das Wort hielten sie
fest und fragten einander, was das sei: von den Toten auferste-
hen. 11 Und sie fragten ihn und sagten: Warum sagen die Schrift-
gelehrten: Elija muß zuerst kommen?
12 Er aber sagt ihnen: Elija – wohl kommt er zuerst, und stellt al-
les wieder her; doch wieso steht über den Menschensohn ge-
schrieben, er solle viel leiden und für nichts geachtet werden? 13
Doch ich sage euch: Auch Elija ist gekommen, doch sie haben
mit ihm gemacht, was sie wollten, wie geschrieben ist über ihn.

Es fällt auf, daß Markus an drei markanten Stellen seines Evangeliums, und zwar am Anfang nach der Taufe Jesu, am Ende nach dem Tod Jesu und hier in der Mitte nach der Verklärung Jesu die Sohn-Gottes-Bezeichnung bringt. Es sind auch die einzigen Szenen, die von außergewöhnlichen Zeichen und Symbolen begleitet werden. Damit unterstreicht er ihre Bedeutung für das Verständnis des Christusgeheimnisses. Sie sagen etwas Entscheidendes, das sich nur bildhaft Ausdruck verschaffen kann. Zugleich verbindet Markus das Verklärungsgeschehen eng mit der vorausgehenden Leidensankündigung und Jüngerbelehrung. So interpretiert er das Vorausgehende und das Nachfolgende im Licht des Vorausgegangenen. Kreuz und Herrlichkeit sind wie die beiden Brennpunkte eines geheimnisvollen Kristalls, von dessen Licht sich unser Leben erfassen und verwandeln lassen soll.

Die Bedeutung dieser Perikope wird noch dadurch hervorgehoben, daß Jesus hier jene drei vertrauten Jünger auswählt, die er immer dann bei sich hat, wenn es um die Vermittlung tiefster Geheimnisse geht (Mk 5,37; 14,33; vgl. auch 13,3).

1. »Und nach sechs Tagen nimmt Jesus den Petrus, Jakobus und Johannes mit sich und führt sie auf einen hohen Berg, sie für sich allein.«

Immer wieder hören wir in den Evangelien davon, daß Jesus sich von Zeit zu Zeit mit einigen Jüngern oder allein in die Einsamkeit mit Gott zurückgezogen hat. Er hat dieses lebensnotwendige »Gesetz« aktiver Distanz beachtet, um unter den vielen Stimmen und Bewegungen des eigenen Herzens das Wort des Vaters zu vernehmen. Er hat diesen »Raum« der Stille und des Schweigens gesucht, um dem Wort des Vaters verfügbar zu bleiben.

Indem nun die Jünger für einige Zeit alles hinter sich lassen und mit Jesus allein »auf den Berg« gehen, scheint für einen Augenblick seine »Herrlichkeit« auf. Nach der »offenen Rede« über seine bevorstehende Passion und ihre Konsequenzen für sie, wird ihnen plötzlich die Erfahrung eines alles verwandelnden Lichtes zuteil. Der Einbruch des Himmels gilt zunächst Jesus selbst. Dieser Augenblick auf dem »Berg« wird ihm die Kraft geben, der Finsternis von Gethsemani und Golgotha (Mk 15,33) standzuhalten. Angesichts des eigenen Todes wird ihm die Gewißheit zuteil, niemals aus der Nähe Gottes herauszufallen. Die Jünger erleben dann, wie Jesus mit den beiden großen Gestalten des alten Bundes Zwiesprache hält. Sie werden Zeugen einer Verklärung, die ihnen offenbart, aus welchen Quellen Jesus lebt. Markus sieht im **Mose** vermutlich **das** Vorbild Jesu. Mose hatte das Gottesvolk aus dem »Haus der Knechtschaft« befreit. Seit seiner Berufung am brennenden Dornbusch hatte in ihm die Hoffnung gelebt, das Volk aus einer Welt voller Angst und Abhängigkeit, aus Ohnmacht und Erniedrigung herauszuführen. Trotz heimtückischer Widerstände von außen und von innen, hat er mit seinem Volk die Strapazen der Wüste, die vielen Stationen von Enttäuschung, Mühsal und Vergeblichkeit eines fast endlos scheinenden Weges aufsichgenommen – bis sie zum Ort ihrer Bestimmung gelangten und das Land der Verheißung zum Greifen nahe vor ihnen lag. In einsamem Ringen mit Jahwe mußte er dann Abschied nehmen von einer Vision, die ihn vor langer Zeit auf den Weg gebracht und die auch in den dunkelsten Stunden ihre Kraft nie ganz verloren hatte. Der tödliche Schmerz des Abschieds klingt noch nach in den Worten:

»So sterbe ich in diesem Land, ohne den Jordan zu überschreiten. Ihr aber zieht hinüber, um dieses herrliche Land in Besitz zu nehmen« (Dtn 4,22). Mose hat erfahren, was es kostet, sich ganz auf Jahwe zu verlassen. So wird sein Leben in die Hoffnung getaucht, daß seinem gehorsam sich fügenden »Ja« im Tod das schöpferische »Ja« Gottes über den Tod hinaus entgegenkommt. Im Grunde gehört das, was das Leben des Mose uns zu sagen hat, zum Lebensnotwendigen: keine Mühe und Strapazen zu scheuen, um mit anderen den langen Weg in die Freiheit zu gehen, auch wenn wir selbst nicht mehr den Boden der Verheißung betreten.

Seit Mal 3,23 erwartete man den Propheten **Elija** kurz vor Anbruch der Endzeit. Markus scheint in ihm den messianischen Vorläufer Jesu zu sehen. Er nennt ihn noch vor Mose und betont damit, daß Jesus die Endzeit heraufführt. Mit dieser feurigen Gestalt verbindet sich vor allem seine Leidenschaft für Jahwe, sein Kampf gegen Baal, der immer von neuem das Glück der Menschen zerstört. Elija hat erfahren, was es heißt, wenn man Menschen ihre Götter zerstört. Welcher Angst und ratlosen Einsamkeit, welchen Schuldgefühlen man sie dann ausliefert, aber auch welch furchtbarer Haß auf einen selbst zurückschlagen kann. Noch eindrucksvoller als der Erfolg auf dem Karmel scheint Jahwes Treue zu seinem Propheten, wie er ihn aus der tiefsten Krise seines Berufs (und seines Gottesbildes) bis zu den Wurzeln seines Glaubens zurückführt. Dort am Gottesberg Horeb erfährt er Jahwe als »Stimme verschwebenden Schweigens« (M. Buber), als den ganz Anderen. Am Ursprung seines Volkes wird er erneut von Jahwe zum Propheten bestellt, und er kehrt mit einem geläuterten Gottesbild und einer neuen Gewißheit seiner selbst zurück. – Was es heißt, wenn Jesus mit Mose und Elija spricht, können diese kurzen Skizzen vielleicht andeuten.

2. Die Jünger können noch nicht erfassen, was sie schauen. Sie sind bis zur Selbstvergessenheit glücklich, wenn sie in diesem Augenblick drei Hütten bauen wollen für Jesus, Elija und Mose. Doch die Erfahrung, Gott so nahe zu sein, läßt sich nicht festhalten. Es ist schwer, ein solches Erlebnis als Verheißung anzunehmen und ihr ein Leben lang treu zu bleiben. Es scheint oft über unsere Kräfte zu gehen, in den vielen Stationen von Vergeblichkeit und Leere, von Sinnlosigkeit und Enttäuschung diese Verheißung noch am Werk zu sehen. Auch das Glück einer überwältigenden Glaubenserfahrung wie dieser kann sich eines Tages aufbrauchen in einer Umwelt spürbarer Gottesferne.

Die Furcht, die alle drei Jünger überfällt, kann das Erschaudern vor dem Geheimnis göttlicher An-wesenheit bedeuten. Vielleicht aber kommt hier auch schon ihre Angst vor dem Geheimnis der Passion ins Spiel, das Unverständnis, ihre Erfahrung von Herrlichkeit mit der Notwendigkeit des Leidenmüssens in Verbindung zu bringen. Es wird noch ein langer und schmerzlicher Prozeß sein, bis sie entdecken, daß aus dem Glück eines solchen Augenblicks die Gewißheit entsteht, das Leben selbst für unsterblich zu halten.

3. »Und es kommt eine Wolke und überschattet sie«. Gottes Gegenwart umfängt die Jünger. Nachdem sie die Herrlichkeit Jesu geschaut haben, erleben sie nun die Manifestation seines Wesens: »Dieser ist mein geliebter Sohn, auf ihn sollt ihr hören!« Die Stimme aus der Wolke sagt also den Jüngern auch, wie das Geheimnis seiner Herrlichkeit in ihrem Leben präsent bleiben kann: Indem sie auf ihn hören, bleiben sie mit ihm verbunden – durch alle Vergeblichkeit und Enttäuschung, durch alles Scheitern hindurch. Die Jünger werden damit wieder auf ihren Alltag verwiesen, den es meist ohne Zeichen von Herrlichkeit zu bewältigen gilt. Was ihnen bleibt, ist »Jesus allein«, die Orientierung an dem, dessen Herrlichkeit sie geschaut haben: »Und plötzlich, als sie um sich blicken, sehen sie niemand außer Jesus allein mit ihnen«. Noch sind sie weit davon entfernt, das angekündigte Leidensgeheimnis (Mk 8,31) mit der geschauten Herrlichkeit in Einklang zu bringen. Dennoch – sie müssen vom Berg der Verklärung wieder zurück in die Tiefen menschlicher Not und Ungewißheit. Echte Gottesbegegnung drängt zurück in die Ebenen, wo gelebt, gefeiert, gelitten und gestorben wird. Dort soll sich die geschaute Herrlichkeit bewähren. Ob wir durchs Feuer göttlicher Nähe gegangen sind, werden die Menschen daran erkennen, wie wir von irdischen Dingen reden und wie wir mit irdischen Dingen umgehen ...

Einen Tag vor seiner Ermordung sagte Martin Luther King in Memphis vor zweitausend Farbigen in einer Rede: »Ich verließ Atlanta heute morgen, und als das Flugzeug startete – wir waren sechs – sagte der Pilot über das Lautsprechersystem: ›Wir bedauern die Verspätung, aber wir haben Dr. Martin Luther King an Bord. Um sicherzugehen, daß alle Gepäckstücke überprüft werden, und um sicherzugehen, daß mit der Maschine alles in Ordnung ist, mußten wir alles sorgfältig prüfen.‹ Dann kam ich nach Memphis und einige berichteten mir von Drohungen oder von Gerüchten über Drohungen oder was mir von einigen unserer kranken, weißen Brüder zustoßen könnte. Nun, ich weiß nicht, was jetzt geschehen wird. Wir haben einige schwierige Tage vor uns, aber das kümmert mich jetzt nicht mehr. Ich bin auf dem Berggipfel gewesen.

Wie jeder andere möchte ich ein langes Leben leben. Es ist schon etwas dran an einem langen Leben. Aber ich sorge mich nicht mehr darüber. Ich möchte nur Gottes Willen ausführen. Der Herr hat mir erlaubt, den Berg zu besteigen. Ich habe hinuntergesehen, und ich sah das Gelobte Land. Vielleicht komme ich nicht mehr mit Euch dorthin. Aber ich möchte, daß Ihr heute nacht wißt, daß wir als Volk das Gelobte Land erreichen werden. Deswegen bin ich heute abend glücklich. Ich mache mir über nichts Sorgen. Ich fürchte niemanden. Meine Augen haben die Glorie der Ankunft des Herrn gesehen.«

Die Heilung des besessenen Jungen
Mk 9,14–29

[14] Und als sie (wieder) zu den (anderen) Jüngern kamen, sahen
sie viel Volk um sie her und Schriftgelehrte, die mit ihnen strit-
ten. [15] Und gleich, als die vielen Leute ihn sahen, erschraken sie,
kamen auf ihn zugelaufen und begrüßten ihn. [16] Er fragte sie:
Was streitet ihr gegen sie? [17] Da antwortete ihm einer aus dem
Volk: Meister, ich habe meinen Sohn zu dir gebracht – er hat ei-
nen sprachlosen Geist; [18] und wo immer der ihn packt, reißt er
ihn hin und her, und er schäumt und knirscht mit den Zähnen und
wird ganz starr. Und ich habe deinen Jüngern gesagt, sie sollten
ihn austreiben, doch sie konnten es nicht. [19] Er aber gibt ihnen
zur Antwort und sagt: O (ihr) ungläubiges Geschlecht, wie lange
noch soll ich bei euch sein? Wie lange noch soll ich euch ertra-
gen? Bringt ihn zu mir! [20] Und sie brachten ihn zu ihm. Sobald
der Geist ihn sah, gleich krampfte der ihn zusammen, und er fiel
auf die Erde und wälzte sich schäumend (am Boden). [21] Da
fragte er seinen Vater: Wie lange ist es (schon) her, daß dies ihm
geschieht? Der sagte: von Kind an! [22] Und oft hat er ihn ins Feu-
er geworfen oder auch ins Wasser, um ihn zu vernichten. Aber
wenn du etwas vermagst, hilf uns, aus Erbarmen mit uns! [23] Je-
sus aber sagte ihm: Das »Wenn du vermagst« – alles ist möglich,
dem, der glaubt. [24] Gleich schrie der Vater des Kindes auf und
sagte: Ich glaube! Hilf meinem Unglauben! [25] Als aber Jesus sah,
daß das Volk zusammenläuft, fuhr er den unreinen Geist an und
sagt ihm: Stummer und tauber Geist, ich gebiete dir: Ausfahre
aus ihm und nie mehr fahre hinein in ihn. [26] Und der schrie auf
und zerrte ihn heftig hin und her und fuhr aus. Und er wurde wie
tot, daß die meisten sagten: Er ist gestorben. [27] Jesus aber ergriff
seine Hand und richtete ihn auf, und er stand auf. [28] Und als er
ins Haus gekommen, unter sich, fragten die Jünger ihn: Warum
vermochten wir ihn nicht auszutreiben? [29] Und er sagt ihnen:
Diese Art kann durch nichts herauskommen, außer durch Gebet.

1. Jesus kehrt mit seinen drei Begleitern zu den übrigen Jüngern zurück. Er findet sie von einer großen Menschenmenge und von Schriftgelehrten umgeben, die sich mit ihnen herumstreiten. Jesus ergreift die Initiative und fragt nach dem Grund der Auseinandersetzung. In seiner Abwesenheit hatten die Jünger versucht, einen kranken Jungen zu heilen, ihn von einem »stummen und tauben Geist« zu befreien. Dabei hatten sie ihre Machtlosigkeit zu spüren bekommen. Enttäuscht sagt der Vater des Jungen zu Jesus: »Sie aber hatten nicht die Kraft dazu!«

Auf dieses Unvermögen richtet sich Jesu Ausruf. Er sieht ihre Unfähigkeit zu heilen in ihrem Unglauben begründet. Seine Frage »Wie lange soll ich noch bei euch sein, wie lange euch noch ertragen?« weist auf sein Ende hin und deutet den Unglauben als die tiefste Ursache seines Leidens. Es ist aber nicht auszuschließen, daß Jesus mit dem »ungläubigen Geschlecht« auch die Schriftgelehrten meint, die mit ihrer zwanghaften Lebenseinstellung von Anfang an sein öffentliches Wirken argwöhnisch verfolgen und auf jede Mehrung des Lebens mit Ablehnung und schließlich mit Haß reagieren (Mk 3,1–6).

2. Jesus fordert die Umstehenden auf, den kranken Jungen zu ihm zu bringen. Die Nähe Jesu führt zunächst zu einem erneuten Ausbruch der lebensgefährlichen Krankheit und offenbart das ganze Ausmaß dieser menschlichen Tragödie. Vielleicht will diese Erzählung damit auch sagen, daß Gottes Gegenwart (größere) Not bedeuten kann, bevor Heilung oder Rettung geschieht.

In der Bitte des Vaters ringen noch Zweifel und Vertrauen miteinander: »Wenn du es kannst, hilf uns und hab Erbarmen mit uns.« Die enttäuschende Erfahrung mit den Jüngern schwingt noch deutlich nach. Jesus greift die Spannung zwischen Zweifel und Vertrauen auf und konfrontiert den Vater mit seiner tieferen Not, so daß dieser aufschreit. »Alles vermag, wer glaubt« (vgl. Mk 10,27 und 11,23).

In der Begegnung mit Jesus wird ihm auf einmal seine eigene Haltung vor Gott ganz deutlich. Er erkennt, daß ihm das Vertrauen in die helfende Kraft Gottes fehlt, daß er wie sein kranker Sohn auf das Erbarmen Jesu angewiesen ist. Im Aufschrei artikuliert sich seine Hilflosigkeit: »Ich glaube, hilf meinem Unglauben!« Der Aufschrei des Vaters ist der dramatische Höhepunkt der Erzählung.

Es fällt auf, daß in dieser Heilungsgeschichte dem Vater die Hauptrolle zukommt – so, als hinge es von ihm ab, ob sein Sohn wieder gesund wird. Vermutlich will Markus damit andeuten, daß die innere Zwiespältigkeit des Vaters möglicherweise die Hauptursache für die Erkrankung seines Jungen ist. Der Vater scheint zu spüren, daß es für seinen Sohn nur Heilung gibt, wenn er selbst zu einem unbedingten Vertrauen in Gott zurückfindet. Die Veränderung, die Jesus schließlich im Vater bewirkt, ist als das eigentliche Wunder anzusehen: Dieser Mann beteuert seinen Glauben und bittet Jesus, diesen Glauben zu bestärken. So wird er fähig, seine Einstellung gegenüber seinem Sohn zu ändern.

3. Die Gegenwart Jesu hat das Böse ans Licht gebracht. Sie hat das Dämonische offenbart, das den Menschen fesselt und quält. Die Jünger, der kranke Junge und sein Vater – sie alle sind in der Gewalt des »unreinen Geistes«. Er hat sie alle »stumm und taub« – machtlos gemacht. Die Befreiung von der Macht des Bösen, die Heilung von der Krankheit des Unglaubens geschieht nicht ohne Kampf. Jesu Wort – »kraftvoll und schärfer als jedes zweischneidige Schwert; es dringt durch bis zur Scheidung von Seele und Geist, von Gelenk und Mark; es richtet über die Regungen und Gedanken des Herzens«. (Hebr 4,12)

Wenn ich Jesu Wort bis in die unerlösten Räume meines Herzens dringen lasse, werde ich seine Macht über Krankheit und Unglaube in mir erfahren, auch wenn ich dabei heftig hin und her gerissen und zu Boden geschleudert werde. In dieser Erzählung wird bis zum äußersten um den **Glauben an Jesus** gerungen. Mit Worten, die an Auferstehung erinnern, kehrt der geheilte Junge zum Leben zurück: »Jesus aber ergriff seine Hand und richtete ihn auf *(égeiren)* und er stand auf *(ànéste)*.«

4. Ein Gespräch Jesu mit den Jüngern »im Hause« schließt die Geschichte ab. Es ist bei Markus der bevorzugte Ort der Jüngerbelehrung. Das »für sich« *(kat' idían)* unterstreicht noch den persönlichen Charakter der Unterweisung. Sie faßt die Geschichte im Blick auf die Jünger zusammen. Offenbar handelt es sich bei dem todbringenden »unreinen Geist« um eine Macht über den Menschen, die nur durch Gebet bezwungen werden kann. Die Gethsemani-Geschichte (Mk 14,32–42) bringt denselben Grundgedanken: wie Jesus betend in seine Passion geht und so die Macht des Bösen bricht, so sollen auch seine Jünger in der betenden Verbundenheit mit Gott die Macht des Bösen über den Menschen vertreiben, und nur so »können« sie es.

Die zweite Frage nach dem Leben oder die zweite Ankündigung von Leiden, Tod und Auferstehung
Mk 9,30–37

30 Und von dort gingen sie hinaus und zogen durch Galiläa, doch
er wollte nicht, daß jemand es erfahre. 31 Denn er lehrte seine
Jünger und sagte ihnen: Der Menschensohn wird ausgeliefert in
Menschenhände, und sie töten ihn, und wenn er tot ist, nach drei
Tagen wird er auferstehen. 32 Sie aber verstanden das Wort nicht
und fürchteten sich, ihn zu fragen.
33 Und sie kamen nach Kapharnaum. Und als er im Haus war,
fragte er sie: Was habt ihr unterwegs besprochen? 34 Sie aber
schwiegen. Miteinander nämlich hatten sie unterwegs darüber
geredet, wer der Größte sei. 35 Da setzte er sich, rief die Zwölf
und sagt ihnen: Wenn einer Erster sein will, soll er von allen der
Letzte sein und aller Diener. 36 Und er nahm ein Kind, stellte es
in ihre Mitte und umarmte es und sagte ihnen: 37 Wer solch ein
Kind aufnimmt in meinem Namen, mich nimmt er auf; und wer
mich aufnimmt, nicht mich nimmt er auf, sondern den, der mich
gesandt hat.

1. Jesus ist mit seinen Jüngern unterwegs durch Galiläa. Er will unerkannt durchs Land ziehen, um sie erneut mit den Folgen seiner Entscheidung bei Caesarea Philippi zu konfrontieren. Das Ende in Jerusalem rückt deutlicher ins Blickfeld: »Der **Menschen**sohn wird in **Menschen**hände ausgeliefert, und sie töten ihn. Doch wenn er getötet ist, wird er nach drei Tagen auferstehen.« Auch diesmal bezeichnet Markus die Leidensankündigung und die Verheißung seiner Auferstehung als »Lehre«. Was ist das für eine Lehre? Was macht sie so unverständlich?

Wir entdecken nirgendwo im Evangelium, daß Jesus leiden wollte, am wenigsten »freiwillig«. Er ist möglichen Anschlägen der Pharisäer und Herodianer aus dem Weg gegangen. Jesus wollte, daß die Menschen zu ihrem Wesensbild zurückfinden. Seine Botschaft von Gott, sein heilendes Handeln an den vielen Menschen sollte in ihnen die Vision vom Menschensohn wachrufen, endlich so zu leben, wie Gott es mit jedem einzelnen gemeint hat. Aber was hindert Menschen daran, ihrem eigenen Weg zu folgen? Wie ist der Widerstand zu erklären, die notwendigen Schritte von der Krankheit zur Heilung, von der Schuld zur Vergebung, von der Selbstentfremdung in die Freiheit zu gehen? Welche Ängste melden sich, wenn jemand einem Menschen begegnet, der so »menschlich« ist wie Jesus? Trotz aller Widerstände und entgegen allen Ausbrüchen von Angst bleibt Jesus seiner Vision vom Menschensohn treu. Er vertraut darauf, daß in seiner Passion der Durch-bruch zum LEBEN geschieht und Gott das letzte Wort über sein Leben behält. Nur deshalb nimmt er sein Leiden und seinen Tod an. Nur deshalb geht er mit solcher Entschiedenheit seinen Weg nach Jerusalem. Doch die Jünger verstehen nicht, worum es Jesus geht, und sie fürchten sich, ihn zu fragen. Vielleicht will Markus damit andeuten, daß sie sich (auch) gegen die Ahnung ihrer Schicksalsgemeinschaft mit Jesus auflehnen.

2. Ihr fortdauerndes Unverständnis spiegelt sich auch in ihrem Verhalten wider: Als sie nach Kafarnaum kommen und wieder zuhause sind, fragt Jesus die Jünger: »Worüber habt ihr unterwegs gestritten?« Sie schweigen betroffen, denn sie hatten auf dem Weg (nach Jerusalem) miteinander gestritten, wer von ihnen der Größte sei ... Jesu Frage offenbart die Gegensätzlichkeit seiner und ihrer Lebensziele. Wie in der Synagoge (Mk 3,4) die Pharisäer und Herodianer, so bringen hier die Jünger durch ihr Schweigen zum Ausdruck, wie weit sie innerlich von ihm entfernt sind. Worum geht es euch? Welche Lebenseinstellung ist für euch kennzeichnend? Bewege ich mich auf dem Markte des Lebens so, als seien Lebens-sinn und menschliche Größe käuflich und machbar? Habe ich Angst, daß mir etwas entgehen könnte, bevor ich von der Tafel des Lebens abberufen werde? Ist es mir schon einmal zur bitteren Gewißheit geworden, daß alles, was ich zu meiner Selbstbestätigung mobilisiere, zu mir zurückkehrt wie ein Bumerang, der sein Ziel verfehlt hat?

Zu menschlicher Größe kann nur wachsen, wer sich auf etwas ausrichtet, das nicht wieder er selbst ist. »Der eigentliche Lebenssinn ... entdeckt sich uns, wenn wir den Forderungen in unserem Innern in klarer Einsicht und Beharrlichkeit nachkommen. Er allein kann unserem Einsatz und Wirken den Charakter der Unbedingtheit, der Einheit und der Fülle geben, trotz aller Gebrechlichkeit, Unvollkommenheit und menschlicher Bedingtheit« (Marcel Légaut).

Wie um seinen Worten besonderes Gewicht zu geben, setzt Jesus sich und sagt den herbeigerufenen Zwölf: »Wenn einer der Erste sein will, werde er der Letzte von allen und der Diener von allen!«

3. Jesus verdeutlicht seine Antwort auf den Streit der Zwölf um menschliche Größe mit einer Zeichenhandlung: Er ruft ein Kind herbei, stellt es in ihre

(der Jünger) Mitte und umarmt es. In der liebenden Hinwendung zu den Kleinen, im Aufschauen zu denen, die (noch) nicht zählen, in der Erwartung, bei ihnen etwas zu entdecken, das ursprünglicher und Gott näher ist, wird menschliche Größe sichtbar. Aber unser Verstehen und Empfinden bemißt menschliche Größe für gewöhnlich nach der Rennstrecke, die zwischen Erfolg und Mißerfolg entscheidet. Auf diese mörderische Bahn lassen viele sich aus Angst und Minderwertigkeitsgefühl treiben und müssen dann meistens irgendwann aufgeben. Es braucht oft sehr lange, bis einer sich von der Erfahrung einholen läßt, daß auch im äußersten Mißerfolg, im Scheitern sein Leben reifen und sich erfüllen kann.

Während also die Jünger noch den Gedanken nachhängen, worin einer den anderen übertrifft, sehen sie sich plötzlich einem von der Straße herbeigerufenen Kind gegenüber. Und im Hin-blick auf dieses Kind versichert ihnen Jesus, daß Gott ihnen nahe ist, wenn sie dem Unbedeutenden und Unfertigen bei sich Raum geben. Sie können nur »groß« sein, wenn sie das bei sich selbst annehmen und dann auch beim anderen gelten und leben lassen, was noch unvollkommen, aber doch lebendig ist; wenn sie bei sich nicht verachten, was noch unansehnlich ist; wenn sie bei sich nicht ablehnen, was noch keine rechte Gestalt hat.

Um zum Geist des Kindseins zurückzufinden, braucht es eine Umkehr des Herzens. Die Jünger sind dazu noch nicht fähig. Nur wer sich diesem Ursprung wieder nähert, kann zu jener Größe wachsen, die Madeleine von Jesus so beschreibt: »Man muß erwachsen und mannhaft sein, um ohne Gefahr völlig Kind sein zu können, so wie man stark sein muß, um unendlich zart sein zu können, weise, um ein Tor sein zu dürfen.« Es darf nicht übersehen werden, daß der Weg nach Jerusalem ein Weg zum LEBEN ist, eine Entscheidung, dem größeren LEBEN zu dienen.

Der Außenseiter
Mk 9,38–41

38 Sagte zu ihm Johannes: Meister, wir sahen einen in deinem
Namen Abergeister austreiben, und wir versuchten, ihn zu hin-
dern, weil er uns nicht folgte. 39 Jesus aber sagt: Hindert ihn
nicht. Denn es gibt keinen, der einen Machterweis auf meinen
Namen hin wirken und so schnell mich schlecht machen könnte.
40 Ja, wer nicht gegen uns ist, für uns ist er. 41 Denn wer euch zu
trinken gibt einen Becher mit Wasser im Namen, daß ihr zum
Messias gehört, amen, ich sage euch: nicht wird er seinen Lohn
zugrunde richten.

Dieser Abschnitt gehört wie der folgende (Mk 9,42–50) noch zu der Jünger-unterweisung im Haus von Kafarnaum und bringt ein weiteres Beispiel für das Unverständnis der Zwölf. Sie streiten nicht nur um ihre Stellung untereinander, sondern halten sich auch **allein** für berechtigt, im Namen Jesu Menschen von krankmachenden Kräften und zerstörerischen Mächten zu befreien.

1. Johannes erzählt von einem fremden Exorzisten, der unter Anrufung des Namens Jesu Dämonen austrieb. Die Jünger versuchten, ihn daran zu hindern, den Namen Jesus für seine heilende Tätigkeit in Anspruch zu nehmen.

In dieser Schilderung spiegelt sich das Problem des Jüngerkreises bzw. der jungen Gemeinde(n), wie sie sich Leuten gegenüber verhalten sollen, die zwar irgendwie Namen und Evangelium Jesu aufnehmen, aber nicht zu ihnen gehören wollen. Die Reaktion der Jünger zeigt jedenfalls, daß sie solche Randsiedler nicht dulden, auch wenn jemand, wie dieser Fremde, Menschen von schlimmsten Krankheiten heilt und sich dabei ausdrücklich auf Jesus beruft.

Jesus aber ist ein Denken in diesen Abgrenzungen und institutionalisierten Zugehörigkeiten fremd. Er lehnt eine solche Mentalität ab und fordert seine Jünger auf, den Außenseiter gewähren zu lassen. Wenn jemand sich auf die Macht seines Namens beruft, wird er ihnen nicht feindselig gesonnen sein. Er kann als Sympathisant gelten. Jesus geht noch darüber hinaus und betrachtet jeden, der ihnen nicht als Feind gegenübersteht, als Sympathisanten: »Wer nicht gegen uns ist, für uns ist er.« Großzügigkeit und Wohlwollen schaffen eine Atmosphäre gegenseitiger Wertschätzung und ermöglichen einen Raum der Annäherung. Ein christlicher Papyrus, der das Jesuslogion zitiert, fährt fort mit dem Satz: »Wer heute fern ist, wird euch morgen nahe sein«. Aus Jesu Einstellung gegenüber den Außenseitern und Randsiedlern spricht das Verlangen, daß alles, was dem Menschen zum Heil ist, ihm auf jedem nur möglichen Weg zukommen soll, auch wenn dies außerhalb der unmittelbaren Zugehörigkeit zum Jüngerkreis bzw. zur Gemeinde geschieht.

2. Bei aller vorausgegangenen Kritik zeigt der letzte Vers etwas von der Wertschätzung, die der Jünger Jesu in den Augen Gottes hat. Wer immer einen von ihnen einen Becher Wasser gibt, weil er zu Christus gehört – seine unscheinbare Hilfe wird bei Gott nicht in Vergessenheit fallen. Die Jünger sind bei ihrem missionarischen Wirken auf die Sympathie und Unterstützung der vielen angewiesen, die nicht ausdrücklich zu ihnen gehören.

Bei dem Rangstreit der Jünger um menschliche Größe und ihrer Intoleranz gegenüber Außenstehenden macht der Evangelist noch auf etwas aufmerksam, das ganz wesentlich zur Frohbotschaft gehört: das **Kind,** das noch nicht zählt und in Jesu Namen aufgenommen wird, der fremde **Exorzist**, der auf die Macht Jesu vertraut, ohne sich seinen Jüngern anzuschließen, **Unbekannte**, die Bedürftigen eine kleine Wohltat erweisen, weil sie zu Christus gehören, selbst aber nicht zum Kreis der Jünger zählen, – sie alle stehen außerhalb der Gemeinde und doch wird in ihnen etwas sichtbar von der Gegenwart des Reiches Gottes.

Ärgernisse
Mk 9,42–50

42 Und wer einen dieser Kleinen, die – an mich – glauben, Är-
gernisse gibt, besser wäre es für ihn, wenn ein Eselsmühlstein
um seinen Hals gelegt und er ins Meer geworfen wäre. 43 Und
wenn deine Hand dir Ärgernis gibt, hau sie ab! Besser ist es, du
gehst verkrüppelt ins ewige Leben ein, als daß du mit beiden
Händen abgehst in die Hölle, ins unauslöschliche Feuer, (44 wo
ihr Wurm nicht stirbt und das Feuer nicht erlischt).
45 Und wenn dein Fuß dir Ärgernis gibt, hau ihn ab! Besser ist
es, du gehst hinkend ins ewige Leben ein, als daß du mit beiden
Füßen in die Hölle geworfen wirst, (46 wo ihr Wurm nicht stirbt
und das Feuer nicht erlischt).
47 Und wenn dein Auge dir Ärgernis gibt, reiß es aus! Besser ist
es, du gehst einäugig in das Königtum Gottes ein, als daß du mit
zwei Augen in die Hölle geworfen wirst, 48 wo *ihr Wurm nicht*
stirbt und das Feuer nicht erlischt.
49 Denn jeder wird mit Feuer gesalzen werden. 50 Gut ist das
Salz! Wenn aber das Salz unsalzig wird, womit wollt ihr es dann
würzen? Habt in euch Salz – und haltet Frieden untereinander.

Die folgende Spruchsammlung bildet den Abschluß der Jüngerunterweisung im Haus von Kafarnaum. Als verbindendes Stichwort zieht sich durch die Jesuslogien der Begriff des Ärgernisses (*skándalon).*

1. »Wer einem von diesen Kleinen, die glauben, Ärgernis gibt ...«. Mit den Kleinen sind die Gläubigen gemeint, die keine Bedeutung in der Gemeinde haben und übersehen werden. Zu ihnen mögen auch jene gehören, die aus einer gewissen Einfalt heraus manchen theologischen Erkenntnissen nicht folgen können. Sie sind den Jüngern zu besonderer Fürsorge anempfohlen. Deshalb warnt Jesus mit großer Eindringlichkeit davor, einem von diesen Gläubigen Anstoß zum Glaubensabfall zu geben. Wer durch sein Verhalten jemand um seinen Glauben bringt, für den wäre ein gewaltsamer Tod durch Ertränken im Meer besser als das, was ihn erwartet. Das für Juden schockierende Bild

will die um ihr Ansehen und ihre Stellung untereinander rangelnden Jünger aufschrecken und ihnen den Blick öffnen für die, die in den Augen Gottes besondere Wertschätzung verdienen. Statt Außenseitern das Recht streitig zu machen, Menschen in der Kraft Jesu von ihren Leiden zu heilen, sollen sie ihre liebende Aufmerksamkeit auf jene in der Gemeinde richten, die kein Ansehen haben oder gar verachtet werden.

2. Die folgenden Worte (V. 43. 45. 47) warnen in ebenso erschreckender Weise vor Ärgernissen, die die Jünger selbst zu Fall bringen können. Sie wollen den Jünger mit seiner eigenen Abgründigkeit und Versuchbarkeit konfrontieren und das Ziel vor Augen führen, um dessentwillen es sich lohnt, sich resolut von allem zu trennen, was der Gemeinschaft mit Gott im Weg steht. Das Abhauen von Hand oder Fuß oder das Ausreißen eines Auges haben nichts mit Leibfeindlichkeit zu tun. Sie sind auch keine Aufforderung zur Verdrängung und Desintegration. Als grell leuchtende, plakative Warnschilder sollen sie sich dem Bewußtsein des Jüngers tief einprägen und ihn davor bewahren, sich mit seinem Schatten nicht auseinanderzusetzen. Wer das destruktive Kräftepotential in sich unterschätzt, wird dadurch zu Fall kommen.

Die drei Verse schließen mit einem Zitat aus Jes 66,24. Das Bild vom Wurm, der nicht stirbt, und vom Feuer, das nicht erlischt, meint hier völlige Vernichtung. Dem Leben im Reich Gottes wird der endgültige Tod gegenübergestellt.

3. Rätselhaft scheint das Wort, daß jeder mit Feuer gesalzen werden soll. Das Salz hat würzende, reinigende und erhaltende Kraft. Es bewahrt vor Fäulnis. Das Feuer hat neben seiner vernichtenden auch läuternde Kraft. Vermutlich ist das Bildwort vom Feuer und Salz als Hinweis zu verstehen, daß jemand in der Nachfolge nur bestehen und reifen kann, wenn er von der »Wurzelbürste des Lebens« wie mit Salz eingerieben und wenn er wie durch Feuer hindurch davor bewahrt wird, menschlich und geistlich zu verkommen. Ein Jünger, der die Wachstumsgesetze menschlichen und geistlichen Reifens vernächlässigt, wird zum Ärgernis. Darum die Aufforderung Jesu: »Habt Salz in euch!« Die Bedeutung des Salzes bekommt hier noch einmal eine neue Nuance. Wahrscheinlich meint es das Wort, das die Jünger von Jesus empfangen haben und aus dessen Kraft sie ihr Leben und Wirken gestalten sollen. Auch die Thora wurde mit dem Salz verglichen, ohne das die Welt nicht bestehen kann. Die Jünger werden also davor gewarnt, das zur Wirkungslosigkeit verkommen zu lassen, was ihnen als Leben-erhaltende und Leben-fördernde Kraft anvertraut ist. In dieser Kraft werden sie auch fähig, Frieden untereinander zu halten. Damit führt Markus zum Ausgangspunkt zurück. Der Streit um Positionen entzweit, das Ernstnehmen menschlicher Gefährdungen schafft Frieden untereinander und stärkt die Jüngergemeinschaft.

Was Gott verbunden hat ...
Mk 10,1–12

[1] Und von dort stand er auf und kommt in das Gebiet von Judäa – und – jenseits des Jordan. Und wieder kommen Scharen bei ihm zusammen, und wie gewohnt, lehrte er sie, wieder.
[2] Und hinzu kamen Pharisäer und fragten ihn, ob es einem Mann erlaubt ist, (seine) Frau zu entlassen – um ihn zu versuchen (taten sie das). [3] Er aber gab ihnen zur Antwort und sagte: Was hat euch Mose geboten? [4] Da sagten sie: Gestattet hat Mose, einen Scheidebrief zu schreiben und zu entlassen. [5] Jesus aber sagte ihnen: Auf eure Herzenshärte hin hat er euch dieses Gebot aufgeschrieben. [6] Vom Anfang der Schöpfung aber *männlich und weiblich hat er sie gemacht;* [7] *deswegen wird der Mann seinen Vater und die Mutter verlassen – und seiner Frau anhangen –* [8] *und es werden die zwei zu einem Fleisch werden;* so daß sie nicht mehr zwei sind, sondern ein Fleisch. [9] Was also Gott zusammengefügt hat, das soll ein Mensch nicht trennen.
[10] Und im Hause fragten ihn wieder die Jünger danach. [11] Und er sagt ihnen: Wer seine Frau entläßt und heiratet eine andere, der bricht die Ehe mit ihr. [12] Und wenn sie ihren Mann entläßt und einen anderen heiratet, bricht sie die Ehe.

1. Jesus hält sich in Judäa auf, jenseits des Jordan. Scharen von Menschen sind wieder bei ihm versammelt. Während er zu den vielen spricht, kommen Pharisäer dazu und fragen ihn, ob es einem Mann erlaubt ist, seine Frau zu entlassen. Genau genommen lautet die Frage: Darf ein Mann seine Frau aus jedem beliebigen Grund entlassen oder nur in bestimmten Ausnahmefällen? Beide Auslegungen der Thora wurden im Spätjudentum vertreten. Die Pharisäer wollen also mit dieser Fangfrage Jesus zu einer öffentlichen Stellungnahme provozieren.

Diese Szene ist auf dem Hintergrund der Rechtlosigkeit zu sehen, mit der zur Zeit Jesu die Frau dem Mann in der Scheidungsfrage gegenüberstand. Das

Scheidungsrecht war ein Privileg der Männer. Wenn ein Mann seine Frau verstieß, hatte das für sie meist erhebliche soziale Folgen.

Jesus weiß um die Willkürmöglichkeiten, die dieses Herrschaftsrecht den Männern gegenüber »ihren« Frauen einräumt. Er weiß, wieviel Erniedrigung und Entwürdigung vielen Frauen zugefügt wird. Schon um 20 v. Chr. hat Rabbi Schammai mit seiner strengen Auslegung von Dtn 24,1 die Frauen vor den Männern schützen wollen.

2. Jesus entgegnet seinen schriftgelehrten Herausforderern, daß man Gesetze braucht, wenn die Liebe zu Ende geht und daß man Liebe mit keiner gesetzlichen Ordnung »regeln« kann. Damit entzieht er ihnen den Boden ihrer Argumentation und verweist sie auf den Ursprung, d. h. auf das Wesen des Menschen: »Als Mann und Frau hat er sie erschaffen« (Gen 1,27). Jesus will, daß seine Zuhörer den ursprünglichen Sinn ehelicher Liebe und Gemeinschaft wieder sehen lernen. Nur in einer Atmosphäre ohne Angst voreinander, in der Einheit mit Gott, sind Menschen zu einer Liebe fähig, die ihnen zum Segen und nicht zum Fluch wird. Nur wenn Menschen die Macht der Liebe, die allein von Gott ist, in ihr Herz einlassen, sind sie imstande, sich selbst und einen anderen Menschen mit ihrer ganzen Existenz zu bejahen. Dann bringen sie auch die Kraft auf, das Abenteuer eines gemeinsamen Weges zu wagen. »Als Mann und Frau hat er sie geschaffen«, als Menschen, die einander bedürfen, um ganz zu werden »und das Leben zu spüren als ein Geschenk der Gnade« (Drewermann). Vom Anfang der Schöpfung, von der ursprünglichen Ordnung Gottes her, gibt es kein Herrschaftsrecht eines Menschen über den anderen. An diesen »Anfang« möchte Jesus erinnern und damit deutlich machen, daß man mit gesetzlichen Regelungen Fragen des Herzens nicht erledigen kann. Er weiß, daß jedem Menschen die Erinnerung an diesen Ursprung möglich ist und daß in uns ein verborgenes Wissen lebt, »ein *Prinzip* der Wahrheit des Fühlens und Denkens«, was menschlich stimmt und was nicht.

Auf diese Weise eröffnet Jesus eine Perspektive, wie Menschen von der »Herzens-härte«, von der Gottesferne ihrer rechtlichen Praxis, von der heillosen Verfremdung ihres Herzens zurückfinden zu einer Haltung des Vertrauens, die dem »Anfang« entspricht. Er fordert die Pharisäer auf, sich zur Ordnung des Schöpfers zu bekehren: nicht was der Mann will, hat Geltung, sondern was Gott will; und Gott will die Einheit in der Liebe zwischen Mann und Frau. Diese Einheit darf niemand willkürlich zerstören.

Darum also verbietet Jesus dem Mann die Verstoßung seiner Ehefrau. Er will der legalisierten Willkür ein Ende machen. Sein Scheidungsverbot ist Ausdruck seiner Menschlichkeit.

3. Die Antworten, die Jesus zuhause im Kreis der Jünger auf ihre Fragen zur Ehescheidung gibt, scheinen im Kontext der vorausgegangenen Klarstellung für Menschen zu gelten, die zur Ordnung des Anfangs zurückgefunden haben. Wer dem Worte Jesu vertrauend sich den Ängsten gestellt hat, die ihn von seinem Ursprung trennen und das Glück seiner Liebe bedrohen, wird kaum noch einen Grund finden, das Band seiner Liebe irgendwann zu lösen. Erst im Rückgriff auf den Schöpfungsbeginn wird man die Ehe als ein Sakrament, als ein Zeichen des Vertrauens unter Menschen verstehen, die durch den Glauben aus der zerstörerischen Macht des Mißtrauens gegenüber dem gemeinsamen Leben erlöst wurden. Erst auf diesem Hintergrund wird der Anspruch der Unauflöslichkeit zu einer Verheißung der Geborgenheit, die einer dem anderen zu geben befähigt wird. Dieser Sinn ehelicher Liebe und Gemeinschaft kann durch nichts ersetzt werden.

Nachfolge als Orientierung am Kind
Mk 10,13–16

13 Und sie brachten zu ihm Kinder, damit er sie berühre, die Jünger aber fuhren sie an.
14 Als aber Jesus (das) sah, wurde er unwillig und sagte ihnen: Laßt die Kinder zu mir kommen, hindert sie nicht, denn ihresgleichen ist das Königtum Gottes.
15 Amen, ich sage euch, wer nicht das Königtum Gottes aufnimmt wie ein Kind, kommt nicht hinein.
16 Dann umarmte und segnete er sie, indem er ihnen die Hände auflegte.

Auf die Auseinandersetzung Jesu mit den Pharisäern über die Stellung der Frau in der Scheidungsfrage folgt die Auseinandersetzung mit seinen Jüngern über die Bedeutung der Kinder für das Reich Gottes. In beiden Fällen handelt es sich um Personengruppen, die in der gesellschaftlichen Rangordnung kaum Bedeutung hatte. Frauen wie Kinder gehörten zum Besitz des Mannes. Kinder werden zwar als Gabe Gottes geschätzt, aber hauptsächlich unter dem Gesichtspunkt der Nachkommenschaft; eine eigene Bedeutung haben sie noch nicht. Diese Einstellung zum Kind veranschaulicht ein Wort Rabbi Dosas ben Archinos: »Der Morgenschlaf, der Mittagswein, **das Geplauder mit den Kindern** und der Aufenthalt an Versammlungsorten der Menschen aus dem gemeinen Volk bringen den Menschen aus der Welt«. Erst wenn ein Jugendlicher zum »Sohn des Gesetzes« geworden und zur Beobachtung der Thora verpflichtet ist, gilt er etwas. Nur ein Gesetzeskundiger kann sich vor Gott Verdienst erwerben und so Anteil erhalten an der kommenden Welt. Kinder gehören also nach verbreiteter Ansicht zu den Letzten, mit denen man spricht.

1. Als nun irgendwelche Leute Kinder zu Jesus bringen wollen, damit er sie berühre, werden sie von den Jüngern schroff zurückgewiesen (*epitimao*). Die Jünger teilen offenbar die landläufige Geringachtung der Kleinen. Sie wollen verhindern, daß ihr Meister sich auch noch mit etwas so Belanglosem wie diesen Kindern befassen soll.

Jesus bemerkt, wie seine Jünger mit den Menschen umgehen, die zu ihm wollen. Mit einer Schärfe, die an die Auseinandersetzung mit Petrus bei Caesarea Philippi erinnert, weist er seine Jünger zurecht. Nur an dieser Stelle spricht das neue Testament vom Ärger, vom Unwillen Jesu (*àganákteo*). Es gibt bestimmte Einstellungen und Verhaltensweisen, die für ihn unerträglich sind. So auch hier. Die Kinder werden zu Jesus gebracht in der Erwartung, daß sie bei ihm willkommen sind. Es ist das noch ursprüngliche Vertrauen, mit dem Kinder auf Erwachsene zugehen können, jenes tragende Gefühl, jederzeit beachtet und angenommen zu sein. In der Welt der Erwachsenen haben die meisten die Erfahrung gemacht, daß sie nur etwas gelten, wenn sie bestimmte Fähigkeiten, Qualitäten und Leistungen vorzuweisen haben. Aufmerksamkeit und Zuneigung muß man sich erst verdienen. Diese Kinder aber haben noch nichts, was bei den Erwachsenen Geltung beanspruchen könnte. Deshalb ist es so unerläßlich, daß ihnen in der Zeit ihrer wehrlosen Abhängigkeit ein Vertrauen und eine Zuneigung entgegengebracht weden, die sie die Angst vor der Größe der Erwachsenen verlieren läßt. »Nur weniges wirkt schwerer in unserem Leben, als ein Kind zu entmutigen, zu enttäuschen, zu verschrecken und zu demütigen. Zur Selbständigkeit gelangen kann ein Kind nur, wenn es in einem Klima der Erlaubnis und der ehrlichen Bestätigung aufwächst, in dem seine Fähigkeiten zum Spielen, zum Beobachten, zum Überlegen, zum Sprechen, zum Probieren nach Möglichkeit gefördert werden ...

Einzig in der Haltung des Vertrauens gewinnt ein Kind genügend Halt, um seine Freiheit zu wagen« (E. Drewermann). Jesu Einspruch gegenüber seinen Jüngern ist also grundsätzlicher Art. Mit der Begründung »denn ihresgleichen gehört das Reich Gottes« wendet er sich gegen das theologische Verdienstdenken, gegen eine Leistungs- und Anspruchsmentalität durch Erfüllung der Thora. Das Reich Gottes ist und bleibt Geschenk. Es kann nicht erworben oder ererbt, wohl aber verloren werden. Menschen, die wie diese Kinder keine eigenen Leistungen vorzuweisen haben und sich ein ungetrübtes Vertrauen bewahrt haben, bei Gott jederzeit angenommen zu sein, – diesen »Kleinen« gehört das Reich Gottes.

2. Mit dem folgenden Amen-wort wird die Szene noch transparenter für die Jünger und ihre Jesusnachfolge. Im Blick auf die Kinder, die sie eben noch weggescheucht haben, versichert Jesus den Jüngern, daß sie von der Wirklichkeit des Reiches Gottes noch nichts verstanden und sich an Kindern wie diesen zu orientieren hätten. Die Kinder werden zum Symbol für die Grundhaltung eines bedingungslosen Vertrauens gegenüber Gott, zum Urbild dessen, der schon zum Reich Gottes gehört. Mit einer Autorität, wie sie nur Gott beanspruchen kann, macht Jesus diese kindliche Grundhaltung zur Bedingung für das Heil. Das Kind ist gleichsam »Prototyp des anfangenden Menschen, die Gestalt der vertrauenden und bruchlosen Offenheit für das Angebot des größeren Lebens« (H. Spaemann). Das Reich Gottes wie ein **Kind** aufnehmen, bedeutet im psychologischen Sinn **erwachsen** zu werden. »Man muß erwach-

sen und mannhaft sein, um ohne Gefahr völlig ein Kind sein zu können« (Madeleine von Jesus).

Das Amen-wort mutet den Jüngern eine Paradoxie zu, die an den Nerv ihrer Nachfolge geht. Jesus wendet sich den Kindern zu und schließt sie in seine Arme. Er segnet sie, indem er ihnen die Hände auflegt. Diese Geste unterstreicht, wie real Jesus im Kind den exemplarischen Jünger sieht, der erfaßt hat, worauf es in der Nachfolge »auf dem Weg« ankommt.

Die Frage des Reichen und die »Frage« des Petrus
Mk 10,17–31

17 Und als er sich auf den Weg hinausbegab, lief einer herbei, fiel
vor ihm auf die Knie und fragte ihn: Guter Meister, was muß ich
tun, um ewiges Leben zu erben? 18 Jesus aber sagte ihm: Was
nennst du mich gut? Keiner ist gut, nur einer: Gott.
19 Die Gebote kennst du: *Morde nicht! Brich nicht die Ehe!
Stiehl nicht! Lege kein falsches Zeugnis ab! Raube nicht! Ehre
deinen Vater und die Mutter!* 20 Der aber sagte ihm: Meister, das
alles habe ich beachtet seit meiner Jugend. 21 Jesus aber blickte
ihn an, gewann ihn lieb und sagte zu ihm: Eins fehlt dir: geh, was
du hast, verkauf es und gib es den Armen; und du wirst einen
Schatz im Himmel haben! Dann komm und folge mir! 22 Der
aber wurde finster bei diesem Wort und ging weg voller Trauer,
denn er hatte viele Güter.
23 Und ringsum blickend sagt Jesus seinen Jüngern: Wie schwer
werden die Begüterten in das Königtum Gottes hineinkommen! 24
Die Jünger aber erschraken bei seinen Worten. Jesus aber gab ih-
nen noch einmal zur Antwort: Kinder, wie schwer ist es, in das
Königtum Gottes hineinzukommen! 25 Leichter ist es, daß ein Ka-
mel durch das Öhr der Nadel hindurchkommt, als daß ein Reicher
in das Königtum Gottes hineinkommt. 26 Sie aber waren entsetzt,
über die Maßen, und sagten zueinander: wer kann dann noch ge-
rettet werden? 27 Da blickt sie Jesus an und sagt: Bei Menschen
unmöglich! Doch nicht bei Gott. Denn alles ist möglich bei Gott.
28 Petrus fing an, ihm zu sagen: Sieh, wir haben alles verlassen
und sind dir gefolgt.
29 Sagt Jesus: Amen, ich sage euch, da ist keiner, der Haus oder
Brüder oder Schwestern oder Mutter oder Vater oder Kinder
oder Äcker verlassen hätte, um meinetwillen und um der Heils-
botschaft willen, 30 ohne daß er Hundertfaches empfinge, jetzt in
dieser Zeit: Häuser und Brüder und Schwestern und Mütter und
Kinder und Äcker, unter Verfolgungen (zwar), und in der kom-
menden Weltzeit ewiges Leben. 31 Doch viele Erste werden
Letzte sein und die Letzten Erste.

Dieser Abschnitt folgt einer Erzählung, die in der Sicht des Markus wahre Frömmigkeit symbolhaft darstellt: Wer sich vor Gott **wie ein Kind** sieht, **das sich von IHM beschenken läßt,** das keine Leistungen und Verdienste vorzuweisen hat, wird Jesu Ruf in die Nachfolge aufnehmen und in das Reich Gottes kommen (vgl. Mk 10,15). Um diese Umwandlung der ganzen Mentalität geht es auch in der Berufungsgeschichte.

1. Auf dem Weg nach Jerusalem in die Passion (Mk 10,17 und 32) wird Jesus von einem reichen Mann mit respektvoller Geste angesprochen: »Guter Meister, was muß ich tun, um das ewige Leben zu gewinnen« (wörtlich: als Erbe zu bekommen)? Die detailreichen Angaben des Zusammentreffens, das Herbeilaufen, das Niederfallen und die Art seiner Begrüßung zeigen, daß es dem Mann um eine Frage geht, die ihn persönlich stark bewegt. Er fragt nach **seinem** Weg zum ewigen Leben. Er stellt die Frage auf dem Hintergrund seiner religiösen Mentalität, in der Sicht des Leistens und Verdienstesammelns. Er will das ewige Leben »erben«.

Jesus reagiert distanziert auf die Frage des Fremden, der sich die Antwort doch selbst geben könnte: den Weg zum Leben zeigt die Thora, die sich in den einzelnen Geboten ausdrückt. So haben es die Propheten gesehen, so hätte jeder Schriftgelehrte geantwortet und mehr sagt Jesus zunächst auch nicht.

Doch der Fragesteller gibt sich damit nicht zufrieden, wenn er sagt: »Alle diese Gebote habe ich von Jugend an befolgt.« In dieser Feststellung äußern sich Zweifel an seiner traditionell verstandenen Heilsgewißheit. Irgendwie muß dieser Mann gespürt haben, daß sein Leben nicht gelingen kann, wenn es so weiter geht wie bisher, mag das auch noch so fromm und rechtgläubig gewesen sein. Die Frage, was aus seinem Leben werden soll, hat ihn – vielleicht zum ersten Mal – tief beunruhigt: Was muß ich tun, um das ewige Leben zu gewinnen?

2. Da schaut ihn Jesus an und gewinnt ihn lieb. Er möchte, daß dieser Suchende den Kairos seines Lebens nicht verpaßt: »Eines fehlt dir noch: Geh, verkaufe, was du **hast,** und gib es den Armen, und du wirst einen Schatz im Himmel haben. Dann komm und folge mir nach!«

Wie mit einem Schlag fühlt der Reiche, daß Jesu Antwort ihm das Fundament seines religiösen Strebens entzieht. Sein gesamter Besitz und alles, was er bis jetzt vor Gott **geleistet** hat (Mk 10,20), verliert plötzlich seinen Kurswert. Die einzigartige Härte dieser Konfrontation wird verständlich, wenn man erkennt, daß hier zwei grundverschiedene Lebenseinstellungen aufeinander stoßen. Markus sieht in diesem reichen Mann einen aufs Haben orientierten Menschen, der selbst seine Beziehung zu Gott noch in den Griff bekommen möchte, »um das ewige Leben als **Erbe** zu erlangen.« Wer glaubt, mit eigenen religiösen Anstrengungen den Durch-bruch zum LEBEN zu schaffen, wird es verfehlen. Vor Gott kommt es nicht darauf an, etwas Besonderes zu leisten, sondern sich von IHM beschenken zu lassen. Das ist der einzige »Schatz«, der uns die Angst vor der Ungesichertheit unseres Daseins nehmen kann.

Jesus möchte den Suchenden für seine Nachfolge gewinnen, aber er sieht, wie tief die Mentalität des Habens schon in ihn eingedrungen ist. Und darum auch die Radikalität seiner Forderung: An der Wurzel muß dieser Mensch befreit werden. Loslassen soll er alles, was ihn daran hindert, zu der unverwechselbaren Gestalt unterwegs zu bleiben, auf die hin er von Gott angelegt ist. Aber es können sich im Leben eines Menschen Verhärtungen gebildet haben, die es ihm faktisch unmöglich machen, einen solchen Wandel noch zu vollziehen (vgl. Mk 4,19). Wortlos wendet sich der Mann von Jesus ab und geht enttäuscht und traurig weg. Er bringt es nicht übers Herz, vor Gott arm zu werden und an ihm genug zu haben.

3. Jesus beunruhigt seine Jünger zutiefst mit dem folgenden Bildwort: »Eher geht ein Kamel (das größte Tier Palästinas) durch ein Nadelöhr (die kleinste Öffnung), als daß ein Reicher in das Reich Gottes gelangt.« Damit unterstreicht er noch einmal, wie unmöglich ein Leben des Habens gelingen kann. Ich glaube, dieses Jesuslogion darf durch keine Interpretation abgeschwächt werden. Und die Jünger haben es richtig verstanden, wenn sie fragen: »Wer kann dann noch gerettet werden?« Wer kann schon von sich sagen, er sei frei von dem Verlangen, zu »haben« und immer mehr zu »haben«? Letztlich ist es nur Gott, der uns Menschen von diesem lebenzerstörenden Drang befreien kann. Letztlich kann nur Er uns von der Angst befreien, unser Leben absichern zu müssen.

Eines fehlt dir noch ... Was?

4. Dieser Abschnitt geht besonders auf die Situation der Jünger ein. Sie haben genau das getan, was Jesus von dem reichen Mann verlangte. In der Feststellung des Petrus scheinen Zweifel laut zu werden, ob der Weg Jesu, auf den sie sich eingelassen, sich durchsetzen wird (in einer Welt des Habens). Zweifel und Ungewißheit wird jeden überkommen, der Jesu Weg gehen will. Darum versichert Jesus den Jüngern, daß Gott sich an Großmut nicht übertreffen läßt. Die Häuser und Äcker, die Brüder und Schwestern, die Mütter und Kinder schon »jetzt in dieser Zeit« sind ein Bild für die neue Gemeinschaft, die mit der Nachfolge entsteht. In dieser herrschafts-freien Gemeinschaft werden sie auch den Verfolgungen begegnen können, bis in der Umkehrung der Werte die wirklichen Maßstäbe zutage treten. Es gehört zu den beglückendsten Erfahrungen in der Nachfolge, daß man Menschen findet, die mit derselben Sehnsucht, mit derselben Einstellung zum Leben, mit derselben Herzensgewißheit unterwegs sind. Diese Gefährtenschaft, dieses Gefühl einer inneren Zugehörigkeit läßt etwas von der Fülle des Lebens ahnen, die uns zugesprochen ist.

Die dritte Frage nach dem Leben oder die dritte Ankündigung von Leiden, Tod und Auferstehung
Mk 10,32–45

32 Sie waren aber unterwegs und zogen hinauf nach Jerusalem,
und Jesus ging ihnen voraus, und sie erschraken, die (ihm) folg-
ten, fürchteten sich. Und wieder nahm er die Zwölf beiseite und
fing an, ihnen zu sagen, was ihm widerfahren werde: 33 Siehe,
wir ziehen hinauf nach Jerusalem, da wird der Menschensohn
ausgeliefert: den Hohenpriestern und den Schriftgelehrten, und
verurteilen werden sie ihn – zum Tode, und sie werden ihn aus-
liefern: den Heiden, 34 und sie werden ihn verspotten und ihn an-
spucken und ihn geißeln und töten; und nach drei Tagen wird er
auferstehen.
35 Und es kommen zu ihm Jakobus und Johannes, die Söhne des
Zebedäus, und sagen ihm: Meister, wir möchten, daß du uns tust,
worum wir dich bitten. 36 Er sagte ihnen: Was wollt ihr, daß ich
euch tue? 37 Sie sagten ihm: Gib uns, daß wir, einer zu deiner
Rechten, einer zu deiner Linken sitzen in deiner Herrlichkeit. 38
Jesus aber sagte ihnen: Ihr wißt nicht, worum ihr bittet. Könnt ihr
den Becher trinken, den ich trinke, oder mit der Taufe, mit der
ich getauft werde, getauft werden? 39 Sie aber sagten ihm: Wir
können es. Jesus aber sagte ihnen: Den Becher, den ich trinke,
werdet ihr trinken, und mit der Taufe, mit der ich getauft werde,
werdet ihr getauft werden, 40 aber das Sitzen zu meiner Rechten
oder Linken ist nicht meine Sache zu vergeben, sondern (es ist)
für die, denen es bereitet ist.
41 Als die Zehn das hörten, wurden sie unwillig über Jakobus und
Johannes. 42 Und Jesus ruft sie herbei und sagt ihnen: Ihr wißt:
die als Führer der Völker gelten, auf sie herunterherrschen, und
ihre Großen sie mit Gewalt unterdrücken. 43 Nicht so aber ist es
bei euch, sondern wer groß werden will bei euch, sei euer Die-
ner, 44 und wer bei euch Erster sein will, sei aller Knecht. 45
Denn auch der Menschensohn ist nicht gekommen, um sich
(be)dienen zu lassen, sondern um zu dienen und sein Leben zu
geben als Lösegeld für viele.

1. Auf dem Weg hinauf nach Jerusalem geht Jesus den Jüngern voraus. Sein Ende rückt in greifbare Nähe. Es sieht so aus, als wolle er an seiner Entschlossenheit nicht den geringsten Zweifel aufkommen lassen. Die Jünger überkommt ein Schaudern, und sie sind voll Furcht. Sie spüren, daß Jesus mit ihnen auf etwas zugeht, wovor sie zurückschrecken. Sie ahnen, daß etwas auf sie zukommt, dem sie nicht gewachsen sind. Sie zögern und bleiben hinter Jesus zurück. Ihr räumlicher Abstand ist wie ein Bild für die innere Distanz zwischen seinen und ihren Lebenshoffnungen. Er offenbart ihr ganzes Unvermögen, den Weg hinauf nach Jerusalem in die Passion als **den** Weg zum LEBEN zu verstehen. Vielleicht will Markus mit dem Vorangehen Jesu schon die Einsamkeit andeuten, mit der er in das Schicksal seines Todes hineingeht.

Und doch ist Jesus sehr bemüht, daß wenigstens die Zwölf seine Entscheidung verstehen und mitvollziehen können. Zum dritten Mal nimmt er sie »beiseite«, um ihnen sein Ende in Jerusalem als Vollendung, als not-wendigen Durchbruch zum LEBEN nahe zu bringen:

»Der Menschensohn wird **ausgeliefert** werden den Hohepriestern und
Schriftgelehrten und verurteilen werden sie ihn – zum Tode, und sie
werden ihn **ausliefern:** den Heiden, und die werden ihn verspotten und
anspucken, ihn geißeln und töten;
doch nach drei Tagen wird er auferstehen.«

Markus hat dieser dritten Leidensankündigung besonderes Gewicht gegeben. Sie ist ausführlicher als die beiden vorausgegangenen (Mk 8,31; 9,31) und gleicht einer kurzen Zusammenfassung der Passionsgeschichte. Das inhaltsschwere Wort vom »ausgeliefert werden« steht hier gleich zweimal.

Die Jünger sollen wissen, was Jesus auf sich zukommen sieht. Sie sollen sich entscheiden können. – Es gibt Situationen in unserem Leben, wo die Kompromisse aufhören. Es gibt Augenblicke, in denen wir unser ganzes Leben wie Wasser in der geöffneten Schale unserer beiden Hände halten; und wehe uns, wenn wir die Hände öffnen und das Wasser durch die Finger rinnen lassen ...

2. Doch die Zwölf können einfach noch nicht mit. Die Reaktion der Zebedäussöhne zeigt deutlicher als zuvor, wie unbegreiflich ihnen Jesu Zukunft bleibt: »Meister, wir wollen, daß du tust, worum wir dich bitten – für uns!« Ohne auf ihr Ansinnen einzugehen, variiert Jesus nun zum dritten Mal die Frage nach dem LEBEN: »Was wollt ihr, daß ich tue – für euch?«

Und dann kommt heraus, was sie im Sinn haben: Sie wollen teilhaben an der Herrlichkeit Jesu, an den Verheißungen, die sich von alters her bis in die Gegenwart an den Messias knüpfen. Eine solche Erwartung scheint nicht unbillig zu sein. Wenn Jakobus und Johannes schon bereit sind, die Schicksalsgemeinschaft mit Jesus bis zum Äußersten zu teilen, warum sollten sie dann nicht auch in seinem Reich an der Seite Jesu ihren Platz haben? Mit vorsichtigem Zweifel macht Jesus die Brüder darauf aufmerksam, daß sie sich der Tragweite ihrer Bitte nicht bewußt sind. Es geht ihm nicht darum, daß sie aus Idealismus einfach etwas mitmachen: Die Zebedäussöhne sollen begreifen, daß sie sich einer Vision vom Menschen und einer Kraft von woanders her öffnen müssen, wenn sie sich dem Widerspruch und der Ablehnung, der Lüge und Gewalt stellen wollen, um diese Welt von innen her zu verändern. Wer von Gott her für den Menschen Partei ergreift, gerät in Auseinandersetzungen und Konflikte, die er von sich aus nicht bestehen kann. Es hängt nicht allein vom Können und Wollen der Jünger ab, ob sie den Becher Jesu trinken können.

Doch ohne seinen Jüngern einen Vorwurf zu machen, weist Jesus für seine Person jedes Vorherbestimmte, jedes Versprechen von Belohnung zurück. Alles ehrgeizige Streben nach den ersten Plätzen im kommenden Reich wird verstummen vor der Erfahrung, daß es nicht in unserer Hand liegt, zu wissen, wer wir in einem bestimmten Augenblick sein werden und wie wir uns in bestimmten Situationen verhalten können.

3. Als die Zehn von dem Ansinnen der beiden Zebedaiden hören, werden sie unwillig (*aganaktein*) über Jakobus und Johannes. In dem Wort aganaktein schwingen Ärger und Mißtrauen mit. Ihre Reaktion spiegelt auf andere Weise das gleiche ungetrübte Mißverständnis wider. Wie ernst die Auseinandersetzung um die ersten Plätze unter den Jüngern bzw. in der Gemeinde des Markus ist, zeigt sich daran, daß das Verhalten der Jünger mit den Mächtigen dieser Welt verglichen wird. In den beiden Verben *katakyrieúo* und *katexousiádzo* (Herrenrechte und Gewalt ausüben) wird das Gewalttätige, Mißbräuchliche, auf reinen Eigennutz Bedachte der Herrschenden mit-angesprochen: »herunterherrschen«, »herunterwillküren«. In der Gemeinde des Markus scheinen Machtstreben und Willkür, Neid und Mißgunst das Leben der Gemeinschaft zu lähmen. »So aber soll es nicht unter euch zugehen!« Mit solchem Verhalten der Mächtigen hat eine christliche Gemeinde nichts gemein. In ihr »herrscht« ein anderes »Gesetz«. In ihr gibt es keine andere »Größe« als die des Dienstes. Und nur in dem Maß, als dieser Dienst anderen zum Segen wird, ist er eine Alternative zur Praxis bestehender Machtansprüche – gleich welcher Art. In einer Gemeinschaft von Christen ist nur jene Lebensform glaubwürdig, die auf alle Machtansprüche verzichtet, damit die Macht, die Gott im Herzen eines Menschen zukommt, sich so ungebrochen wie möglich auswirken kann.

Diese neue Regel ist nur vom Verhalten Jesu her zu verantworten. Denn wer so wie er »sich zum Dienst an den Menschen im Namen Gottes bekennt, der muß als erstes mit den Schlägen der Geschlagenen, mit den Tritten der Getretenen, mit dem Spott der Verspotteten« und mit der Wut derer rechnen, die über sein Herz keine Macht haben. In der Form eines Menschensohnwortes sagt er von sich, daß er nicht gekommen sei, »sich bedienen zu lassen, sondern zu dienen und sein Leben zu geben als Lösegeld für viele« (V. 45). Auf diesen Satz hin zielen alle vorausgegangenen Leidensankündigungen und Jüngerbelehrungen. Er ist der Höhepunkt des ganzen Abschnitts: Mk 8,27–10,52. Markus faßt hier wie in einer Kurzformel seine Kreuzestheologie zusammen.

Die Heilung des blinden Bartimaios
Mk 10,46–52

46 So kommen sie nach Jericho. Und als er (wieder) wegging aus
Jericho, mit seinen Jüngern und ziemlich viel Volk, saß (da) der
Sohn des Timaios, Bartimaios, ein blinder Bettler, am Weg. 47
Und als er hörte: Jesus, der Nazarener, ist es, fing er an zu
schreien und zu sagen: Sohn Davids, Jesus, erbarme dich meiner!
48 Da fuhren viele ihn an, daß er schweige; er aber, noch viel
mehr, schrie er: Sohn Davids, erbarme dich meiner. 49 Da blieb
Jesus stehen und sagte: Ruft ihn. Und sie rufen den Blinden und
sagen ihm: Nur Mut, steh auf, er ruft dich. 50 Da warf er seinen
Mantel ab, sprang auf und kam zu Jesus. 51 Und zur Antwort hat
Jesus ihm gesagt: Was willst du, daß ich dir tun soll? Der Blinde
aber sagte ihm: Rabbuni, daß ich wieder sehe. 52 Und Jesus sagte
zu ihm: Geh, dein Glaube hat dich gerettet. Und gleich wurde er
wieder sehend und folgte ihm auf dem Weg.

Der Bericht von der Heilung des blinden Bartimaios vor den Toren Jerichos folgt dem großen Abschnitt der Jüngerunterweisung (Mk 8,27–10,45) und steht unmittelbar vor dem Einzug Jesu in Jerusalem, in die Passion. Damit wird das Zeichenhafte und Exemplarische dieser Erzählung deutlich hervorgehoben. Jesus nähert sich dem Ende seines Weges »hinauf nach Jerusalem«. Doch die Jünger begreifen nicht, worum es Jesus geht. Sie sind blind, noch unfähig, sich von ihm die Augen ihres Herzens öffnen zu lassen.

1. An dem Weg nach Jerusalem vor den Toren Jerichos sitzt ein blinder Bettler. Nach rabbinischem Verständnis gehört er zu den lebendig Toten: »Vier werden einem Toten gleichgeachtet: Der Arme, der Aussätzige, der Blinde und der Kinderlose.« Man zählt ihn zu denen, die von der Hoffnung auf das Reich Gottes ausgeschlossen sind. Was mag in einem Menschen vorgehen, den das Schicksal in den Schatten einer so tiefen Aussichtslosigkeit gebannt hat? Welche Gefühle von Auflehnung und Unterwerfung, von Empörung und Abhängigkeit gegenüber den Rollenvorschriften seiner Umgebung mögen ihn bewegen? Welches Maß an Selbstentwertung mag die tägliche Er-

fahrung ihm zugefügt haben, daß er nicht mehr zählt, daß er nur ein Rest an den Rand gedrängten und niedergedrückten Lebens ist? Und doch scheint in dem blinden Bartimaios die prophetische Hoffnung nicht erloschen zu sein, daß der Tag kommen wird, an dem die Augen der Blinden aus Dunkelheit und Finsternis heraussehen und die Elenden sich aufs neue über den Herrn freuen, und die Ärmsten unter den Menschen über den Heiligen Israels jubeln (Jes 29,18 f.). Vielleicht gleicht Bartimäus einer Wüstenblume, die jahrelang in einer gnadenlosen Dürre dahinvegetiert, als wäre kaum noch Leben in ihr und als hätte sie ihre ganze Anstrengung nur darauf gerichtet, sich durch äußere Versteinerung der unerträglichen Härte ihrer Umgebung anzupassen. Doch kaum fällt Regen auf den ausgedörrten Boden, da schießt sie auf und treibt Blüten, als hätte sie niemals ganz vergessen, was es heißt, zu leben.[12]

2. Als Jesus, umgeben von einer großen Menschenmenge, vorüberzieht, und der Blinde erfährt, daß es Jesus von Nazareth ist, der da vorbeikommt, bricht auf einmal eine solche Macht des Vertrauens in ihm durch, daß er laut um Hilfe schreit: »Sohn Davids, Jesus, erbarme dich meiner!« Da fahren ihn viele an und wollen ihn zum Schweigen bringen. Wer nicht zählt, hat kein Recht, sich selbst zu Wort zu melden. So lange Zeit hat Bartimaios sich den Menschen gefügt und seinen Mund gehalten. Jetzt aber, da **der** Mann sein Leben passiert, den viele für den Messias halten, will er sich nicht mehr unter fremde Vorwürfe und Weisungen ducken. Mit einem Mal ist er seiner eigenen Wahrheit inne geworden. Er will selbständig sein und seinem eigenen Urteil trauen. Darum gibt er nicht nach und schreit noch lauter: »Sohn Davids, erbarme dich meiner!«

In der Sicht des Evangelisten ist Bartimaios der einzige, der um seine Blindheit weiß und deshalb so leidenschaftlich durch allen Widerstand hindurch nach Glaubenseinsicht verlangt, um Jesu Weg in die Passion mitgehen zu können. Markus geht es hier um mehr als physische Heilung. Der Glaube des Blinden, seine Bitte um Einsicht in die Notwendigkeit der Passion mit Jesus stehen im Vordergrund. Vom Glauben des Blinden bewegt, bleibt Jesus stehen und läßt ihn zu sich rufen. Die Leute, die dem lästigen Bettler eben noch den Zugang zu Jesus verweigert haben, rufen ihm zu: »Fasse Mut, steh auf, er ruft dich!« Und tatsächlich – Bartimaios wirft seinen Mantel ab und springt auf. Er läßt alles los, was ihn daran hindert, zu Jesus zu kommen ...

3. In der Begegnung zwischen Jesus und dem Blinden liegt der Höhepunkt der Erzählung. Jesus kommt es darauf an, daß Bartimaios, der so lange im Bannkreis fremder Vorschrift und Duldung gelebt hat, von sich aus sagt, was

---

[12] Vgl. E. Drewermann, Markusevangelium II, S. 157.

er möchte. Er selbst muß sein Anliegen formulieren – unabhängig davon, was die anderen für ihn für gut halten. Darum die überflüssig anmutende Frage: »Was willst du, daß ich dir tue?« Der Blinde ist von der Person Jesu so tief berührt, daß er zu seiner eigenen Wirklichkeit stehen kann: »Rabbuni, daß ich wieder sehe«. Diese Einheit des Vertrauens zu sich selbst und zu Gott – sie ist der Grund, daß ihm das Augenlicht von neuem geschenkt wird. Bartimäus ist in einem umfassenden Sinn sehend geworden. Ihm wurden in der Sicht des Evangelisten die Augen dafür geöffnet, daß der Weg Jesu in die Passion der Weg ist, an dem sich Jüngerschaft, an dem sich Christsein entscheidet. »Und er folgte ihm auf dem Weg«, d. h. er wird Jünger auf der unwegsamen Straße hinauf nach Jerusalem in die Passion. »Die Macht, die diese Ganzheit der Person schafft, ist der Glaube« (P. Tillich). Es fällt auf, daß Jesus bei dieser Heilung scheinbar gar nichts tut. Er fungiert »nur« als Mittler in dem Prozeß, der den blinden Bartimaios zu sich selbst zurückfinden läßt. Deshalb kann er zu ihm auch sagen: »Geh! **Dein** Glaube hat dich gerettet.« Wer sich so weit zurücknehmen kann wie Jesus, um dem anderen zu ermöglichen, seine eigene Wahrheit zu entdecken und zu sich selbst zu stehen, der schafft beim anderen die Voraussetzung für Nachfolge und nur jemand, der zu sich selbst stehen kann, taugt für die Nachfolge.

4. Die Erzählung macht deutlich, an welche Voraussetzungen Jüngerschaft gebunden ist. Andererseits zeigt sie, daß der Weg in die Passion uns allein nicht möglich ist. Wir können bestenfalls – wie der Blinde vor den Toren Jerichos – am Rand des Weges Jesu durch allen Widerstand hindurch mit der ganzen Sehnsucht und Leidenschaft unseres Herzens um Glaubenseinsicht bitten. Aber der Weg selbst ist Gnade: **Jesus** läßt den Blinden zu sich rufen. Er öffnet ihm die Augen für die Größe und Weite seiner Berufung. Er nimmt ihn auf in seine Nachfolge ...

Bevor nun in Jerusalem die letzte Auseinandersetzung Jesu mit seinen Gegnern beginnt und in scharfem Kontrast zur »Blindheit« der Jünger, zeichnet Markus hier in dem blinden Bartimaios exemplarisch, was Christsein bedeutet. In dieser Gestalt faßt er anschaulich zusammen, was Jesusnachfolge ist. Vielleicht aber bleibt es mir nicht erspart, daß mir die Augen in ähnlich schmerzhafter Weise geöffnet werden wie den Zwölf, als der Herr sie mit hineinzog in seine Passion, und sie in Gethsemani zu Fall kamen ...

Der Einzug in Jerusalem
Mk 11,1–11

1 Und als sie sich Jerusalem nähern, auf Bethphage und Bethani-
en zu am Ölberg, schickt er zwei seiner Jünger aus 2 und sagt ih-
nen: Geht in das Dorf, da gegenüber von euch, und gleich, wenn
ihr dort hineinkommt, findet ihr ein Füllen angebunden, auf dem
noch nie einer gesessen hat: bindet es los und bringt es (her). 3
Und wenn einer zu euch sagt: Wieso macht ihr das? sagt: Der
Herr braucht es; und schickt es gleich wieder hierher (zurück). 4
Und sie gingen weg und fanden ein Füllen, ans Tor gebunden,
draußen an der Straße, und machen es los. 5 Und einige der dort
Stehenden sagten zu ihnen: Wieso macht ihr das – bindet das
Füllen los?
6 Sie aber sagten ihnen, wie Jesus gesagt hatte; und man ließ sie.
7 So bringen sie das Füllen zu Jesus, legen ihm ihre Mäntel auf,
und er setzte sich darauf. 8 Und viele breiteten ihre Mäntel auf
den Weg, andere Büschel, die sie von den Feldern abhauten, 9
und die voranzogen und die nachfolgten schrien:
Hosanna!
Gepriesen, der da kommt im Namen des Herrn!
10 *Gepriesen, das kommt: das Königtum unseres Vaters David.*
Hosanna in den Höhen!
11 Und er zog in Jerusalem ins Heiligtum ein, und nachdem er
sich alles angeschaut hatte, schon zu später Stunde, ging er hin-
aus nach Bethanien mit den Zwölf.

1. Jesus nähert sich dem Ziel seiner Reise vom Ölberg her. Seine Entscheidung, nach Jerusalem zu ziehen, war bei Caesarea Philippi gefallen. Er will die Botschaft von der kommenden Gottesherrschaft auch im geistigen Zentrum seines Volkes verkünden, an jenem heilsgeschichtlichen Ort, der mit dem Schicksal Israels in besonderer Weise verbunden ist. Sein eigentliches Ziel ist der Tempelbezirk (*'ierón*), der sich nun von der Anhöhe her vor seinen Augen ausbreitet. Vielleicht will Markus mit seiner Darstellung hier an die

Erwartung anknüpfen, der Messias werde sich, von der Wüste kommend, auf dem Ölberg offenbaren (vgl. Sach 14,4).

2. Vom Ölberg aus schickt Jesus zwei seiner Jünger ins nahe gelegene Dorf mit einem geheimnisvollen Auftrag. Sie werden dort an einer bestimmten Stelle ein Eselsfüllen finden, auf dem noch niemand gesessen hat. Das sollen sie losbinden und zu ihm bringen. Wenn jemand sich einmischt, sollen sie einfach sagen: Der Herr *(kýrios)* benötigt es und schickt es gleich wieder hierher zurück. Alles ergibt sich dann so wie Jesus es vorausgesagt hat. Auftrag und Erfüllung stimmen genau überein. Dem Evangelisten scheint es wichtig zu sein, gleich zu Beginn seines Jerusalemer Aufenthaltes deutlich zu machen, wer in den kommenden Ereignissen und Auseinandersetzungen letztlich Regie führt. Gott selbst fügt alles nach seinem Willen.

Diese Begebenheit erschließt sich von ihrem alttestamentlichen Hintergrund her noch deutlicher: nach Sach 9,9 f. reitet der messianische Friedenskönig auf einem Eselsfüllen. Er wird Streitwagen, Rosse und Kriegsbögen vernichten und den Völkern den Frieden bringen. Es heißt von ihm ausdrücklich: Er ist demütig – das genaue Gegenbild eines Machthabers, der mit Gewalt auf andere herunterherrscht. Wenn Jesus zeichenhaft an diese alttestamentliche Verheißung anknüpft, dann widerspricht er demonstrativ allen Hoffnungen auf einen davidischen Messias, der mit Gewalt die römische Besatzungsmacht vertreiben wird. Der ganz andere Charakter seines Königtums wird noch dadurch unterstrichen, daß ausdrücklich betont wird, auf dem Füllen habe noch niemand gesessen. Damit erfüllt das Tier die Voraussetzung für seinen Gebrauch im religiösen und kultischen Bereich.

3. Als Jesus auf dem Füllen Platz genommen hat, breiten viele wie vor einem zu seinem Thron schreitenden König ihre Kleider aus. Für Markus ist es der Weg, der zum Kreuz führt. Die Leute, die ihm huldigen, sind vermutlich mit ihm aus Galiläa heraufgezogen. Es hat nicht den Anschein, als würden sie und seine Jünger den tief religiösen Charakter seines Einzuges ins Heiligtum verstehen. Die Hosiannarufe und Segensworte kommen nicht von der Bevölkerung, sondern allein aus dem Kreis seiner Anhängerschaft. Der Einzug muß unscheinbar gewesen sein, und Markus hat der Versuchung widerstanden, ihn großartiger darzustellen, als er in Wirklichkeit war.

Es sieht so aus, als sei Jesus fast unbemerkt in den Tempelbezirk gekommen. Dort schaut er sich alles an. Möglicherweise erinnert das an den alten Ritus einer rechtlichen Inbesitznahme und bereitet schon die Tempelreinigung vor. Der Herr nimmt in Augenschein, was ihm gehört. Zur Abendzeit zieht er sich mit den Zwölf aus der Stadt zurück und geht nach Bethanien. Jerusalem bleibt merkwürdig unberührt. Eine eigenartige Fremdheit zwischen Jesus und der Stadt wird auf eimal sichtbar. Das zeigt sich auch daran, daß Markus für Jerusalem die Schreibweise *Jerosolyma* wählt, die auch bei Nichtjuden übliche profane Bezeichnung der Stadt. Die Form *Jerousaläm*, die einen sakralen Klang hat und Jerusalem als »Ort der Erwählung« bezeichnet, verwendet er nie. Für den Evangelisten ist Jerusalem eine feindliche Stadt. Hier sind die Gegner Jesu zuhause (Mk 3,22; 7,1), hier werden sie ihn töten (Mk 10,32).

Wer von den Jüngern und Anhängern Jesu wird sich mit einem so bescheidenen Auftreten Jesu zufrieden geben können? Wer ahnt schon, daß sich die Vision seines Herzens erfüllen wird, abseits von dem, was in den Augen der Menschen groß ist? Die Betrachtung der Geheimnisse der Passion wird es an den Tag bringen, von welchem Jesusbild ich mein Leben bestimmen lasse.

Der Fluch über den unfruchtbaren Feigenbaum und die Tempelreinigung
Mk 11,12–26

12 Und am nächsten Tag, als sie von Bethanien weggingen, hatte
er Hunger. 13 Und er sah einen Feigenbaum von weitem voll
Blätter und ging hin, ob er vielleicht etwas fände an ihm, doch
als er zu ihm kam – nichts fand er, nur Blätter; denn es war keine
Feigenzeit. 14 Und als Antwort sagte er zu ihm: Nie mehr in
Ewigkeit soll einer von dir eine Frucht essen. Und das hörten
seine Jünger. 15 Und sie kommen nach Jerusalem. Und als er in
das Heiligtum hineinging, fing er an, die Händler und Käufer im
Heiligtum hinauszuwerfen, die Tische der Wechsler und die
Stühle der Taubenhändler stieß er um 16 und ließ nicht zu, daß
jemand ein Gerät durch das Heiligtum trug. 17 Und er lehrte und
sagte ihnen: Steht nicht geschrieben:
Mein Haus soll ein Bethaus heißen
für alle Völker?
Ihr aber habt es zu einer *Räuberhöhle* gemacht. 18 Und es hörten
die Hohenpriester und die Schriftgelehrten (davon) und suchten,
wie sie ihn vernichten könnten; denn sie fürchteten ihn, war doch
das ganze Volk außer sich über seine Lehre. 19 Und als es spät
geworden war, gingen sie hinaus, außerhalb der Stadt.
20 Als sie frühmorgens vorüberkamen, sahen sie den Feigenbaum
verdorrt von den Wurzeln her. 21 Und es erinnerte sich Petrus
und sagt ihm: Rabbi, sieh, der Feigenbaum, den du verflucht
hast, ist verdorrt. 22 Da antwortete ihnen Jesus und sagt: Habt
Glauben an Gott! 23 Amen, ich sage euch, wer zu diesem Berg
sagt: Heb dich weg und stürze dich ins Meer und (dabei) nicht
zweifelt in seinem Herzen, sondern glaubt, daß geschieht, was er
sagt, dem trifft es ein. 24 Deshalb sage ich euch: Alles, was ihr
erbetet und erbittet, glaubt, daß ihr es erhalten habt, so trifft es
euch ein. 25 Und wenn ihr steht, um zu beten, so vergebt, wenn
ihr etwas gegen jemand habt, damit auch euer Vater in den
Himmeln euch eure Verfehlungen vergibt. [26 Wenn aber ihr
nicht vergebt, wird auch euer Vater in den Himmeln eure Ver-
fehlungen nicht vergeben.]

Markus hat wie öfter in seinem Evangelium drei Szenen zu einer erzählerischen Einheit komponiert. Die Tempelreinigung ist mit der Geschichte von der Verfluchung des Feigenbaumes umrahmt. Offenbar will der Evangelist damit andeuten, daß beide Erzählungen theologisch zusammengehören und sich gegenseitig erhellen.

1. Am folgenden Morgen geht Jesus mit den Zwölf von Bethanien zum Tempelberg hinauf. In ihm lebt die Sehnsucht, daß Jerusalem, und darin der Tempel als Ort der besonderen Erwählung Jahwes zum Segen wird für alle Völker und Menschen. Der Feigenbaum aber, an dem er unterwegs einige Früchte sucht, wird zum Symbol für den Tempel oder vielleicht noch eher für die dort praktizierte religiöse Ordnung. Seine Enttäuschung mag ähnlich groß gewesen sein wie die des Propheten Micha, der darüber klagt, daß die Treuen im Lande verschwunden sind, kein Redlicher mehr unter den Menschen zu finden ist und alle aus Habgier Böses tun (Mich 7,1 ff.). Der Fluch Jesu über den Feigenbaum meint jenes Israel, das sich seinem Wort verschlossen und aufgehört hat, für andere ein Segen zu sein. Das wird im nächsten Abschnitt noch deutlicher.

2. Jesu gewaltsames Vorgehen gegen den Marktbetrieb im Vorhof der Heiden knüpft an Mk 11,11b an. Jetzt zeigt sich Jesus als der Herr, der die Verfügungsgewalt über den Tempelbezirk hat. Mit äußerst knappen Worten schildert Markus Jesu Zeichenhandlung, die auf die Reinigung des Kultes gerichtet ist. Indem er die Händler und Käufer aus dem Heiligtum vertreibt, die Tische der Geldwechsler und die Stühle der Taubenverkäufer umstößt, geißelt er symbolisch den Mißbrauch des Opferwesens. Jesus selbst wird an die Stelle des Tempels treten und in seiner Person der neue und bleibende Ort der Gegenwart Gottes sein (vgl. Mk 14,57 f., 15,38 f.). Mit der anschließenden »Lehre« verdeutlicht Jesus seine Kritik am Tempel und seinem Kultbetrieb. Das Wort aus Jes 56,7 bezeichnet den Tempel als Ort des Gebetes für alle Völker. Dieser Ausblick deutet das Neue an, das im Tod Jesu Wirklichkeit wird. Zur Räuberhöhle geworden, hat der Tempel und mit ihm Jerusalem aus der Sicht des Markus seine heilsgeschichtliche Rolle verspielt.

Die Hohenpriester und Schriftgelehrten, durch Jesu Auftreten herausgefordert, suchen ihn umzubringen. Doch aus Angst um ihre Autorität trauen sie sich nicht, ihr Vorhaben auszuführen. Erst an dieser Stelle wird deutlich, welche Auswirkung seine Lehre hat: Das ganze Volk war außer sich. Doch seine Begeisterung ist noch kein Glaube. Es wird nicht lange dauern, bis es in das »kreuzige ihn« der Hohenpriester einstimmt (Mk 15,13). Als es Abend wird, zieht sich Jesus wieder aus Jerusalem zurück. Seine Distanz zu Jerusalem wird erneut sichtbar.

3. Am Morgen des dritten Tages kommt Jesus mit seinen Jüngern wieder am Feigenbaum vorbei. Er ist völlig verdorrt. Die von Petrus ausdrücklich festgestellte Wirkung des Fluches bekräftigt noch einmal in symbolhafter Weise, daß Jerusalem mit seinem Tempel »von den Wurzeln her« unfruchtbar geworden ist. Hier liegt für Markus der eigentliche Sinn der Passion Jesu (vgl. Mk 10,45; 14,24). Wenn der Evangelist die folgenden Einzellogien an dieser Stelle als Jüngerbelehrung eingefügt hat, dann werden sie im Zusammenhang mit der symbolhaften Verfluchung zu verstehen sein. Auf dem Hintergrund des verweigerten Glaubens als Ursache für den »verdorrten« Zustand fordert Jesus seine Jünger zum Glauben auf: einen Glauben, dem alles möglich ist, wenn er mit ungeteiltem Herzen alles von Gott erwartet und erbittet. Die Erhörung des Gebetes ist an die Bereitschaft zur Vergebung geknüpft. Jeder, der sich im Namen Jesu zum Beten anschickt, soll sich bewußt sein, wie sehr er selbst der Vergebung bedarf. Es fällt auf, daß Jesus bei Markus nur an dieser Stelle von »eurem Vater im Himmel« spricht. Damit deutet Jesus an, daß er die Jünger in sein Sohnesverhältnis zum Vater hineinnimmt. So wird ihnen in dieser knappen Form zugesagt, wie sie in einer Welt, die Jesus verwirft und ihnen feindlich gesonnen ist, als seine Jünger leben und anderen zum Segen werden können.

Das Gleichnis vom unfruchtbaren Feigenbaum kann zugleich eine Aufforderung sein, dem Phänomen einer schleichenden Gottvergessenheit im eigenen Herzen zu begegnen. Sonst kann es uns passieren, daß bei aller religiösen Betriebsamkeit Gott nicht mehr vorkommt und unser Leben unter dem Anschein »voller Blätter« ohne Frucht bleibt.

Die Frage nach der Vollmacht Jesu
Mk 11,27–33

27 Und sie kommen wieder nach Jerusalem. Und als er im Hei-
ligtum umhergeht, kommen zu ihm die Hohenpriester, die
Schriftgelehrten und die Ältesten, 28 und sie sagten zu ihm: In
welcher Vollmacht tust du das? Oder wer hat dir die Vollmacht
dazu gegeben, das zu tun? 29 Jesus aber hat ihnen gesagt: Ich will
euch eines fragen; antwortet ihr mir, dann werde auch ich euch
sagen, in welcher Vollmacht ich das tue: 30 Die Taufe des Johan-
nes – war sie vom Himmel oder von Menschen? Antwortet mir!
31 Und sie überlegten bei sich und sagten: Wenn wir sagen: vom
Himmel, wird er sagen: Warum habt ihr ihm dann nicht ge-
glaubt? 32 Aber sollen wir sagen: von Menschen? Sie fürchteten
das Volk; denn alle hielten dafür, daß Johannes wirklich ein Pro-
phet war. 33 Und so antworten sie Jesus und sagen: Wir wissen es
nicht. Und Jesus sagt ihnen: Auch ich sage euch nicht, in welcher
Vollmacht ich das tue.

Mit der Vollmachtsfrage beginnen die Jerusalemer Streitgespräche, die schließlich damit enden, daß niemand mehr wagt, Jesus eine Frage zu stellen. Die erste Auseinandersetzung mit den religiös-politischen Autoritäten steht zwischen der Perikope vom unfruchtbaren Feigenbaum und dem Winzergleichnis. Damit unterstreicht Markus, in welchem Sinne er das Ansinnen der Kontrahenten Jesu versteht.

1. Jesus kommt mit seinen Jüngern wieder nach Jerusalem und hält sich im Tempelbezirk auf, als ihn Vertreter des Hohen Rates mit einer Frage konfrontieren. Es sind Hohepriester, Schriftgelehrte und Pharisäer, also alle Fraktionen des Synedrions, die ihn nach der Vollmacht seines Handelns fragen. Markus nennt hier das Gremium, das Jesus zum Tod verurteilen (Mk 8,31; 14,63) und das Todesurteil bei Pilatus durchsetzen wird (Mk 15,1 ff.). Der unmittelbare Anlaß für ihre Frage mag die Tempelreinigung gewesen sein, aber ihre Absicht ist, die Legitimität seines gesamten öffentlichen Wirkens in Frage zu stellen. Von der Vollmacht *(exousía)* Jesu war schon bei seinem ersten Auf-

treten in der Synagoge von Kapharnaum die Rede gewesen. Dem Evangelisten kam es darauf an, gleich zu Beginn die Wirkung seiner Lehre nachdrücklich hervorzuheben (Mk 1,22 und 27) und die Macht seines Wortes im Vergleich mit den Schriftgelehrten herauszustellen.

2. Jesus spürt ihren Unglauben und antwortet mit einer Gegenfrage, wie es bei rabbinischen Streitgesprächen üblich war. Die Konzentration auf einen Punkt, ob die Taufe des Johannes von Gott oder von Menschen sei, gibt der Auseinandersetzung eine neue Spitze. Jesus scheint sich seiner Sache sicher zu sein. Wenn seine Gegner den Täufer als von Gott bevollmächtigten Propheten anerkennen, dann dürften sie auch den Ursprung seiner »exousía« nicht mehr in Zweifel ziehen. Johannes wußte sich als Vorläufer eines Stärkeren (Mk 1,7 f.). Wenn sie ihm den Glauben verweigern, werden sie auch den ablehnen, der nach ihm gekommen ist.

3. Jesu Gegenfrage bringt die Vertreter des Hohen Rates in große Verlegenheit. Die Beratung, die sie untereinander führen, offenbart ihre Ratlosigkeit und macht zugleich deutlich, daß sie sich ihr Urteil nicht aufgrund persönlicher Überzeugung, sondern aus taktischen Gründen bilden. Aus Angst vor dem Volk und aus Sorge um ihre Machtstellung vermeiden sie die Frage nach der Wahrheit. Doch alle taktischen Erwägungen führen nicht aus dem Dilemma, in das sie sich durch ihren Unglauben verstrickt haben. So müssen sie unfreiwillig eingestehen, Jesu Frage nicht beantworten zu können. Die höchste Autorität in Sachen des Glaubens verweigert den Glauben. Daraufhin weigert sich Jesus, ihre Frage nach seiner Vollmacht zu beantworten und demonstriert damit seine Vollmacht.

Die Gegner Jesu verhalten sich wie Opportunisten, die sich alle Möglichkeiten offenhalten wollen. Sie sind unfähig geworden, sich jenen Glauben schenken zu lassen, der nicht mehr nach Beweisen fragt. Sie haben die Stunde der Wahrheit, die ihnen noch einmal in der Auseinandersetzung mit Jesus gegeben war, nicht erkannt. Ihre Unwissenheit ist Folge eines Mangels an Persönlichkeit.

Die *»exousía«*, um die es in dieser Perikope geht, resultiert aus der Nähe eines Menschen zu Gott. Sie zeigt sich unmittelbar an der Wahrheit, die mit der Lauterkeit einer Persönlichkeit gleichsam im Raum steht. Diese Vollmacht ist nicht verfügbar. Man kann sie nicht »für sich« in Anspruch nehmen.

Das Gleichnis von den bösen Winzern
Mk 12,1–12

[1] Und er begann, zu ihnen in Gleichnissen zu reden: Einen
Weinberg pflanzte jemand, legte darum einen Zaun, grub eine
Kelter und baute einen Turm; dann verpachtete er ihn an Bauern
und reiste außer Landes. [2] Und er sandte zu den Bauern zur
(rechten) Zeit einen Knecht, um von den Bauern (seinen Anteil)
an den Früchten des Weinbergs zu nehmen. [3] Die aber nahmen
ihn, schlugen ihn und schickten ihn leer weg. [4] Und wieder
schickte er zu ihnen einen anderen Knecht, und den schlugen sie
auf den Kopf und taten ihm Schimpf an. [5] Und er schickte noch
einen anderen, und den töteten sie, und noch viele andere – die
einen schlugen sie, die anderen töten sie. [6] Noch einen hatte er:
einen geliebten Sohn; den schickte er als letzten zu ihnen, denn
er sagte (sich): Vor meinem Sohn werden sie zurückscheuen. [7]
Jene Bauern aber sagten zueinander: Das ist der Erbe! Los, töten
wir ihn, und unser wird das Erbe sein! [8] Und sie nahmen ihn und
töteten ihn und warfen ihn hinaus aus dem Weinberg. [9] Was –
nun – wird der Herr des Weinbergs tun? Kommen wird er und
die Bauern vernichten, und den Weinberg wird er anderen geben.
[10] Habt ihr nicht dieses Schriftwort gelesen:
Der Stein, den die Bauleute verwarfen,
der ist zum Eckstein geworden.
[11] Vom Herrn geschah dies,
und es ist wunderbar in unseren Augen?
[12] Da suchten sie ihn festzunehmen, aber sie fürchteten das Volk;
denn sie hatten erkannt, daß er auf sie hin das Gleichnis gesprochen hatte. Und sie ließen ihn und gingen weg.

1. »Jesus begann, zu ihnen in Gleichnissen zu reden.«

Diese Redeweise ist nach Markus an »jene draußen« gerichtet (Mk 4,11); gemeint sind die Mitglieder des Synedrions, die über Jesus das Todesurteil fällen werden (vgl. Mk 8,31, 15,1): die Hohenpriester, die Schriftgelehrten und die Ältesten (Mk 11,27). Ihnen sagt er – verhüllend und enthüllend zugleich – dasselbe, was er zuvor seinen Jüngern in den drei Ankündigungen seines gewaltsamen Todes und seiner Auferstehung vorausgesagt hatte.

In Anlehnung an Jes 5,1 f. beschreibt Jesus zunächst, wie jemand einen Weinberg anlegt. Die Einzelheiten veranschaulichen die Mühe, die der Herr des Weinbergs sich damit macht. Als alles fertig ist, verpachtet er sein Gut an eine Gruppe von Weinbauern. Zur Zeit der ersten Ernte schickt er seinen Knecht zu den Winzern, um seinen vereinbarten Anteil abzuholen. Aber die Weinbauern tun so, als gehöre ihnen der Weinberg. Sie überfallen den Knecht wie einen Eindringling, verprügeln ihn und jagen ihn mit leeren Händen davon.

Darauf schickt der Herr des Weinbergs einen zweiten Knecht, den die Winzer noch übler zurichten. Als der dritte Knecht auftaucht, bringen sie ihn um. Die wachsende Geduld und Langmut des Besitzers hat die Gewalttätigkeit der Pächter noch gesteigert.

Doch der Herr des Weinbergs hört nicht auf, die Winzer für sich zu gewinnen. Er schickt noch »viele andere«, denen es dann genauso schlimm ergeht. Hier wird deutlich, daß mit den Knechten die Propheten gemeint sind, deren Schicksal Ablehnung und gewaltsamer Tod war: »Von dem Tag an, als eure Väter aus Ägypten auszogen, bis auf den heutigen Tag sandte ich zu euch immer wieder alle meine Knechte, die Propheten. Aber man hörte nicht auf mich und neigte mir nicht das Ohr zu, vielmehr blieben sie hartnäckig und trieben es noch schlimmer als ihre Väter.« (Jer 7,25; vgl. 25,4).

2. Schließlich bleibt dem Herrn des Weinbergs nur noch sein einziger »geliebter Sohn«. In unbegreiflicher Langmut und Güte riskiert er das Letzte, um seine Widersacher doch noch umzustimmen. Als die Pächter den Sohn kommen sehen, verraten sie, weshalb sie sich schon vorher so feindselig gegenüber den Abgesandten verhalten haben. Sie wollen den Besitz des Weinbergs an sich reißen – nun endlich durch gemeinsamen Mord am Erben. Ihre Ruchlosigkeit geht so weit, daß sie den Erschlagenen aus dem Weinberg hinauswerfen und so den Leichnam noch schänden.

Damit deckt Jesus die Gesinnung seiner Gegner auf. Sie erkennen in ihm den Erben der Verheißungen Israels, der das Erbe auch den Heiden geben will. Durch ihre gemeinsame tötende Gewalt offenbaren sie ihren mit Gott rivalisierenden Willen.

Jesus benennt die Mächte, die in seinen Widersachern am Werk sind: **Lüge** und **Gewalt** als Folge ihres mit Gott konkurrierenden *HABEN*-wollens, *GELTEN*-wollens und *SICH-BEHAUPTEN*-wollens.

3. Was wird nun der Besitzer des Weinbergs tun?

Mit der Bestrafung der Weinbauern wird ein Schlußstrich gezogen. Die Geschichte des Weinbergs aber geht weiter mit »anderen« ...

Es bleibt zu berücksichtigen, daß die Mächte, die Jesus aufdeckt, auf ihn zurückschlagen. Das Gericht über seine Widersacher trifft zunächst ihn selbst. Er wird lügnerisch verurteilt, gewaltsam hingerichtet, und alles geschieht unter dem Vorwand der Gotteslästerung.

Die anschließende Schriftreflexion zu Ps 118,22 f. umschreibt Jesu Tod und seine Erhöhung. Aus seiner Verwerfung läßt der Herr des Weinbergs das neue Gottesvolk aus Juden und Heiden erstehen. Aber auch ihnen ist der Weinberg nicht als sicherer Besitz gegeben.

4. Das Gleichnis wird uns noch näherrücken, wenn wir es noch einmal unter der Rücksicht betrachten, welche Seiten in uns selbst durch die historischen Gestalten in Schwingung geraten. Welche Boten hat Gott in unser Leben gesandt und wie sind wir mit ihnen umgegangen? Welchen Widerstand haben wir als Pächter unseres Lebens diesen Gottesboten entgegengesetzt – vielleicht unter dem Vorwand der Verantwortung? Welche dunklen Mächte, welche Strebungen nach Macht und Selbstbehauptung, welche Abgründe von Lüge und Gewalt haben sich dabei in uns aufgetan? Wann haben wir Gott als Konkurrenten »unseres« Lebens gesehen und bekämpft? Es ist offenbar möglich, daß Menschen um die Wahrheit ihres Lebens wissen und dennoch nicht ihrer Einsicht folgen oder sogar – wie die Pächter im Gleichnis – alles dransetzen, um die Boten der Wahrheit umzubringen.

Das Gleichnis ist eine Anfrage an uns, inwieweit wir einander zu leben ermöglicht haben.

In diesem letzten Kapitel vor der großen endzeitlichen Rede im Blick auf den Tempel, unmittelbar vor der Passion schicken die Hohenpriester, die Schriftgelehrten und die Ältesten noch einmal ihre »Fragensteller« und Fallensteller aus. Sie geben ungewollt Jesus die Gelegenheit, ein letztes Mal in aller Öffentlichkeit zu bekennen, für welchen Preis er in den Tod gehen wird.

Die Steuerfrage
Mk 12,13–17

13 Und sie schicken zu ihm einige der Pharisäer und der Herodia-
ner, um ihn mit einem Wort zu fangen. 14 So kommen sie und sa-
gen ihm: Meister, wir wissen, daß du wahrhaftig bist und dich
(dabei) um niemanden kümmerst; denn du siehst nicht auf das Ge-
sicht der Menschen, sondern in Wahrheit lehrst du den Weg Got-
tes. Ist es erlaubt, Steuer dem Kaiser zu zahlen oder nicht? Sollen
wir zahlen oder sollen wir nicht zahlen? 15 Er aber, im Wissen um
ihre Hinterlist, sagte ihnen: Was versucht ihr mich? Bringt mir ei-
nen Denar, damit ich sehe! 16 Sie brachten ihm (einen). Und er
sagt ihnen: Wessen Bild und Aufschrift ist das? Sie sagten ihm:
Des Kaisers. 17 Jesus aber sagte ihnen: Was des Kaisers, gebt dem
Kaiser, und was Gottes ist, Gott! Da staunten sie sehr über ihn.

Die Konfrontation mit den führenden Gruppen des Volkes setzt sich im Folgenden fort, zunächst mit einigen »Pharisäern und Herodianern«, die als Abgesandte des Hohen Rates Jesus mit einer Frage in eine Falle locken wollen. Zum äußeren Rahmen dieser Erzählung gehört, daß die Szene während der Passahzeit in Jerusalem stattfindet. Pilatus ist schon mit seinen römischen Legionären in die Stadt eingezogen, um möglichen Unruhen und Gewalttätigkeiten vorzubeugen. Die Stadt ist durch die vielen Festpilger überfüllt. Im Untergrund schwelen religiöse und politische Gegensätze, die in diesen Tagen besonders gefährlich werden können. Das »handgreifliche« Auftreten Jesu im Tempel, sein demonstrativer Einzug in Jerusalem haben die Situation in der Stadt noch weniger kalkulierbar gemacht. Allen Verantwortlichen ist klar, daß Jesus verschwinden muß. Zu viel an Freiheit, Eigenverantwortlichkeit und Risiko geht von diesem galiläischen Rabbi aus.

1. Eine kleine Gruppe von Pharisäern und Herodianern kommt auf Jesus zu und beginnt ihr Gespräch mit einem Kompliment: »Meister, wir wissen, daß du wahr bist und dabei auf niemand Rücksicht nimmst, denn du siehst nicht auf die Person (Maske) der Menschen, sondern in Wahrheit lehrst du den Weg Gottes.« Sie bezeugen ihm also ihre Anerkennung, daß er außer Gott keine andere Autorität gelten läßt. Das Lob soll Jesus unvorsichtig machen. Sie

wollen ihn zu einer radikalen Äußerung provozieren, ohne daß er merkt, in welcher Gefahr er schwebt: »Ist es erlaubt, dem Kaiser Steuren zu zahlen oder nicht? Sollen wir zahlen oder sollen wir nicht zahlen?« Die Absicht dieser Leute geht also darauf hinaus, Jesus entweder beim Volk und bei den für das Gesetz eifernden Kreisen in Mißkredit zu bringen oder ihn der römischen Besatzungsmacht auszuliefern. Sagt Jesus also Ja, dann ist er für die religiös engagierten Gruppen des Volkes erledigt. Sagt Jesus Nein, dann gilt er bei den Römern als Aufrührer.

3. Jesus durchschaut die fromme Heuchelei und die Hinterlist seiner Gegner. In souveräner Freiheit durchbricht er ihren ganzen Denkstil. Ohne sich auf einen schriftgelehrten Umgang mit der Thora einzulassen, fordert er die Fragesteller auf, ihm einen Denar zu zeigen, damit er ihn sehe. Er tut gerade so, als wenn er noch nie eine solche römische Silbermünze gesehen hätte. Der Denar trug auf der Vorderseite das Bild des (in olympischer Nacktheit dargestellten) Tiberius mit der Aufschrift: »Tiberius, Kaiser, der anbetungswürdige Sohn des anbetungswürdigen Gottes«. Auf der Rückseite der Münze war das Bild seiner Mutter eingeprägt. Dieses Geldstück – Symbol kaiserlicher Macht und blasphemischer Anmaßung – ausgerechnet diese Steuermünze tragen die Vertreter jüdischer Prominenz bei sich: Sie reichen ihm einen Denar. Wie es scheint, ohne ihn zu berühren, bittet er seine Gegner, ihm Bild und Aufschrift der Münze zu erklären. Als sie nun bekennen, daß das Geld, das sie bei sich tragen, dem Kaiser gehört und so offenbar wird, daß sie möglicherweise mit seinem Geld sogar Handel treiben und Geschäfte machen, beendet Jesus den hintergründigen Dialog mit der Aufforderung: »Gebt also dem Kaiser (zurück), was dem Kaiser gehört«. Wer des Kaisers Geld benutzt, wird ihm wohl Steuern zahlen müssen.

3. Dann aber fügt Jesus noch etwas hinzu, wonach ihn niemand gefragt hat und wofür er leidenschaftlich und mit dem Einsatz seiner ganzen Persönlichkeit sich immer wieder riskiert hat: »Gebt Gott (zurück), was Gott gehört!« Mögen also die politischen und wirtschaftlichen Belange ihre Notwendigkeit haben und mag der Kaiser seinen Anspruch auf die Kopfsteuer geltend machen, aber einen göttlichen Anspruch auf den Menschen hat er nicht. Wie das Bild des Kaisers in das Silber der Münze geprägt wurde, so hat Gott sein Bild dem Menschen eingeprägt. Wir sind und bleiben sein Eigentum. Darin besteht unsere Würde, und unsere Hoffnung liegt darin, in jedem sterblichen Menschen das unauslöschliche Abbild Gottes zu entdecken. Das mag uns helfen, die Macht von Menschen über Menschen offenzulegen.

Es gibt kaum eine Szene im Markusevangelium, wo Jesus mit so hintergründigem Humor im Angesicht tödlicher Gefahr die ganze Dramatik der Begegnung umkehrt, indem er Gott ins Spiel bringt. Kein Wunder, daß seine Gegner mit großem Erstaunen über ihn zurückbleiben.

Die Frage nach der Auferstehung der Toten
Mk 12,18–27

18 Und es kommen Sadduzäer zu ihm, die sagen, eine Auferste-
hung gebe es nicht, und sie fragten ihn und sagten: 19 Meister,
Moses hat uns vorgeschrieben: *Wenn einem der Bruder stirbt* unf
läßt eine Frau zurück, *hinterläßt aber kein Kind, so nehme sein
Bruder die Frau und lasse Nachkommen seinem Bruder erste-
hen.* 20 Es waren sieben Brüder: Der erste nahm eine Frau, und
als er starb, hinterließ er keinen Nachkommen. 21 Und es nahm
sie der zweite, doch auch er starb, ohne einen Nachkommen, und
der dritte ebenso, 22 und so hinterließen die sieben keinen Nach-
kommen. Zu allerletzt starb auch die Frau. 23 Bei der Auferste-
hung – wenn sie dann auferstehen -, wessen Frau von ihnen wird
sie dann sein? Alle sieben hatten sie ja zur Frau. 24 Sagte zu ih-
nen Jesus: Irrt ihr nicht deshalb, weil ihr weder die Schriften
noch die Macht Gottes kennt? 25 Wenn sie nämlich von den To-
ten auferstehen, heiraten sie nicht und werden nicht verheiratet,
sondern sie sind wie Engel in den Himmeln. 26 Über die Toten
aber – daß sie auferweckt werden, habt ihr nicht gelesen im Bu-
che des Mose, beim Dornbusch, wie Gott zu ihm sprach und
sagte: *Ich bin der Gott Abrahams und der Gott Isaaks und der
Gott Jakobs.* 27 Nicht ein Gott von Toten ist er, sondern von Le-
benden. Gewaltig irrt ihr euch!

Auf die Konfrontation mit einigen Pharisäern und Herodianern folgt die Auseinandersetzung mit den Sadduzäern über die Auferstehung der Toten. Diese Gruppe hat großen Einfluß im Synedrium. Die Hohenpriester und Ältesten gehören zu ihr, und zur Zeit der ersten Prokuratur (6–41) ist sie Regierungspartei. Ihre Anhänger kommen hauptsächlich aus den vornehmen Priestergeschlechtern und dem Laienadel. Als Angehörige der besitzenden Klasse sind sie daran interessiert, die bestehenden Verhältnisse im Lot zu halten. Als Realisten der Macht sind sie auch bereit, sich mit den Römern zu arrangieren, wenn nur die Autorität der jüdischen Aristokratie und die Disziplin des Volkes gewahrt bleiben. Religiös halten sie an einem strengen Schriftprinzip fest und nehmen als einzige Glaubens- und Rechtsnorm, was in den fünf Büchern Mose geschrieben steht. Für sie gibt es kein Fortleben nach dem Tod. Markus ist es wichtig zu zeigen, wie souverän Jesus selbst mit dieser einflußreichsten jüdischen Gruppe umgeht.

1. Einige Sadduzäer treten an Jesus heran und versuchen mit einem konstruierten Fall den Auferstehungsglauben der Pharisäer ad absurdum zu führen und bei dieser Gelegenheit Jesus selbst lächerlich zu machen. Jesus entgegnet ihnen, daß sie weder von den Schriften noch von der Macht Gottes eine Ahnung haben und bezeichnet sowohl das Fundament ihrer Überzeugung als auch ihre Argumentation schlechthin als Irrtum. Gottes Macht vermag die Toten in anderer »Gestalt« auferstehen zu lassen, als sie bisher auf Erden gelebt haben. Um die Gegner auf ihrem eigenen Feld zu schlagen, wählt Jesus dann einen Text aus dem Pentateuch, in dem Jahwe selbst spricht: »Habt ihr nicht gelesen, im Buche des Mose, beim Dornbusch, wie Gott zu ihm sagte: Ich bin der Gott Abrahams und der Gott Isaaks und der Gott Jakobs« (Ex 3, 6.15 f.). Wenn also Gott selbst sich einem Menschen zusagt, kann diese Beziehung durch nichts, auch nicht durch den Tod, aufgehoben werden. Jahwe legt sich nicht den Namen von Toten bei: »Nicht ein Gott von Toten ist er, sondern von Lebenden.« Indem Jesus dieser Stelle einen neuen Sinn gibt, offenbart er, was ihn selbst in diesen gefährlichen Auseinandersetzungen vor seiner Passion trägt: die Gewißheit, Gott als liebenden Vater zu haben, so wie er IHN vor Beginn seines öffentlichen Wirkens erfahren hat (Mk 1,11).

2. Welche Freiheit könnte sich uns auftun, wenn wir der Gewißheit Raum geben, im »Atemwind des Ewigen« zu stehen! Welche Ehrfurcht könnte in uns aufkeimen, wenn wir im Menschen neben uns schon den Anfang der Ewigkeit sehen! Welche Kräfte der Liebe könnten wir entfalten, wenn wir uns daran erinnern, daß der andere unsterblich ist und zu Gott heimkehrt!

Wenn der Glaube an die Auferstehung uns zur Gewißheit wird, von Gottes Zusage unwiderstehlich »aufgehoben« zu sein, dann »muß« sich unser Leben neu »ordnen«.

Die Frage des Schriftgelehrten nach dem »ersten Gebot«
Mk 12,28–34

28 Und hinzu kommt einer der Schriftgelehrten, der ihre Ausein-
andersetzung gehört und gesehen hatte, wie treffend er ihnen
antwortete; er fragte ihn: Welches ist das erste Gebot von allen?
29 Da antwortete Jesus: das erste ist: *Höre Israel, der Herr, unser*
Gott, ist einziger Herr; 30 *und den Herrn, deinen Gott, sollst du*
lieben aus deinem ganzen Herzen und aus deiner ganzen Seele
und aus deinem ganzen Denken und aus deiner ganzen Kraft. 31
Das zweite ist dies: *Liebe deinen Nächsten wie dich selbst.* Grö-
ßer als diese ist kein anderes Gebot.
32 Da sagte ihm der Schriftgelehrte: Treffend, Meister, der Wahr-
heit gemäß hast du gesagt: *Einziger ist er und einen anderen au-*
ßer ihm gibt es nicht; 33 und: *Ihn lieben aus ganzem Herzen und*
aus ganzem Verstand und aus ganzer Kraft und: *Den Nächsten*
lieben wie sich selbst – weit mehr ist das als alle Brandopfer und
Schlachtopfer. 34 Als Jesus (ihn) sah, daß er verständnisvoll an-
wortete, sagte er ihm: Nicht weit bist du vom Königtum Gottes.
Und keiner wagte mehr, ihn zu befragen.

1. Auf dem Höhepunkt der öffentlichen Auseinandersetzung mit den religiös-politischen Führern des Volkes zeigt sich ein Schriftgelehrter beeindruckt, wie »treffend« Jesus mit seinen Gegnern argumentiert. Das motiviert ihn, auf Jesus zuzugehen und ihm die Grundfrage seines religiösen Suchens zu stellen: »Welches ist von allem das erste Gebot?« Der Schriftgelehrte fragt Jesus nach der Sinnmitte der ganzen Thora. Er möchte von ihm wissen, ob man sagen kann, worin Gottes Wille im wesentlichen besteht. Jesus antwortet mit dem »Schema Israel« aus Dtn 6,4 f:

> Das erste ist: Höre Israel,
> der Herr, unser Gott, ist ein einziger Herr,
> und du sollst den Herrn, deinen Gott, lieben
> aus deinem ganzen Herzen
> und aus deiner ganzen Seele

und aus deinem ganzen Denken
und aus deiner ganzen Kraft!

Im Munde eines gläubigen Israeliten heißt das: Israel kommt aus dem Segen Jahwes, es steht in seinem Segen und kann nicht ohne Jahwes Segen sein. Aus der Erfahrung, daß Israel sich IHM ganz und gar verdankt, will das Hauptgebot den Menschen zu jener Grundhaltung vor dem Geheimnis Gottes aufrufen, die das Alte Testament »Furcht Gottes« nennt.

In diesem Hauptgebot wird die Vielgestaltigkeit der einzelnen Gebote auf ihre letzte Mitte und Einheit zurückgeführt. Das Hauptgebot liegt gleichsam allen Einzelgeboten voraus und umfaßt sie zugleich alle.

Das sog. *Schema* betete der gläubige Israelit am Morgen und am Abend. Auf diese Weise konfrontierte er sich täglich mit dem Evangelium des Gottesvolkes. Er gedachte der Heilszuwendungen Jahwes an Israel, seiner Befreiung und Berufung. In diesem gläubigen Gedenken erkannte er die Totalität des göttlichen Anspruchs, zerbrach das Gesetz als Instrument, sich vor Gott zu sichern und ihm gegenüber einen Anspruch zu erheben. –

Gott mit Herz und Gemüt, mit allen Kräften des Geistes und der Seele zu lieben – das ist das Entscheidende. Alle Gebote bekommen erst von daher ihren Sinn und ihr Gefälle.

2. Diesem alten Gebot gibt Jesus einen neuen Sinn durch die Parallelisierung mit dem zweiten Gebot: »Du sollst deinen Nächsten lieben wie dich selbst. Ein anderes Gebot, größer als dieses, gibt es nicht.« Damit sagt er, daß es einen Konflikt zwischen diesen beiden Geboten, zwischen Gottesliebe und Menschenliebe nicht gibt. Die innere Evidenz, die Stimmigkeit des Erlebens ist das Kriterium für ihre Einheit und absolute Geltung – gegen alle Angst und gegen allen Widerstand. Es ist das Gebot des Lebens, das Israel lernte, als es aufbrach in die Freiheit, in das Land seiner Bestimmung. Es ist das Wichtigste, das wir im Leben lernen können: zu entdecken, wer wir selber sind, was die Wahrheit unseres Lebens ist und ihr mit aller Entschiedenheit treu zu bleiben. Nur auf diese Weise können wir Gott mit allen unseren Kräften dienen und ihn verherrlichen. Wir können als Menschen nur **ganz** werden in dem Maß, als wir zur Erfahrung und zum Bekenntnis der Einzigkeit Gottes finden. Allein von dieser ganzheitlichen Beziehung hängt die Einhaltung der »Gebote« ab, die ja nicht einfach durch Vorsatz und Anstrengung zu erfüllen sind. Selbstfindung und Gottfindung sind aus der Sicht Jesu eine Einheit.

Diese Parallelisierung gibt es zwar auch in spätjüdischen Schriften, aber erst durch das Verhalten Jesu, durch die innere Konsequenz seines Lebens, gewinnt sie ihre überzeugende Kraft.

3. Die Zustimmung des Schriftgelehrten auf Jesu Antwort ist einzigartig in den Evangelien: »Gut, Meister, nach der Wahrheit hast du gesprochen, ›Er ist der Einzige, und kein anderer ist außer ihm,‹ und ›ihn lieben aus ganzem Herzen und aus ganzem Verstand und aus ganzer Kraft‹ und ›den Nächsten lieben wie sich selbst‹, ist weit mehr als ›Brandopfer und Schlachtopfer‹.«

Auf dem Höhepunkt des Konflikts, als der Bruch zwischen Jesus und seinen Gegnern schon endgültig ist, bezeugt einer ihrer Theologen diesem Rabbi aus Nazareth, daß er mit der besten Tradition seines Volkes in Einklang steht. Dazu wird diese Feststellung noch auf dem Tempelplatz ausgesprochen, an der Stätte des Opfers. Markus läßt durchblicken, daß Jesus unschuldig in die Passion hineingehen wird.

4. Jesus spürt, wie nah ihm dieser offene und suchende Mensch ist. »Du bist nicht fern vom Reich Gottes.« Das ist Lob und Einladung zugleich. Er fordert ihn auf, seiner Einsicht zu folgen und den Schritt »ins Gottesreich hinein« zu tun.

Die Schlußbemerkung, daß von jetzt an niemand mehr Jesus zu fragen wagte, unterstreicht noch einmal die Haltlosigkeit der gegnerischen Position.

Was ist die Grundmotivation meines religiösen Strebens?

Die Frage Jesu nach der Sohnschaft des Messias
Mk 12,35–37

35 Und Jesus antwortete, als er im Heiligtum lehrte: Wieso sagen
die Schriftgelehrten, der Messias sei Davids Sohn? 36 Selber hat
David im heiligen Geist gesagt:
Es sprach der Herr zu meinem Herrn:
Setze dich zu meiner Rechten,
bis ich deine Feinde lege
unter deine Füße.
37 Selbst nennt David ihn Herr; wieso ist er dann sein Sohn? Und
die große Volksmenge hörte ihn gern.

Nach dem Gespräch mit einem Schriftgelehrten über das wichtigste Gebot trauen sich die Gegner Jesu nicht mehr, ihm eine Frage zu stellen. Ihre taktischen Überlegungen und Fangfragen konnten vor der Überzeugungskraft dieses galiläischen Rabbi nicht bestehen. Es wird schwer für sie gewesen sein, diesen Autoritätsverlust hinnehmen zu müssen. Wenn damit ihre öffentliche Auseinandersetzung mit Jesus ein ungewolltes Ende genommen hat, ihre Absicht, ihn zu vernichten, betreiben sie im Geheimen weiter.

1. Mit der Frage, wessen Sohn der Messias sei, beschließt Markus das öffentliche Wirken Jesu in Jerusalem. Jesus selbst stellt die Frage auf dem Hintergrund spätjüdischer Vorstellung, der Messias sei als Sohn Davids der König, der vom Sion her das Reich Davids neu und endgültig aufrichten und Israel von aller Fremdherrschaft befreien werde. Dieses Bild vom kommenden Messias war wesentlicher Bestandteil schriftgelehrter Theologie. Ihrer Auffassung stellt Jesus die Schrift gegenüber. Hier wird der Anfang des 110. Psalms zitiert, der vom Messias als vom Herrn (*kyrios*) spricht. David wird als Autor dieses Psalms verstanden, der im Heiligen Geist die Erhöhung des Messias zur Rechten Gottes und die Unterwerfung seiner Feinde schauen durfte. Aus dem Zitat folgert Jesus: Wenn David den Messias 'kyrios' (Herr) nennt, dann kann er dessen Sohn nur seiner menschlichen Herkunft nach sein. Möglicherweise kündigt sich in der Erhöhung des Messias bereits an, was geschieht, wenn der Menschensohn von den Ältesten, den Hohepriestern und den Schriftgelehrten verworfen und getötet wird (vgl. Mk 8,31).

Für die christliche Gemeinde war es wichtig, mit der Frage nach der Sohnschaft des Messias ihr eigenes Christusbekenntnis gegenüber spätjüdischen Vorstellungen zu formulieren. Abweichend von der Meinung der Schriftgelehrten kam es ihr darauf an, ein religiös tieferes Verständnis vom Wesen der Gottesherrschaft und der Person des Messias zu vermitteln. Wer Jesus Christus ist, wird man letztlich nur in der Nachfolge des verworfenen und gekreuzigten Menschensohnes erfahren.

2. Mit der Bemerkung, daß die Volksmenge Jesus gern hört, beschließt Markus diesen Abschnitt. Diese Sympathie wird wenig später umschlagen in das Verlangen, Barrabas statt Jesus freizubekommen, und Pilatus wird dem Volk Genüge tun. Wer das Spiel der Mächtigen nicht mitspielt und unterliegt, muß die Enttäuschungen derer tragen, die sich um ihre Hoffnung betrogen sehen.

Die Warnung vor den Schriftgelehrten und das Lob der armen Witwe Mk 12,38–44

Und in seiner Lehrrede [38] sagte er: Hütet euch vor den Schriftgelehrten, die wollen in Talaren einhergehen und Begrüßungen auf den Marktplätzen und [39] erste Sitze in den Synagogen und erste Plätze bei den Gastmählern, [40] die die Häuser der Witwen leerfressen und vorgeben, lange zu beten – sie werden ein um so härteres Urteil empfangen. [41] Und er setzte sich gegenüber dem Opferstock und schaute zu, wie das Volk Geld in den Opferstock warf und viele Reiche warfen viel hinein. [42] Und es kam eine arme Witwe und warf zwei Kleinmünzen, das ist ein Pfennig, hinein. [43] Da rief er seine Jünger herbei und sagte ihnen: Amen, ich sage euch, diese Witwe, die Arme – mehr als alle hat sie eingeworfen von denen, die in den Opferstock einwerfen. [44] Denn alle haben aus ihrem Überfluß eingeworfen, sie aber hat aus ihrer Armut alles, was sie hatte, eingeworfen, ihren ganzen Lebensunterhalt.

1. Die Auseinandersetzung mit den religiösen und politischen Gruppen seines Volkes im Tempel von Jerusalem (seit Mk 11,27) schließt mit der Warnung Jesu vor den Schriftgelehrten. In aller Offenheit nennt er ihre Eitelkeit, ihre Habsucht und ihre Heuchelei beim Namen. Wann immer Jesus wesentliche Werte menschlichen Lebens bedroht sieht, scheut er nicht die notwendige Konfrontation. Die Fehlhaltungen der Schriftgelehrten zerstören die religiöse Substanz der Menschen. Darum müssen sie aufgedeckt werden.

Nach Markus endet Jesu öffentliche Wirksamkeit mit dieser offenen Kritik vor »einer großen Menschenmenge, die ihm mit Freude zuhörte« (Mk 12,37 b).

2. Am Ende des Kapitels und in scharfem Kontrast zu den Fehlhaltungen der Schriftgelehrten steht die Szene mit der armen Witwe. Sie bildet den »stillen Höhepunkt« alles bisher Geschilderten. Eine Witwe gehörte in Israel zum rechtlosesten Teil der Bevölkerung und wurde deshalb zusammen mit den Waisen der besonderen Obhut des Volkes empfohlen. Schon Ex 22,21b

mahnt: »Eine Witwe oder Waise sollt ihr nie bedrängen. Bedrückst du sie und schreien sie zu mir, so werde ich ihr Schreien erhören« (vgl. Jes 1,23; 10,2 und 9). Unrecht an Witwen und Waisen gehört zu den besonders schlimmen Vergehen.

Jesus hält sich noch im Tempel auf – in der Nähe der Schatzkammer. Dabei sieht er, wie die Leute Geld in den Opferkasten werfen. Er nimmt auch wahr, mit welcher Gesinnung die Vielen ihre Gabe bringen. Eine Witwe kommt mit zwei der kleinsten Kupfermünzen. Das ist alles, was sie hat und doch ist es in den Augen Jesu mehr als alles, was die anderen geben. Die arme Frau hat damit Gott »ihr ganzes Leben« gegeben. Sie allein hat verstanden, worum es im Hauptgebot geht: Gott aus ganzem Herzen und aus ganzer Seele und mit allem Denken und mit aller Kraft zu lieben. Vielleicht können wir zu einer solchen Haltung nur durch die Erfahrung von Armut, Not und Leid geführt werden. Diese Witwe hat nichts zu verlieren und vermag alles zu geben. In der Gestalt dieser Frau leuchtet der »heilige Rest« auf, in dem die kostbarste Tradition Israels weiterlebt und hinüberführt zur Gemeinde Jesu.

Markus charakterisiert das Geschehen vor der Schatzkammer des Tempels als Jüngerbelehrung. Er gibt damit der Gemeinde das Grundmotiv allen religiösen Strebens: die Lauterkeit der Gesinnung vor Gott ist entscheidend.

Vom Ende des Tempels und dem »Ausliefern« der Jünger
Mk 13,1–13

[1] Und als er aus dem Heiligtum kommt, sagt ihm einer seiner
Jünger: Meister, sieh, was für Steine und was für Bauten! [2] Und
Jesus sagte zu ihm: Du siehst diese großen Bauten? Hier wird
nicht Stein auf Stein gelassen, keiner, der nicht heruntergerissen
würde. [3] Und als er am Ölberg saß, gegenüber dem Heiligtum,
fragten ihn, für sich, Petrus und Jakobus, Johannes und Andreas: [4]
Sag uns, wann wird das sein und was ist das Zeichen, wann dies
sich alles vollenden wird. [5] Und Jesus fing an, ihnen zu sagen:
Seht zu, daß keiner euch irreführt! [6] Viele werden kommen unter
meinem Namen und sagen: Ich bin es, und viele werden sie irre-
führen. [7] Wenn ihr aber hört von Kriegen und Kriegsgerüchten,
erschreckt nicht; es muß geschehen, aber es ist noch nicht das
Ende. [8] Denn erheben wird sich Volk gegen Volk und Königreich
gegen Königreich; es wird Erdbeben geben an manchen Orten, es
wird Hungersnöte geben – der Anfang der Wehen ist das.

[9] Seht aber auf euch selbst! Ausliefern werden sie euch an Ge-
richte und in Synagogen, ihr werdet ausgepeitscht und vor Statt-
halter und Könige wird man euch stellen um meinetwillen, ihnen
zum Zeugnis. [10] Doch zu allen Völkern muß zuerst die Heilsbot-
schaft verkündet werden. [11] Und wenn sie euch hinschleppen und
ausliefern, sorgt euch nicht vorher, was ihr reden sollt, sondern
was immer euch gegeben wird in jener Stunde, das redet! Denn
nicht ihr seid, die reden, sondern der Heilige Geist. [12] Und auslie-
fern wird der Bruder den Bruder zum Tod, und der Vater das
Kind, und aufstehen werden die Kinder gegen die Eltern und wer-
den sie töten. [13] Und ihr werdet gehaßt sein von allen wegen mei-
nes Namens. Wer aber ausharrt bis ans Ende, der wird gerettet.

1. Jesus verläßt den Tempelbezirk. Seit seinem ersten Besuch (Mk 11,11) hatte er sich immer wieder dort aufgehalten. Diesmal ist sein Abschied endgültig. Als einer der Jünger seine Bewunderung für diese grandiose Tempelanlage mit ihm teilen möchte, spricht Jesus von der Zerstörung des Heilig-

tums: »Hier läßt man nicht Stein auf Stein, nichts, was nicht niedergerissen würde.« Wann immer Steine und Strukturen, Riten und Gebräuche nicht mehr Ausdruck der Leidenschaft Gottes für den Menschen sind, wann immer sie dazu mißbraucht werden, sich dem lebendigen Gott zu verweigern, werden sie hineingerissen in die Vergänglichkeit alles Geschöpflichen. Die Geschichte Gottes mit seinem Volk ist ein ständiges Veto, den Unbegrenzten in die Begrenzung zu bannen. Wer sich von Gott ein Bild gemacht hat, den kann Gott nicht mehr bilden, und darum immer wieder die schmerzliche Zertrümmerung von Bildern und Symbolen, mit denen sich der Mensch von der größeren Sehnsucht dispensiert. Die Verheißung an Abraham, allen zum Segen zu werden, muß ihre Kraft verlieren, sobald man sich damit begnügt, sie zu institutionalisieren und zu ritualisieren. Jesus trennt sich vom Tempel mit allem, was zur Aufrechterhaltung seines Betriebes gehört und überläßt ihn seinem Schicksal. Als er dann auf dem Ölberg dem Tempel gegenüber mit einigen seiner Jünger wieder »für sich« ist, fragen sie ihn im Angesicht der großartigen Anlage und der prachtvollen Bauwerke, wann ihre totale Vernichtung sich ankündige. Es sind dieselben vier, die als Erste in seine Nachfolge gerufen wurden. Außer Andreas gehören sie zu den Vertrauten, die Jesus immer dann in seiner Nähe hat, wenn es darum geht, sie in Berührung mit tiefsten Geheimnissen zu bringen (Mk 5,37–43; 9,2–13; 14,33–42).

2. Es sieht so aus, als spiegele sich in der Jüngerfrage die gegenwärtige Situation der Markusgemeinde. Sie glaubt sich am Anfang der Wehen und ist gespannt, »wann dies alles sich vollenden wird.« Jesu endzeitliche Mahnrede will die Jünger gegen die Gefahr schützen, ihren inneren Standort zu verlieren. Seine Wiederkunft ereignet sich nicht mehr in geschichtlichen Dimensionen. Jesu Kommen wird »die Geschichte durchbrechen und beenden« (J. Gnilka). Deshalb sollen sie sich weder von falschen Messiassen aus den eigenen Reihen irreführen noch von Kriegen und Katastrophen erschüttern lassen. Worauf es ankommt, ist allein, daß die Frohbotschaft alle Völker erreicht. Der Weg des Evangeliums zu den Menschen wird sich – trotz Haß und tödlicher Feindschaft selbst in den eigenen Familien – durchsetzen. Der Evangelist verwendet in diesem Zusammenhang wiederholt das Wort »ausliefern« (V. 9, 11 und 12: paradidonai). Als Schlüsselwort der markinischen Passionsgeschichte will es daran erinnern, das den Jüngern unter Verfolgungen abverlangte Zeugnis als Verkündigung des Evangeliums zu verstehen. Sie geschieht im heiligen Geist, der sie erfüllen und aus ihnen sprechen wird. Wer sich seinem Wirken überläßt, wird ausharren bis ans Ende, bis er von Gott aus allen Katastrophen und Leiden erlöst wird. Das Ausharren bis ans Ende wird in der Passion Jesu selbst sichtbar werden. So ist der erste Teil der eschatologischen Mahnrede gleichsam eine Einführung der Jünger in das Geheimnis der »dunklen« Seite ihrer Jesus-nachfolge.

Von der großen Drangsal und dem Kommen des Menschensohnes
Mk 13,14–27

14 Wenn ihr aber seht *den Greuel der Verwüstung* aufgestellt, wo
er nicht darf – wer immer es liest, merke auf! –, dann sollen die
in Judäa fliehen in die Berge, 15 der auf dem Dach steige nicht
hinunter, gehe nicht mehr hinein, etwas zu holen aus seinem
Haus, 16 und der auf dem Land kehre nicht zurück, seinen Mantel
zu holen. 17 Wehe aber den Schwangeren und Stillenden in jenen
Tagen! 18 Betet deshalb, daß es nicht im Winter geschieht. 19
Denn jene Tage werden eine Drangsal sein, wie sie so nicht war
seit Anfang der Schöpfung, die Gott erschaffen, bis jetzt, noch
jemals sein wird. 20 Und wenn nicht der Herr die Tage abgekürzt
hätte, kein lebend Wesen würde gerettet; doch wegen der Aus-
erwählten, die er sich ausgewählt, hat er die Tage abgekürzt.
21 Und wenn dann jemand zu euch sagt: Sieh, hier, der Messias!,
sieh, dort! glaubt es nicht. 22 Denn aufstehen werden Lügenmes-
siasse und Lügenpropheten, und sie werden Zeichen und Wunder
wirken, um, wenn möglich, die Auserwählten irre zu führen. 23
Ihr aber seht zu! Vorausgesagt habe ich euch alles.
24 Aber in jenen Tagen nach jener Drangsal
wird die Sonne sich verfinstern
und der Mond wird seinen Schein nicht geben,
25 *und es werden die Sterne* aus dem Himmel *fallen*
und die Kräfte in den Himmeln werden erschüttert werden.
26 Und dann werden sie *den Menschensohn kommen sehen auf*
Wolken mit großer Macht *und Herrlichkeit.* 27 Und dann wird er
die Engel aussenden und sammeln seine Auserwählten von den
vier Winden, vom Rand der Erde bis zum Rand des Himmels.

1. Der zweite Teil der endzeitlichen Mahnrede spricht zu Beginn von einem Ereignis, das die folgenden Geschehnisse auslöst und deshalb den Leser und Hörer zu besonderer Achtsamkeit auffordert. Da ist vom »Greuel der Verwüstung« die Rede, einem Gegenstand des Abscheus, der Verwüstung und Ver-

ödung bewirkt. Im Alten Testament wird mit *»bdélygma«* vor allem ein von Menschenhand gemachtes Götzenbild bezeichnet. Vermutlich sieht Markus in diesem Zeichen die Gestalt gewordene Macht des Bösen, die von einem geheimnisvoll umschriebenen Ort her ihre zerstörerische Herrschaft ausbreitet. Dieses Zeichen ist für die Adressaten deshalb so wichtig, weil es ihnen den Zeitpunkt der sofortigen Flucht anzeigt. Diese Flucht aus Judäa in die Berge muß ohne Zögern und Umwege geschehen. Wer auf dem Dach seines Hauses ist, soll über die Außentreppen hinabsteigen und keine Zeit damit verlieren, noch etwas aus dem Haus zu holen. Wer auf dem Feld arbeitet, soll nicht einmal seinen Mantel mitnehmen, den er irgendwo abgelegt hat. Besonders hart wird die Flucht jene Frauen treffen, die schwanger sind oder einen Säugling zu stillen haben. Die Schrecken, die das Ereignis auslöst, werden alles bisher Dagewesene so sehr in den Schatten stellen, daß kein Mensch diese große Drangsal überleben könnte, »wenn nicht der Herr die Tage abkürzen würde«.

Die Aufforderung zum Gebet, daß die Zeit der großen Drangsal nicht in den Winter fällt, und die Zusage, daß der Herr den Seinen auch in der größten Bedrängnis seit Menschengedenken nahe ist, wendet sich wieder an die in der Gegenwart lebende Gemeinde. Sie sind ein Aufruf zum Glauben, daß Gott allem gegenteiligen Anschein zum Trotz die gesamte Schöpfung ihrem Ziel entgegenführt. In diesen notvollen Prozeß der Vollendung wird auch die Gemeinde miteinbezogen. Es gibt für niemanden eine absolute Sicherheit. Jeder einzelne muß sich bewähren.

2. Zu der Bedrohung von Leib und Leben kommt noch die Bedrohung von innen. Zeiten auswegloser Not machen empfänglich für alle möglichen Pseudo-christusse und falsche Propheten, vor allem, wenn sie mit Zeichen und Wundern aufwarten können. Darum warnt der Evangelist seine Gemeinde mit der Autorität Jesu vor einem enthusiastischen Christusglauben, der den leidenden Menschensohn aus dem Blick verloren hat. Immer wieder versucht Markus, die **ganze** Wahrheit über den Messias begreiflich und als »Evangelium«, als Frohe Botschaft seiner Gemeinde zugänglich zu machen. Die Aufforderung zur inneren Wachsamkeit unterstreicht dann noch einmal, daß die Jünger nicht von der großen »Prüfung« ausgenommen sind.

3. Mit »aber« wird die Wende nach der großen Drangsal angekündigt. Was nun geschieht, erschüttert den ganzen Kosmos und macht dem »Greuel der Verwüstung« ein Ende. Das mit apokalyptischen Bildern geschilderte Zusammenbrechen des Kosmos findet seinen Höhepunkt in der Erscheinung des Menschensohnes. Wenn der Menschensohn kommt, wird er allen sichtbar. Dann wird er seine über die Erde zerstreute Gemeinde zusammenführen. Der Ausblick auf die Heimkehr der von Gott Auserwählten in die endgültige Ge-

meinschaft mit ihm ist die entscheidende Aussage. So werden die Ereignisse der Gegenwart, in der sich die Gemeinde und jeder einzelne zu bewähren hat, zu Vorzeichen auf jenes Kommen des Menschensohnes, zu dem die ganze Schöpfung unterwegs ist. Dieser endzeitliche Ausblick auf das Kommen des Menschensohnes verweist wieder auf die Passionsgeschichte (Mk 14,62) und führt zurück in die Gegenwart. Er erinnert an den, der (nun bald) in die Hände der Menschen ausgeliefert werden »muß«.

**Von der rechten Einstellung auf das Ende
Mk 13,28–37**

28 Vom Feigenbaum aber lernt das Gleichnis: Wenn sein Zweig
schon weich wird und hervorsprossen die Blätter, erkennt ihr,
daß der Sommer nah ist. 29 So auch ihr, wenn ihr das geschehen
seht, so erkennt, daß er nahe ist am Tor. 30 Amen, sage ich euch:
dieses Geschlecht wird nicht vergehen, bis all das geschieht. 31
Himmel und Erde werden vergehen, meine Worte aber werden
niemals vergehen.
32 Von jenem Tag aber oder der Stunde weiß niemand, auch
nicht die Engel im Himmel, auch nicht der Sohn, nur der Vater.
33 Seht zu! Schlaft nicht! Denn ihr wißt nicht, wann die Zeit ist.
34 Wie ein Mann außer Landes, der sein Haus zurückgelassen
und seinen Knechten die Vollmacht gegeben hat, jedem seine
Arbeit, und dem Türhüter befohlen, daß er wache.
35 Wachet also! Denn ihr wißt nicht, wann der Herr des Hauses
kommt, ob am Abend spät oder um Mitternacht, ob beim Hah-
nenschrei oder in der Frühe – 36 nicht daß er plötzlich kommt
und findet euch schlafend! 37 Was ich aber euch sage, sage ich
allen: Wacht!

1. Das Gleichnis vom Feigenbaum will seine Leser und Hörer dafür sensibilisieren, sich auf den plötzlichen Eintritt des Endes gefaßt zu machen. Niemand soll sich damit beruhigen, daß das Kommen des Menschensohnes erst für künftige Generationen aktuell sein wird. »Nachfolge radikal verstanden ... ist ohne das Harren auf ein baldiges Kommen des Herrn nicht zu leben ... Nachfolge und Naherwartung gehören zusammen wie zwei Seiten einer Münze ... Wer dies vergißt, zerstört die Nachfolge, bzw. er ist dabei, sie stillschweigend zu zerstören ...« (J. B. Metz). Statt sich mit zweifelhaften Berechnungen über das Ende abzugeben, sollen sich die Jünger in der Treue zu Jesu »Worten« bewähren. Diese behalten ihre sinnstiftende Kraft und Gültigkeit auch in den Wehen der Endzeit und werden nicht in das Vergehen von Himmel und Erde hineingezogen. Vers 32 ist eine klare Absage an alle Versuche, apokalyptische Terminspekulationen anzustellen. Die Gemeinde soll darauf vertrauen, daß Gott der Herr der Geschichte bleibt.

2. Mit einem weiteren Gleichnis beschließt Markus die endzeitliche Mahnrede. Viermal steht in diesem kleinen Abschnitt die Aufforderung zum Wachen. Sie verweist auf die wiederholte Aufforderung Jesu an seine Jünger im Garten von Gethsemani und unterstreicht die Notwendigkeit, in der Erwartung des Herrn nicht zu ermüden. Wer nicht unterwegs bleibt mit einer großen Hoffnung, wird seine Widerstandskraft gegen den »Lauf der Dinge« verlieren. Wer nicht mehr auf eine Zukunft aus ist, die er selbst nicht machen kann, dem verflachen nach und nach alle geistigen Bezüge. Wer nicht mehr mit der unberechenbaren Rückkehr des Hausherrn rechnet, wird unfähig zur Teilnahme am Geheimnis der Passion. Die Erwartung des Endes und die Bereitschaft zur Passion gehören für Markus zusammen. Über den Kreis der eingangs genannten vier Vertrauten (Mk 13,3) werden **alle** eindringlich zur Wachsamkeit gemahnt.

Mit diesem Appell zur eschatologischen Wachsamkeit faßt der Evangelist das Grundanliegen der endzeitlichen Rede zusammen. Sie soll der Gemeinde angesichts einer ungewissen Zukunft Orientierung an den Worten Jesu geben und in der Erwartung seines Kommens bestärken. In der Haltung des wachsamen Türhüters werden sie das Haus des Herrn für seine plötzliche Rückkehr bereithalten.

Von einer Reaktion der Jünger auf Jesu Rede am Hang des Ölbergs im Angesicht des Tempels wird nichts berichtet. Die Passionsgeschichte schließt sich unmittelbar an. Mit ihr beginnen die Leiden und Verfolgungen, von denen Jesus spricht und in die sie schicksalhaft einbezogen werden.

Das Präludium zur Passion
Mk 14,1–11

1 Zwei Tage danach war das Passah und das Fest der ungesäuer-
ten Brote. Da suchten die Hohen Priester und die Schriftgelehr-
ten, wie sie ihn mit einer List festnehmen und töten könnten. 2 sie
sagten nämlich: Nicht am Fest, sonst gibt es Volksaufruhr. 3 Und
als er in Bethanien war, im Hause Simons des Aussätzigen, wäh-
rend er zu Tische lag, kam eine Frau mit einer Alabasterflasche
voll echten, sehr teuren Nardenöls, zerbrach die Alabasterflasche
und schüttete es über sein Haupt aus. 4 Da waren einige bei sich
aufgebracht: Wozu ist diese Verschwendung des Öls geschehen?
5 Man hätte doch dieses Öl verkaufen können für über dreihun-
dert Denare und den Armen geben! Und sie fuhren sie an. 6 Jesus
aber sagte: Laßt sie! Warum macht ihr es ihr schwer? Ein gutes
Werk hat sie an mir getan. 7 Denn immer habt ihr Arme bei euch,
und wann ihr wollt, könnt ihr ihnen Gutes tun, mich aber habt ihr
nicht immer. 8 Was sie vermochte, hat sie getan: sie hat vorweg-
genommen, meinen Leib zu salben zum Begräbnis. 9 Amen, ich
sage euch: wo immer die Heilsbotschaft verkündet wird in der
ganzen Welt, wird auch, was sie getan, erzählt werden zum Gen-
denken an sie.
10 Und Judas Isakrioth, der eine von den Zwölf, ging weg zu den
Hohen Priestern, um ihn auszuliefern an sie. 11 Die aber, als sie
es hörten, freuten sich und versprachen, ihm Geld zu geben. Da
suchte er, wie er ihn bei günstiger Gelegenheit ausliefern könnte.

Markus fügt die drei Szenen: Todesbeschluß, Salbung und Judasverrat zu einer erzählerischen Einheit: Die Hauptperikope (14,3–9) ist von zwei kleinen Abschnitten umschlossen – ein von Markus auch sonst gebrauchtes literarisches Mittel, dem man in der Passionsgeschichte noch öfter begegnet. Der Evangelist kann so theologisch zusammengehörende Aussagen zur gegenseitigen Erhellung bringen, ohne ihre wechselseitige Spannung aufzulösen.

1. Der Todesbeschluß

»Zwei Tage danach war das Fest des Passah und der ungesäuerten Brote.«

Die Leidensgeschichte beginnt mit einer heilsgeschichtlichen Perspektive, in der alles Folgende zu betrachten ist: Noch zwei Tage und dann kommt das große Fest der Juden. Es wird in der ersten Vollmondnacht nach der Frühjahrs-Tag-und-Nachtgleiche zum Gedächtnis an die Befreiung Israels aus Ägypten und in der Hoffnung auf endgültige Erlösung gefeiert (vgl. Ex 12,1–14). Das Jahwepassah ist ein Mahl »im Vorübergehen«, das Signal zum entschlossenen Aufbruch aus allen pharaonischen Nöten und Zwängen.

Das Fest der ungesäuerten Brote, Mazzot, schließt sich unmittelbar an. Es ruft den **eiligen** Aufbruch der Israeliten in Erinnerung, bei dem der Brotteig ungesäuert mitgenommen werden mußte.

Es war ein Aufbruch aus entwürdigender Abhängigkeit in die Freiheit, ein Wagnis, bei dem man alles verlieren konnte. Der Exodus verlangte allen eine neue Lebensweise ab: Aus seßhaften Sklaven wurden wieder freie, ungesicherte Nomaden. Dieser eilige Aufbruch der Israeliten bei Nacht stützte sich allein auf die Zusage Jahwes, er werde für sein Volk da sein, er werde mit ihm ziehen und es durch alle Gefahren von Wasser und Wüste in das Land der Verheißung führen.

Wenn die Passion Jesu mit der Erinnerung an dieses alttestamentliche Geschehen eingeleitet wird, dann ist damit gesagt: Dieser Weg ist nur möglich in der Treue Jahwes, in dem Vertrauen, daß der Vater im Dunkel des rätselhaften Leidens und Sterbens mit ihm geht. – Gleichzeitig liegt in dieser heilsgeschichtlichen Perspektive der Hinweis: Erlösung, Heil erfüllt sich ganz anders als Menschen es sich vorstellen und erwarten.

Alles, was geschieht, wird sich Schritt für Schritt an diesem Fest nach Gottes Plan erfüllen – in einem unentwirrbaren Geflecht von Bosheit und menschlichem Versagen.

Noch zwei Tage ... Es bleibt nicht mehr viel Zeit für die »Hohenpriester und Schriftgelehrten«, die Jesus »mit List« heimlich aus dem Weg schaffen wollen. Sie haben ihn lange belauert. Immer wieder hatten sie auf eine Gelegenheit gewartet, sich seiner zu bemächtigen. Vergeblich! Je länger die Auseinandersetzung mit ihm sich hinzog, desto mehr verloren sie ihr Gesicht. Sie haben Angst vor ihm. Die Freiheit, die dieser Mann aus Galiläa ausstrahlte, war durch nichts und niemanden zu relativieren. Seine Wirkung auf die Menschen wurde für sie immer bedrohlicher. Die Angst hatte ihnen die Wärme des Vertrauens genommen und einem tödlichen Haß Platz gemacht. Da sie öffentlich und auf legalem Weg nichts gegen ihn ausrichten können, bleibt ihnen nur die Möglichkeit, Jesus »mit List« zu beseitigen.

2. Der Verrat des Judas

In Mk 14,10 taucht dann der auf, der ihnen dabei behilflich sein will: »Judas Ischariot, der eine von den Zwölfen«. Dieser Name ist in schmerzlicher Erinnerung. Judas hat Jesus den Gegnern in die Hände gespielt und dafür Geld genommen. Mehr sagt Markus über diesen unheimlichen Vorgang nicht. Er nennt weder ein Motiv noch die Einzelheiten der Abmachung. In diesen wenigen, nüchtern feststellenden Worten kommt die ganze Ungeheuerlichkeit des Verrats ans Licht.

»Der eine von den Zwölfen« macht Jesus zum Objekt eines Geschäfts. Welche Abgründe sind im Menschen! Ein so rätselhafter Verrat geschieht nicht ohne Vorgeschichte. Irgendwann war Judas »weggegangen«. Allmählich war die innere Trennung vom gemeinsamen Leben mit den Brüdern gewachsen, während äußerlich alles noch beim alten blieb. Wer wie Judas an Jesus vorbei seinen eigenen Weg verfolgt, wird schließlich auf Trennung drängen, wenn nicht zum Verräter werden. Und Judas läßt sich dafür noch bezahlen.

3. Die Salbung in Bethanien

Umgeben von tödlicher Feindschaft, List und bezahltem Verrat steht das ungewöhnliche Tun der Frau und seine Deutung durch Jesus:

Beim Mahl der Männer im Hause Simons des Aussätzigen erscheint plötzlich eine Frau aus dem Volk mit einem Alabastergefäß. Sie zerbricht den Hals des Gefäßes und gießt das kostbare Salböl über Jesu Haupt aus. Einige Tischgenossen nehmen daran Anstoß (wörtlich: sie murren untereinander). Sie nennen das Tun der Frau eine unverantwortliche Verschwendung und machen ihr heftige Vorwürfe. Die Kritik gilt indirekt Jesus, der eine solche Verschwendung nicht empört zurückweist. Er läßt sie an sich geschehen.

Jesus nimmt die unbekannte Frau in Schutz. Er lenkt die Aufmerksamkeit auf seinen nahen Tod: »Mich aber habt ihr nicht immer« und deutet die Salbung als prophetische Zeichenhandlung. Sie hat den gesalbt, der für uns in den Tod geht. Nach Markus erkennt diese Frau als einzige in Jesus den Armen, ›der um unseretwillen arm geworden ist, damit wir durch seine Armut reich werden‹ (vgl. 2 Kor 8,9). Deshalb gießt sie ihren ganzen Reichtum über ihn aus: »Was sie vermochte, hat sie getan.« Und darum – das ist der ursprüngliche Sinn von Vers 9 – wird ihre Tat vor Gott und bei den Menschen nicht in Vergessenheit geraten. In dieser Frau ist der »Glaube ans Evangelium« (Mk 1,15) beispielhaft lebendig. Auch wenn sie mit ihrer verschwenderischen Güte die augenscheinliche Überlegenheit von Bosheit und roher Gewalt nicht mindern kann, so bleibt, was sie tut, unzerstörbar. Vielleicht wird nur jemand an die Auferstehung glauben können, dem einmal eine solche absichtslose Geste widerfahren ist.

Vermutlich will Markus das Murren der Tischgenossen mit ihren finanziellen und karitativen Überlegungen im Angesicht des Todes Jesu als Unglauben charakterisieren. Jesus deckt die Haltung der Menschen auf, die ihm auf seinem Todesweg begegnen (vgl. Mk 14,18.30).

So zeigt die Salbung von Bethanien, daß vor dem Paschafest noch etwas anderes am Werke ist als Bosheit und List, als Unglaube und bezahlter Verrat, daß Jesus auf seinem Weg in die Passion auch verschwenderische Liebe erfuhr. »Haß und Verrat stehen nur am Rande der Liebe, aber die Liebe zu Jesus ist umgeben von der Feindschaft der Welt, die bis in die Schar der Jünger hineinreicht« (H. Schlier).

Es mag eine Hilfe für die Meditation dieses Präludiums sein, einmal den inneren Bewegungen der Menschen nachzuspüren, die schon am Anfang der Leidensgeschichte mit der Passion Jesu in Beziehung gesetzt werden:

- die Menschen, die ihn aus Angst um ihren religiösen Einfluß mit List aus dem Weg räumen wollen;

- die innerlich schon längst den Faden zur Gemeinschaft mit ihm abgeschnitten haben, äußerlich aber noch alles beim alten lassen, bis sich eine günstige Gelegenheit zur Trennung ergibt. Ich muß damit rechnen, daß es sehr subtile, sehr feine, kaum wahrnehmbare Formen von List und Verrat im eigenen Herzen gibt, Jesus zu »erledigen«;

- schließlich die Menschen, die umgeben von Feindseligkeit, List und Verrat sich eine ungebrochene und absichtslose Liebe zu Jesus bewahrt haben.

Die Meditation der Geheimnisse seiner Passion wird nach und nach die Gesinnung meines Herzens offenlegen.

Das letzte Abendmahl
Mk 14,12–25

12 Und am ersten Tag der ungesäuerten Brote, da man das Pas-
sah(lamm) schlachtete, sagen seine Jünger zu ihm: Wo willst du,
daß wir hingehen und vorbereiten, damit du das Passah essen
kannst? 13 Und er schickt zwei seiner Jünger und sagt ihnen:
Geht in die Stadt, und es wird euch ein Mann begegnen, der ei-
nen Wasserkrug trägt, folgt ihm, 14 und wo er hineingeht, da sagt
zum Hausherrn: Der Meister sagt: Wo ist mein Gastzimmer, wo
ich das Passah mit meinen Jüngern essen kann? 15 Er selbst wird
euch ein großes Obergemach zeigen, mit Polstern belegt, fertig
hergerichtet; und dort trefft die Vorbereitungen für uns. 16 Da
gingen die Jünger fort und gingen in die Stadt und fanden es, wie
er ihnen gesagt hatte, und sie bereiteten das Passahmahl vor.
17 Und als es Abend geworden, kommt er mit den Zwölf. 18 Und
wie sie zu Tisch lagen und aßen, sprach Jesus: Amen, ich sage
euch: einer von euch wird mich ausliefern – (einer), der mit mir
ißt. 19 Da fingen sie an, traurig zu werden und ihm zu sagen, ei-
ner nach dem anderen: Doch nicht ich? 20 Er aber sagte ihnen:
Einer der Zwölf, der mit mir in die Schüssel tunkt. 21 Denn der
Menschensohn geht hin, wie geschrieben steht über ihn, wehe
aber jenem Menschen, durch den der Menschensohn ausgeliefert
wird. Gut wäre es für ihn, er wäre nicht geboren, jener Mensch!
22 Und während sie aßen, nahm er Brot, sprach die Preisung,
brach und gab es ihnen, und sagte: Nehmt, das ist mein Leib. 23
Und er nahm einen Becher, sprach den Dank und gab ihnen, und
es tranken daraus alle. 24 Und er sagte zu ihnen: Das ist mein
Blut des Bundes, das vergossen wird für viele. 25 Amen, ich sage
euch: Nie mehr werde ich trinken von der Frucht des Weinstocks
bis zu jenem Tage, da ich es trinke von neuem im Königtum
Gottes.

Auch dieser Abschnitt der Leidensgeschichte umfaßt drei kleine Perikopen. Die beiden ersten bereiten den Einsetzungsbericht vor. Er ist der Höhepunkt des geheimnisvollen Geschehens.

1. Die Vorbereitung des Mahles

»Am ersten Tag der ungesäuerten Brote, als man das Passahlamm schlachtete ...«

Die zweifache Zeitangabe erinnert noch einmal an das Datum, an dem alles sich nach Gottes Willen zu erfüllen begann, ganz anders jedoch als Israel es sich vorstellte und herbeisehnte. An diesem Tag also fragen die Jünger Jesus: »Wohin willst du, daß wir gehen und Vorbereitungen treffen, daß du das Passahmahl ißt?« Vielleicht will Markus mit dieser Frage (auch) die innere Haltung andeuten, mit der man sich dem Geheimnis des letzten Abendmahles nähern soll.

Jesus schickt zwei seiner Jünger nach Jerusalem hinein mit einem Auftrag, der erkennen läßt, daß er alles voraussieht und vorausbestimmt – bis in die Kleinigkeiten und Zufälligkeiten des Alltags. Er hat die Ereignisse seines Leidens vor Augen. Sie kommen nicht über ihn, sondern er geht auf sie zu.

»Wenn einmal das Wort ›niemals‹ in ein Leben eintritt, mit seiner stählernen Härte und seiner Atmosphäre von Leid, die aus einem großen machtlosen Bedauern hervorgeht, dann wird der Mensch in den grausamen und göttlichen Griff genommen, der ihm den Weg zum Leben und zur reinen Liebe eröffnen kann. Er muß jedoch bereit sein, dem zu entsprechen. Andernfalls wird die konkrete Angst vor dem endgültig Unmöglichen, anstatt die Verwandlung des Menschen in eine neue Seinsform herbeizurufen, nur seinen Zerfall beschleunigen« (Marcel Légaut).

Jesus sieht die Unabänderlichkeit seines Weges vor sich, und er ist entschlossen, ihn zu gehen.

»Die Jünger fanden alles so, wie er es ihnen gesagt hat, und bereiten das Passahmahl vor.« Dieser abschließende Satz unterstreicht die theologische Absicht des Evangelisten, daß alles, was nun bei diesem bedeutsamen Mahl geschieht, von Jesus ausgeht und von ihm bestimmt wird.

2. Die Ankündigung des Verrats

Als es Abend wird, kommt Jesus mit den »Zwölf«. Dieser engste Kreis seiner Vertrauten wird bei Markus auch an anderen wichtigen Stellen des Evangeliums hervorgehoben. Sie sind dazu bestimmt, **mit Jesus** zu sein (Mk 3,14). Allein von ihm her und nur aus der innigen Verbundenheit mit ihm können sie sich verstehen. Außerhalb dieser persönlichen Beziehung und Schicksalsgemeinschaft verlieren sie die Grundlage ihrer religiösen Identität.

Beim Mahl deckt Jesus plötzlich die innere Situation dieses Kreises auf: »Amen, ich sage euch: Einer von euch wird mich **ausliefern**, ›der mit mir ißt‹.« Sein Wort löst bei allen Betroffenheit aus. Sie werden traurig und einer nach dem anderen fragt ihn: »Doch nicht ich?« Niemand versucht, einen anderen zu belasten. Keiner ist sich seiner selbst sicher. Jeder hält den Verrat an Jesus im eigenen Herzen für möglich. Nicht einmal Petrus weist Jesu Wort entrüstet von sich.

Jesus antwortet nicht auf ihre Frage und nimmt ihnen nicht ihre heilsam bange Ungewißheit: »Einer von den Zwölfen, der mit mir in die Schüssel tunkt.«

Die junge Kirche hat sich nicht gescheut, die Erinnerung an dieses ungeheuerliche Geschehen wachzuhalten. Sie wußte um die unheimliche Macht des Bösen, um das Geheimnis der Sünde in ihrer eigenen Mitte. Sie wußte aber auch, daß Gottes Treue zum Menschen größer ist als alle Untreue des Menschen.

Jesus wird seinen Weg gehen, auch wenn einer von den Zwölf, der bis zum letzten Mahl an seiner Seite war, ihn verraten wird. Er wird seinen Weg gehen, bis keiner mehr mitgeht und er allein weitergehen »muß« -, um alle Bosheit an sich zu erschöpfen.

3. Die Stiftung des neuen Bundes

Noch während des Mahles nimmt Jesus Brot und spricht das Segensgebet, dann bricht er das Brot und reicht es den Zwölf mit den Worten: »Nehmt! Das ist mein Leib.« Umgeben von List und Verrat, im Wissen, daß einer seiner engsten Freunde sich von ihm lossagen wird und alle ihn noch in dieser Nacht verlassen, gibt Jesus sich diesen Menschen; ihn selbst empfangen sie leibhaftig und gewinnen im Brot eine neue Gemeinschaft mit ihm. Das Deutewort über die anschließende Becherhandlung verdeutlicht, daß es die Gemeinschaft mit dem ist, der sein Leben für sie und für alle in den Tod gibt: »Das ist mein Blut, das Blut des Bundes, vergossen für viele.« Hier kommt neben dem Bundesschluß am Sinai (Ex 24,1–11) vor allem die Gottesknechtstheologie in Erinnerung. Im babylonischen Exil, in dieser schwersten Zeit, die das alttestamentliche Gottesvolk durchzustehen hatte, kam Israel zu der Erkenntnis, daß es selbst in seiner Gottesferne, in seiner Passion das Opfer der Menschheit vor dem Angesicht Jahwes sei. Es verstand sich selbst als den leidenden Gottesknecht. Im ersten und zweiten Gottesknechtslied lesen wir: »Ich habe dich geschaffen und dazu bestimmt, der Bund zu sein für das Volk«, d. h. ich mache dich, den Zerschlagenen und Verlassenen, den Rechtlosen und Verzweifelten zum Heil für alle Menschen. Dein Leidensweg wird alle erlösen (vgl. Jes. 42,6; 49,8).

Die beiden unscheinbaren Worte: »für viele« sind ein Schlüssel für das Verständnis des markinischen Einsetzungsberichts: **Alle** bekommen Anteil an der versöhnenden Kraft des Todes Jesu und werden so zu Gliedern des Neuen Bundesvolkes. Er ist der Neue Bund Gottes mit den Menschen, in dem sich der alte Bund erfüllt.

In dieser Stunde vor dem Aufbruch nach Gethsemani berührt Jesus gleichsam die tiefsten Schichten seiner Liebe zum Menschen. Die Gedanken seines Herzens sind bei den Jüngern und bei den vielen, »ihr Leben dem Tod zu entreißen und sie zu nähren in der Not ihres Hungers« (vgl. Ps 32,11.19). In der Stunde, da jeder seiner Jünger den Verrat an Jesus bei sich für möglich hält, gibt er ihnen sein bedingungsloses Ja ...

Mit einem prophetischen Abschiedswort setzt Jesus das gegenwärtige Mahl mit dem endzeitlichen Mahl in Verbindung: »Amen, ich sage euch: Ich werde nicht mehr vom Gewächs des Weinstocks trinken bis zu jenem Tag, da ich es von neuem trinken werde im Reich Gottes.« Dann wird er fortsetzen, was er hier durch seinen Tod unterbrechen muß. Das letzte Wort Jesu vor dem Aufbruch in die Nacht seines Leidens ist durchstimmt von endzeitlichem Jubel. Sein Hingehen steht schon im Licht jenes Mahles, bei dem alles menschliche Sehnen und Hoffen seine Erfüllung findet.

Gethsemani
Mk 14,26–52

26 Und als sie den Hymnus gesungen, gingen sie hinaus zum Öl-
berg. 27 Und Jesus sagt ihnen: Alle werdet ihr Anstoß nehmen.
Denn es steht geschrieben:
Schlagen will ich den Hirten
und die Schafe werden zerstreut.
28 Aber nach meiner Auferweckung werde ich euch vorausgehen
nach Galiläa.
29 Petrus aber sagte zu ihm: Wenn auch alle Anstoß nehmen, aber
nicht ich! 30 Und Jesus sagt zu ihm: Amen, ich sage dir: du, heute
(noch), in dieser Nacht, ehe zweimal der Hahn kräht, wirst du
mich dreimal verleugnen. 31 Er aber redete mit noch mehr Eifer:
Wenn ich sterben müßte mit dir, nie werde ich dich verleugnen.
So aber sprachen sie alle.
32 So kommen sie zu einem Landgut mit Namen Gethsemani.
Und er sagt seinen Jüngern: Setzt euch hier, solange ich bete. 33
Und er nimmt den Petrus, Jakobus und Johannes mit sich. Da
fing er an zu erschauern und zu bangen 34 und er sagt ihnen: Tief
traurig ist meine Seele bis zum Tode; bleibt hier und wacht. 35
Und als er ein wenig weitergegangen, fiel er zur Erde und betete,
daß wenn es möglich ist, die Stunde an ihm vorübergehe. 36 Und
er sprach: Abba, Vater, alles ist dir möglich. Laß diesen Becher
an mir vorübergehen; doch nicht, was ich will, sondern, was du
willst! 37 Dann kommt er und findet sie schlafend und er sagt zu
Petrus: Simon, du schläfst? Warst du nicht stark genug, eine
Stunde zu wachen? 38 Wacht und betet, damit ihr nicht in Versu-
chung kommt. Der Geist ist zwar willig, das Fleisch aber
schwach. 39 Und wieder ging er weg und betete, indem er dassel-
be Wort sprach. – 40 Und wieder kam er und fand sie schlafend,
denn ihre Augen waren schwer geworden, und sie wußten nicht,
was sie ihm antworten sollten. 41 Dann kommt er zum drittenmal
und sagt ihnen: Ihr schlaft weiter und ruht euch aus? Es ist ge-
nug! Die Stunde ist gekommen! Siehe, der Menschensohn wird

in die Hände der Sünder überliefert. 42 Steht auf. Gehen wir! Sie-
he, der mich ausliefert, ist nahegekommen.
43 Und gleich, noch während er redet, ist Judas da, einer der
Zwölf, und mit ihm eine Menge mit Schwertern und Knüppeln
von den Hohenpriestern, den Schriftgelehrten und den Ältesten. 44
Es hatte aber, der ihn auslieferte, ihnen ein Zeichen gegeben, und
gesagt: Den ich küsse, der ist's, nehmt ihn fest und führt ihn sicher
ab. 45 Und er kommt, kommt gleich auf ihn zu und sagt: Rabbi!
und küßte ihn. 46 Sie aber legten Hand an ihn und nahmen ihn
fest. 47 Einer aber – jemand – von den Umstehenden, zog das
Schwert, schlug auf den Knecht des Hohenpriesters ein und hieb
ihm das Ohr ab. 48 Da gab Jesus ihm zur Antwort und sagte: Wie
gegen einen Räuber seid ihr ausgezogen mit Schwertern und
Knüppeln, mich zu ergreifen? 49 Täglich war ich bei euch im
Heiligtum und lehrte, und ihr habt mich nicht festgenommen; –
aber damit erfüllt werden die Schriften! 50 Da ließen sie ihn im
Stich und flohen alle. 51 Und ein junger Mann folgte ihm, nur ein
Leinengewand über den bloßen Leib geworfen, und sie ergriffen
ihn; 52 er aber ließ sein Gewand fahren und floh nackt.

Das Gespräch auf dem Weg zum Ölberg und das Geschehen im Garten von Gethsemani offenbaren in letzter Schärfe das ganze Unvermögen der Jünger, Jesus zu verstehen. Bis zuletzt bleiben sie ahnungslos, ohne Gespür für das Geschick, das unaufhaltsam über ihn kommt. Jesus erfährt hier die schmerzlichste Distanz zu den Menschen, die ihm am nächsten sind.

1. Unterwegs sagt er zu ihnen: »Alle werdet ihr zu Fall kommen.« Man macht es sich oft nicht genug klar: An Jesus, ihrem Freund und Rabbi, sollen sie zu Fall kommen, weil Gott ihn zugrunde gehen läßt. Es gehört wohl zu den härtesten Anfechtungen, mitzuerleben, wie alles, was dem Leben Sinn und Erfüllung gibt, sinn-los scheitert. Wer kann von sich sagen, das brächte ihn nicht zu Fall? Und doch steht über allem menschlichen Zusammenbruch die Verheißung von Gottes unverbrauchter Treue zum Menschen. Das alttestamentliche Bild (Sach 13,7) zeigt neben dem geschlagenen Hirten nur die zertreute Herde. Jesus aber wird mit denen einen neuen Anfang setzen, die durch Schuld und Versagen, durch Scheitern und Zerstreuung entwurzelt sind und

keine Zukunft haben. Er wird in neuer Weise auf die zugehen, die ihn im Stich gelassen haben ...

Der Gedanke, daß christliche Gemeinschaft nicht aus sich selbst Bestand hat, wird noch durch die Petrus-Verheißung unterstrichen: Gerade der, der sich sicherer fühlt als alle übrigen, wird am tiefsten zu Fall kommen. »Das Wort, das wir mit ›verleugnen‹ übersetzen meint: Nein sagen zu dem, dem man sich verpflichtet und mit dem man verbunden war, und darin die Treue brechen und das Treueverhältnis preisgeben. Petrus wird also nicht nur an ihm Anstoß nehmen, er wird ihm gänzlich absagen, er wird ihn nicht einmal gekannt haben wollen« (H. Schlier). In seinen selbstsicheren Beteuerungen spiegelt sich eine Treuebereitschaft, die allein auf eigene Kraft baut und darum scheitern muß. »Ähnlich (wie Petrus) redeten sie alle«. – Was den Menschen allein rettet, ist die Verheißung Jesu, sein »Vorangehen« durch Passion und Tod zum Vater. Die Versprechungen der Jünger werden gegenstandslos. Jesus antwortet nicht mehr. Die Nacht bricht über ihn herein. Er weiß, daß ihm das Schwerste noch bevorsteht, und daß er das allein ausstehen muß ...

2. Während Jesus sich im Garten Gethsemani mit drei Vertrauten zurückzieht und unbeschreibliches Entsetzen in ihm sich ausbreitet, bleiben die Jünger ahnungslos. Jesus äußert elementare Todesangst (*ekthambeisthai kai adämonein)*: »Tief traurig ist meine Seele bis zum Tod.« Sein Entsetzen ist so groß und hat ihn so gepackt, daß er lieber schon tot wäre. Jesus äußert seine Not in der engen Gemeinschaft weniger, wo er noch eine gewisse Geborgenheit sucht. Das ist urmenschlich und notwendig. Jesus erschauert und ängstigt sich im Beisein der drei Freunde, und er fordert sie ausdrücklich auf, mit ihm Gemeinschaft zu halten, in seiner Nähe zu bleiben: »Bleibet hier und wachet!« Dieses Wort verweist auch auf die Notwendigkeit des einsamen Betens mit Gott. Es gibt Stunden, die allein im Gebet durchlitten werden müssen. Allein muß Jesus Todesangst und Todesschrecken auf sich nehmen. Aber eines sollen seine Freunde tun: in der Ferne mit ihm wach sein, aufmerksam und schweigend die Stunde des Leidens und schrecklicher Versuchung mit ihm teilen, – die Stunde, da selbst Gott sich in schweigendem Dunkel verbirgt und Jesus ganz verlassen ist. Das macht gerade sein schreckliches Alleinsein aus, daß sich in dieser Stunde Leid und Dunkel so verdichten, daß er nichts anderes mehr wahrnehmen kann. Und so wirft er sich zu Boden und schreit seine Todesangst heraus. »Abba, lieber Vater, alles ist dir möglich. Laß diesen Kelch an mir vorübergehen! Doch nicht, was ich will, sondern was du willst.« Jesus ringt um Gleichförmigkeit mit dem Willen des Vaters. Er will auch diese schwerste Stunde in die Grundhaltung seines ganzen Lebens einbringen: »Nicht was ich will, sondern was du willst.« Mitten in der Angst unter Bitten

und Flehen geschieht die Loslösung vom eigenen Willen, geschieht das, was der Hebr. sagt: »Und er (Jesus) hat in den Tagen seines Fleisches Gebete und flehentliche Bitten mit lauten Schreien und Tränen vor den gebracht, der ihn vom Tod erretten konnte, und er ist erhört worden aus seiner Angst, und hat, obwohl er der Sohn war, durch Leiden den Gehorsam gelernt ...« (Hebr 5,7 f.)

In Gethsemani lernt Jesus den Gehorsam. Während die früheren Leidensweissagungen ausdrücklich die Auferstehung am dritten Tag nennen, ist die Nacht am Ölberg nicht vom Licht österlichen Lebens erfüllt. Sein Gebet bleibt ohne Antwort. Die vertraute Anrede »Abba«, lieber Vater, sein Flehen verhallt im Schweigen Gottes. Jesu Preisgabe in die Passion bleibt Mysterium.

Während Jesus um seinen Gehorsam und um seine Einwilligung in das Sterben für sie ringt, schlafen die Jünger. Sie lassen ihn allein in diesem schrecklichen Vorspiel des Todes. Es wiederholt sich, daß Jesus in seiner namenlosen Angst die Gemeinschaft, die physische Nähe seiner Vertrauten sucht, – Menschen, die unfähig sind zu verstehen, was in ihm vorgeht und die sein Alleinsein noch schmerzlicher machen. »Simon, du schläfst? Nicht eine Stunde konntest du wachen? Wachet und betet, damit ihr nicht in Versuchung geratet!« Es ist die Versuchung, schließlich nichts mehr von ihm wissen zu wollen und ihn zu verlassen.

Jesus betet leidenschaftlich und ausdauernd. Er wiederholt sein Gebet. Er kämpft und ringt im Gebet. »Wiederum ging er hin und betete mit denselben Worten.« Als er zu ihnen zurückkehrt, können sie ihm nicht mehr antworten. Sie verstehen seine Frage nicht mehr, denn sie haben längst aufgehört, mit ihm zu wachen und zu beten. Ihr Herz ist verschlossen. Das Öffnen ihrer Augen wird schmerzlich sein, denn sie müssen mitgehen, obwohl sie nicht gewacht und gebetet haben: »Die Stunde ist gekommen ... Steht auf! Laßt uns gehen!« Eine neue Entschlossenheit spricht aus Jesu Worten. Wenngleich die »Stunde« nicht an ihm vorübergeht, so weiß er doch aus der Erfahrung seines Betens, daß die Mächte der Finsternis und des Verderbens nicht das letzte Wort über ihn haben.

3. Mit dem Kuß des Judas wird Jesus in die Hände der Menschen ausgeliefert. Dieser Freundeskuß ist vollendete List, Zeichen für das Ende einer Beziehung, die aus Enttäuschungen und innerer Verhärtung nicht mehr herauskam. Wer sich von Jesus nicht seine eigenen Vor-stellungen von Nachfolge relativieren läßt, wird auf Trennung, wenn nicht auf Verrat drängen. Jesus konnte den Bruch der Freundschaft mit Judas nicht verhindern.

Einer aus dem Umkreis Jesu greift in diesem überfallartigen Augenblick zum Schwert. Vielleicht ist es die spontane Reaktion eines Jüngers, der sich instinktiv gegen die Gewalt an einem Wehrlosen auflehnt, der nicht tatenlos zusehen kann, wie man Jesus zu Unrecht verhaftet.

In den Händen seiner Feinde empört sich Jesus gegen die hinterhältige Art seiner Gegner. Mit Hilfe eines Verräters, bei Nacht, weitab von aller Öffentlichkeit offenbart ihr Vorgehen noch einmal ihre geheime Angst und ihr Unbehagen. »Doch die Schriften müssen erfüllt werden«. Gottes Wille erfüllt sich auf geheimnisvolle Weise im Geschick des Armen und Unterdrückten (vgl. Jes 53,7; Ps 31,12; 38,12 u. a. m.).

Die Flucht der Jünger wird ohne jede Entschuldigung berichtet: »Da ließen ihn alle im Stich und flohen«. Fast jedes Wort ist in diesem kleinen Satz betont. Alle lassen ihn allein. Es gibt keine Ausnahme. Die Erfüllung der Verheißung Jesu (Mk 14,27) beginnt ...

Die Flucht des jungen Mannes, der nackt sein Leben rettet, ist möglicherweise ein Bild für die Kopflosigkeit und Verständnislosigkeit der Jünger in dieser Stunde.

Zusammenfassung

- »Alle werdet ihr zu Fall kommen«.
  Wer will sich schon eingestehen, daß er an Jesus zu Fall kommt?
  Wer will schon wahrhaben, daß seine aufrichtig gemeinten
  Beteuerungen nicht unheimlich schnell von Treulosigkeit
  unterlaufen werden können?

  Ein moderner Meditationstext sagt:
  Ich weiß nicht,
  ob ich den Kreislauf von Haß und Lüge,
  Gleichgültigkeit und Intrige durchbrechen kann.
  Ich weiß nicht,
  ob der Kuß, den ich verschenke,
  nicht den Verrat einleitet.
  Ich weiß nicht.
  Ich bin mir nicht mehr sicher.

- »Konntest du nicht eine Stunde mit mir wachen?«

  Wer hat nicht in Stunden unerträglicher Not die Gemeinschaft,
  die physische Nähe von Freunden gesucht und ist auf Menschen gestoßen,
  die unfähig waren, ihn zu verstehen und seine Einsamkeit
  noch leidvoller machten?

Wer hat seine unerträgliche Not durchstehen können, weil andere aufmerksam und schweigend die Stunde des Leidens und schrecklicher Versuchung mit ihm geteilt haben?

- »Da ließen ihn alle im Stich und flohen.«

Die junge Kirche hat nicht versucht, dieses Versagen ungeschehen zu machen. Sie wußte darum, daß die Treue Gottes zum Menschen größer ist als die Untreue des Menschen.

Die Versuchung, nichts mehr von Ihm wissen zu wollen und Ihn im Stich zu lassen –, wer hat mit diesem dunklen Begleiter nicht schon geheime Verhandlungen führt?

Der Prozeß Jesu vor dem Hohen Rat
Mk 14,53–65

53 Und sie führten Jesus ab zum Hohenpriester. Da kommen sie
alle zusammen: die Hohenpriester, die Ältesten und die Schrift-
gelehrten. 54 Und Petrus war ihm von weitem gefolgt, bis hinein
in den Hof des Hohenpriesters, und saß zusammen mit den Die-
nern und wärmte sich am Feuer.
55 Die Hohenpriester aber und der ganze Hohe Rat suchten gegen
Jesus ein Zeugnis, um ihn zum Tod zu verurteilen, doch fanden
sie keines. 56 Denn viele machten falsche Zeugenaussagen gegen
ihn, und die Zeugnisse stimmten nicht überein. 57 Da standen ei-
nige auf und sagten falsch gegen ihn aus: 58 Wir selber haben ihn
sagen hören: Ich werde diesen Tempel, der mit Händen gemacht
wurde, niederreißen und innerhalb von drei Tagen einen anderen,
nicht mit Händen gemachten, aufbauen. 59 Doch auch so war ihr
Zeugnis nicht gleichlautend. 60 Da stand der Hohepriester auf in
die Mitte und fragte Jesus: Antwortest du nichts? Was bezeugen
doch die gegen dich! 61 Er aber schwieg und antwortete nichts.
Wieder fragte ihn der Hohepriester und sagt ihm: Bist du der
Messias, der Sohn des Gepriesenen? 62 Jesus aber sagte: Ich bin
(es) und ihr werdet sehen *den Menschensohn sitzend zur Rechten*
der Macht und *kommend mit den Wolken des Himmels.* 63 Da zer-
reißt der Hohepriester seine Kleider und sagt: Was brauchen wir
noch Zeugen! 64 Ihr habt die Lästerung gehört. Was scheint
euch? Sie aber alle verurteilten ihn, schuldig zu sein des Todes.
65 Da fingen einige an, ihn anzuspucken, sein Gesicht zu verhül-
len, ihn zu schlagen und ihm zu sagen: Nun weissage! Und die
Diener traktierten ihn mit Schlägen.

1. Das Verhaftungskommando bringt Jesus in das Haus des Hohenpriesters. Dort wird er mit den amtlichen Repräsentanten Israels konfrontiert. Es sieht so aus, als hätten sie **alle** schon darauf gewartet: die Hohenpriester, die Ältesten und die Schriftgelehrten. Das Verfahren wird offenbar mit großer Eile betrie-

ben. Der Ausgang des Prozesses steht seit langem fest. **Alle** suchen nach einer rechtlichen Handhabe, um Jesus zum Tode verurteilen zu können. Doch die Bemühungen um ein ausreichendes Belastungszeugnis bleiben vergeblich. Die zahlreich aufgebotenen Zeugen verlieren sich in Widersprüche. Es fällt auf, daß keine Entlastungszeugen auftreten, die bei einem regulären Verfahren zuerst hätten gehört werden müssen. Als dann schließlich einige Zeugen das Tempelwort Jesu als Anklagegrund vorbringen, verwickeln auch diese sich in Widersprüche. Die Prozeßregie versagt. Die Zeugen haben sich alle als untauglich erwiesen. Markus will mit dieser Darstellung offenbar betonen, daß man gegen Jesus nur mit Lügen etwas ausrichten kann. Ein wahres Zeugnis im Sinne der Anklage läßt sich gegen ihn nicht vorbringen.

2. Nun nimmt der Hohepriester selbst das Verfahren in die Hand. Zunächst versucht er, Jesus zu einer Stellungnahme zu den widersprüchlichen Zeugenaussagen zu veranlassen. Vergeblich! Jesus gibt keine Antwort. Sein Schweigen erinnert an das Schweigen des Gottesknechts (Jes 53,7) bzw. des leidenden Gerechten (Ps 38,14–16). Das Schweigen Jesu bringt den Hohenpriester schließlich dazu, ihm die entscheidende Frage zu stellen: »Bist du der Messias (Gesalbte), der Sohn des Hochgelobten?« Die Frage ist im Sinn des christlichen Bekenntnisses formuliert. Die Gemeinde soll heraushören, daß es hier um einen zentralen Punkt neutestamentlicher Christologie geht. Jesus antwortet auf die Frage des Hohenpriesters mit dem unbegreiflichen *Ich bin,* wie es für die Selbstoffenbarung Jahwes im Alten Testament charakteristisch ist. Jetzt, da sein Wirken zu Ende geht und seine Sendung nicht mehr mißverstanden werden kann, bekennt er sich offen zu seiner herrscherlichen Sohneswürde. Die Selbstoffenbarung wird mit zwei alttestamentlichen Zitaten verdeutlicht: Ps 110,1 bezeichnet Jesu herrscherliche Würde an der Seite Jahwes; Dan 7,13 betont sein künftiges Richteramt als Menschensohn. Der machtlose, dem Urteil seiner Feinde ausgelieferte Gefangene bekennt, der in Gottes Namen kommende Richter zu sein.

3. Auf dieses Wort hin zerreißt der Hohepriester seine Kleider als Ausdruck der Abscheu und des Entsetzens. Er hat verstanden, daß Jesus sich zum Herrscher und Richter an Gottes Seite erklärt. Alle stimmen mit ihm überein und fällen einmütig das Urteil über Jesus, er sei des Todes schuldig. Damit ist das angestrebte Ziel des Prozesses erreicht.

Die mehr oder weniger gewahrte Form wird nach dem Urteilsspruch fallen gelassen. Haß und Triumphgefühle lassen den Leidenschaften freien Lauf: Einige spucken ihn an, verhüllen sein Gesicht, schlagen ihn mit Fäusten und sagen zu ihm: Weissage! Was Wunder, daß ihn dann auch die Diener des Hohen Rates mit Schlägen traktieren.

Jesu Schweigen wird im Verlauf der Passion immer beharrlicher. Jedes weitere Wort würde doch nur auf Unverständnis und Ablehnung stoßen. Er kann sich nicht mehr mit Worten vermitteln. Sein Schweigen vor den Juden wie später vor Pilatus enthüllt, was im Menschen ist.

Gott hat ihn nicht bewahrt vor den Mächten der Finsternis und des Verderbens, ob diese nun Menschen heißen oder Tod und Vernichtung. ›Gott hat ihn, der Sünde nicht kannte, für uns zur Sünde gemacht‹ (2 Kor 5,21). In der Passion nach Markus kommt eine Kreuzestheologie zur Sprache, wie sie radikaler nicht sein kann.

Die Verleugnung des Petrus
Mk 14,66–72

66 Und während Petrus unten im Hof ist, kommt eine von den
Mägden des Hohenpriesters, 67 sieht Petrus sich wärmen, blickt
ihn an und sagt: Auch du warst bei dem Nazarener, dem Jesus! 68
Er aber leugnete und sagte: Ich weiß nicht und ich verstehe nicht,
was du sagst, und er ging hinaus in die Vorhalle; – da krähte ein
Hahn –. 69 Doch die Magd sah ihn und fing wieder an, den Da-
beistehenden zu sagen: Der ist von ihnen. 70 Er aber leugnete
wieder. Und nach einer Weile sagten die Dabeistehenden zu
Petrus: Ganz sicher, du bist von ihnen, denn auch du bist ein Ga-
liläer! 71 Er aber fing an, zu fluchen und zu schwören: Ich kenne
diesen Menschen nicht, von dem ihr redet. 72 Und gleich zum
zweitenmal krähte ein Hahn. Da erinnerte sich Petrus an das
Wort, wie ihm Jesus gesagt hatte: Ehe der Hahn zweimal kräht,
dreimal wirst du mich verleugnen. Und losbrach er und weinte.

Nach kurzer Flucht folgt Petrus »von weitem« den Männern, die Jesus zum Haus des Hohenpriesters abführen. Er ist allein unterwegs ... Es ist Nacht ... (V. 54)

1. Petrus ist auf einem Weg, den er selbst nicht mehr versteht. Seine Bereitschaft, »mit Jesus« in den Tod zu gehen (V. 31), steht in schmerzlicher Spannung zu der Ohnmacht, nicht mehr »mit ihm« zu sein. Wie die anderen Jünger war er am Ölberg eingeschlafen und hatte Jesus in seiner Todesangst allein gelassen. Wie die anderen Jünger mußte er mitansehen, daß Jesus sich ohne Kampf festnehmen und abführen ließ. Wie alle anderen war er geflohen. Petrus kann nur noch »von weitem« folgen. Der räumliche Abstand ist wie ein Bild für die innere Distanz, die sich zwischen ihn und seinen Herrn gelegt hat. Die Voraussage Jesu, daß Petrus sich von ihm lossagen wird, beginnt sich allmählich zu erfüllen ... So ohnmächtig, so ratlos wie in dieser Nacht hatte Petrus sich noch nicht erfahren seit dem Tag, da er alles verließ, um Jesus nachzufolgen. Und doch ist er auf dem Weg ins eigene Versagen, in der Nacht seiner tiefsten Erschütterung gehalten und getragen von der Verheißung seines

Herrn (V. 28). Solange er es aber an sich selbst noch nicht erfahren hat, wie sehr er selbst auf Erbarmen und Vergebung angewiesen ist, kann er nicht mit den Schwachen fühlen. Solange diese Bekehrung noch aussteht, bleibt seine Nachfolge eine gefährliche Täuschung.

2. Im Hof des Hohenpriesters mischt sich Petrus unter die Leute, die Jesus gefangengenommen haben und dort um ein Feuer herumsitzen; die Nacht ist kalt. Er will herausbekommen, was mit Jesus geschieht. Es gehört schon Mut dazu, sich einer solchen Gefahr auszusetzen. Seine Treue zu Jesus und die Bereitschaft, ihn in seinem Schicksal nicht allein zu lassen, sind noch lebendig ...

Aber dann wird er gesehen und erkannt. Petrus fühlt sich bedroht und es beginnt das traurige und demütigende Schauspiel seiner Selbstverleugnung. Erst bestreitet er »mit diesem Jesus« irgend etwas zu tun zu haben. Petrus reagiert schon mit einer gewissen Heftigkeit und versucht, sich aus dem Gesichtskreis der Umstehenden zu entfernen. Dann hört er, wie die Magd ihre Entdeckung vor den Leuten wiederholt. Damit erhöht sich die Gefahr für ihn. Petrus bekräftigt seine Aussage und distanziert sich nachdrücklich von Jesus und seinem Jüngerkreis. Vergeblich! Die Umstehenden greifen den Verdacht der Frau auf und erhärten ihn. Da beginnt Petrus, unter Fluchen und Schwören seine Identität zu leugnen. Er ruft Gott zum Zeugen an, daß er »diesen Menschen« nicht kennt. Es ist die Formel, mit der man sich öffentlich von jemand lossagt. Dabei meidet Petrus den Namen Jesus. »Und sogleich krähte der Hahn zum zweiten Mal und Petrus erinnert sich ...«

Jäh wird er sich der dunklen, so lange nicht zugelassenen Seite seines Charakters bewußt. Die Erinnerung an Jesu Wort läßt ihn die Größe seines Versagens erkennen, das selbst verschuldete Ende einer Beziehung, auf die er sein Leben gebaut hatte. Erst jetzt wird Petrus sich seiner tiefsten Beschämung und Ohnmacht inne.

Wozu ist ein Mensch fähig, wenn ihn die Angst überfällt? Weniger der Verrat des Petrus ist erschütternd. Jesus hatte ihn bereits vorausgesagt. »Erschütternd ist, was unter der Beteuerung unserer Treue tief verborgen in uns wohnen kann, unbemerkt von uns selber und überraschend für die anderen. Erschütternd ist die tiefe innere Zwiespältigkeit und Widersprüchlichkeit, die in uns liegt, gerade wenn wir uns aus Angst dem Guten zuwenden« (E. Drewermann).

Alles, was Petrus im Verlauf der Passion unternommen hat, erweist sich als verkehrt:

– Sein Ansinnen, Jesus solle nicht leiden, läßt ihn als Satan, der Menschengedanken statt Gottesgedanken denkt, in die Nähe des Judas geraten.

- Seine Beteuerungen, sich von Jesus nicht loszusagen, selbst wenn alle zu Fall kommen, enden damit, daß er nach Judas am tiefsten zu Fall kommt.

- Sein Versuch, die Vorgänge nach der Festnahme Jesu weiter zu verfolgen –, auf diesem Zuschauerposten versagt er kläglich.

Die einzig ihm verbleibende Weise des Dabeiseins ist, abseits zu stehen, um erschüttert zu weinen. So trägt der Verlassene und Verratene durch sein Wort noch den Jünger, der unter Fluchen und Schwören geleugnet hat, ihn zu kennen.

Petrus hat die Macht des Bösen an sich erfahren. Mit der Erinnerung an Jesu Wort beginnt seine Umkehr. Nun kann er zurückfinden zu der Verheißung, die Jesus ihm gegeben hat. Noch einmal wird er Jesus dort begegnen, wo sein Weg mit ihm begonnen hat ...

Aber noch ist es Nacht ... und Petrus ist allein ...

Die »Verhandlung« vor Pilatus
Mk 15,1–15

1 Und gleich in der Frühe, nachdem die Hohenpriester mit den
Ältesten und Schriftgelehrten und der ganze Hohe Rat einen Be-
schluß gefaßt hatten, ließen sie Jesus fesseln, abführen und aus-
liefern an Pilatus. 2 Und Pilatus fragte ihn: Du bist der König der
Juden? Er aber antwortet und sagt ihm: Du sagst das. 3 Da
brachten gegen ihn die Hohenpriester viele Anklagen vor. 4 Pi-
latus aber fragte wieder und sagte: Antwortest du nichts? Sieh
doch, was sie alles gegen dich vorbringen! 5 Jesus aber antwor-
tete nichts mehr, so daß Pilatus sich wunderte.
6 Jeweils zum Fest aber ließ er ihnen einen Gefangenen frei, den
sie sich erbaten. 7 Es war aber einer, der Barabbas hieß, zusam-
men mit den Aufständischen in Haft, die beim Aufstand einen
Mord begangen hatten. 8 Und hinauf zog das Volk und fing an zu
verlangen, daß er wie sonst ihnen tue. 9 Pilatus antwortete ihnen
und sagte: Wollt ihr, daß ich euch den König der Juden freilasse?
10 Denn er hatte erkannt, daß aus Neid ihn die Hohenpriester
ausgeliefert hatten. 11 Die Hohenpriester aber wiegelten das Volk
auf, daß er lieber den Barabbas ihnen freilasse. 12 Aber Pilatus
antwortete wieder und sagte ihnen: Was soll ich nun mit dem
machen, den ihr den König der Juden nennt? 13 Sie aber schrien
wieder: Kreuzige ihn! 14 Pilatus aber sagte ihnen: Was hat er
denn Böses getan? Da schrien sie noch viel lauter: Kreuzige ihn.
15 Pilatus aber, willens, dem Volk Genüge zu tun, ließ ihnen Ba-
rabbas frei, und er lieferte Jesus aus, damit er gegeißelt und ge-
kreuzigt werde.

1. Am frühen Morgen faßt der Hohe Rat mit allen Parteien den Beschluß, Jesus an Pilatus »auszuliefern«. Sie können ihr Todesurteil über Jesus nur mit Hilfe der römischen Justiz vollstrecken. Gefesselt wie ein Verbrecher wird er abgeführt. Mit der Auslieferung an Pilatus ist Jesus aus seinem Volk ausgestoßen ...

Unvermittelt beginnt die Verhandlung vor dem römischen Prokurator. Pilatus fragt ihn: »Bist du der König der Juden?« Es ist dieselbe Frage wie die des Hohenpriesters, nur daß der Römer hier die jüdische Messiaserwartung auf eine ihm verständliche Formel bringt. Aus seiner Sicht hat das messianische Königtum einen primär politischen Charakter. Jesus aber hat seinen Anspruch, ein »König« zu sein, aller politischen Inhalte entledigt (vgl. Mk 8,27–35). Sein Königtum stützt sich nicht auf die Mächte dieser Welt und ist nicht von ihrem Geist inspiriert. Darum versucht er mit seiner Antwort an Pilatus sich von dem politischen Mißverständnis abzugrenzen. Für Markus aber ist entscheidend, daß Jesus sich hier vor dem Repräsentanten der politischen Welt zu seinem messianischen Königtum bekennt. Im zweiten Teil der Verhandlung bringen die Hohenpriester viele Anklagen gegen Jesus vor, die von Markus im einzelnen nicht aufgezählt werden. Jesus antwortet mit keinem Wort, auch nicht als Pilatus ihn auffordert, Stellung zu nehmen. Von nun an schweigt er – bis zu seinem Todesschrei. Mit seinem Schweigen vor dem römischen Prokurator macht er aller Diskussion ein Ende. Das Verstummen des Gottesknechts bleibt für Pilatus rätselhaft. Er »staunt«. Seine Verwunderung über diesen geheimnisvollen Angeklagten wird sich später noch einmal wiederholen (Mk 15,44).

2. Nach einer Gewohnheit des Prokurators gibt es zum Passahfest eine Amnestie für einen Gefangenen, den man sich ausbitten kann. Das Volk zieht nun zum Verhandlungsort hinauf und verlangt aufgrund dieses Brauches von Pilatus, den Barabbas freizulassen, einen politisch motivierten Gewalttäter. Vermutlich gehört er zu der theokratisch gesinnten Widerstandsgruppe der Zeloten und könnte für die Leute so etwas wie ein geheimes politisches Idol sein.

Pilatus versucht zu taktieren, weil er von der Schuld Jesu nicht überzeugt ist und die ganze undurchsichtige Angelegenheit vom Hals haben möchte. Deshalb fragt er das Volk, ob er ihnen nicht lieber »den König der Juden« freigeben solle. Doch damit hat er praktisch die Entscheidung aus der Hand gegeben. Sein dreimaliges Fragen offenbart seine Unsicherheit gegenüber der Volksmenge. Ihr Drängen wird immer lauter und immer bedrohlicher, bis auf einmal der Schrei »ans Kreuz mit ihm!« laut wird. Der Gewaltlose muß dem Gewalttätigen weichen. Die letzte hilflose Frage des Pilatus: »Was hat er denn Böses getan?« geht unter in dem überlauten Schreien:

»Kreuzige ihn!« Im politischen Kalkül hat Jesus nun keine Chance mehr: Weil Pilatus dem Volk Genüge tun will, läßt er ihnen Barabbas frei und liefert Jesus aus. Er gibt Befehl, ihn zu geißeln, damit er gekreuzigt werde.

Im Verlauf der Verhandlung ist offenbar geworden, welche Abgründe im Menschen sind. In Jesus scheint etwas Unzerstörbares, Würdevolles, von keiner irdischen Gewalt Erreichbares auf: das göttliche Bild vom Menschen. Im ohnmächtigen und von allen verlassenen »König der Juden« leuchtet die Verheißung auf, um deretwillen es möglich und verantwortbar ist, sich dem Geheimnis der Passion zu öffnen.

Die Verhöhnung des Judenkönigs
Mk 15,16–20a

16 Die Soldaten führten ihn ab ins Innere des Hofes, das ist das Praetorium und riefen die ganze Kohorte zusammen. 17 Und sie ziehen ihm ein Purpurgewand an und setzen ihm einen Dornenkranz, den sie geflochten, auf. 18 Dann fingen sie an, ihm zu huldigen: Sei gegrüßt, König der Juden. 19 Und sie schlugen ihn auf den Kopf mit einem Rohrstock, spuckten ihn an, beugten die Knie und warfen sich vor ihm nieder. 20a Und als sie ihn verspottet hatten, zogen sie ihm das Purpurgewand aus und zogen ihm seine Kleider an.

1. Pilatus hatte dem Drängen der Volksmenge nachgegeben und den Barabbas freigelassen. Jesus aber überließ er den Soldaten zur Geißelung, um ihn dann kreuzigen zu lassen. Der Bericht verzichtet darauf, die Qualen dieser Folterung zu beschreiben. Manch einer der Verurteilten hat die Geißelung nicht überlebt. Der so Zugerichtete wird dann von den Soldaten in das Innere des Praetoriums geführt. Man ruft die ganze Kohorte zusammen, um mit dem wehrlosen und gequälten Opfer eine Posse zu spielen. Die Soldaten improvisieren eine Huldigungsszene mit Jesus als Juden-König. Dazu nehmen sie ihm seine Kleider und staffieren ihn mit königlichen Requisiten aus: mit purpurfarbenem Gewand, vermutlich ein roter Soldatenmantel, und einer Krone, geflochten aus Dornengestrüpp. Dann geht das spöttische Treiben mit dem verkleideten Schmerzensmann erst richtig los. »Heil dir, König der Juden!« rufen sie ihm zu und schlagen ihn mit einem Stock aufs Haupt. Sie spucken ihn an und beugen ihre Knie vor ihm.

»Wie einer, vor dem man das Gesicht verhüllt, ist er verachtet . . . Er wird mißhandelt und niedergedrückt, aber er tut seinen Mund nicht auf. Durch Haft und Gericht wird er dahingerafft, doch wen kümmert sein Geschick?« (vgl. Jes 53,3.7.8.). Als das grausame Spiel zu Ende ist, nehmen die Soldaten ihm den Purpurmantel ab und ziehen ihm seine eigenen Kleider wieder an. Der Kreuzweg beginnt . . .

2. Im Kontext der Markus-Passion (vgl. Mk 15,2 und 26) wird die Verhöhnungsszene zum Hinweis auf Jesu verborgene Königswürde. Die Gemeinde

sieht in dem gedemütigten Mann der Schmerzen den Gottesknecht, der die Sünden der vielen trug und für die Schuldigen eintrat. Der Plan des Herrn wird durch ihn gelingen (vgl. Jes 53,12.10). Im »armen und geschmähten Christus« scheint etwas von dem heilenden Geheimnis der menschlichen Passion auf: die Erfahrung, daß unsere Schmerzen Teil eines größeren Schmerzes sind, der in Anspruch genommen werden kann als »Lösegeld für die vielen«.

Auf einer tieferen Ebene ist der König das Symbol für die Ganzheit und Integration eines Menschen. Niemand kann zu seiner Ganzheit wachsen, der sich dem Geheimnis der Passion verweigert.

Die Kreuzigung Jesu
Mk 15,20b–32

20b Und sie führten ihn hinaus, um ihn zu kreuzigen. 21 Und sie
zwingen einen Vorbergehenden, Simon von Kyrene, der vom
Feld kommt, den Vater des Alexander und Rufus, daß er sein
Kreuz *aufnehme*.
22 So schleppen sie ihn nach Golgotha, das heißt übersetzt: Schä-
delstätte. 23 Und sie gaben ihm mit Myrrhe gewürzten Wein; er
aber nahm nicht.
24 Dann kreuzigen sie ihn, und *sie verteilen seine Kleider, das
Los über sie werfend,* wer etwas (davon) nehme. 25 Es war aber
die dritte Stunde, als sie ihn kreuzigten.
26 Und die Aufschrift seiner Schuld war drauf geschrieben: Der
König der Juden.
27 Und mit ihm kreuzigten sie zwei Räuber, einen zur Rechten
und einen zur Linken. –
28 Und es ward erfüllt die Schrift, die sagt: *Unter die Verbrecher
ward er gezählt.* –
29 Und die Vorübergehenden lästerten ihn, schüttelten ihre Köpfe
und sagten: Uah! Der du den Tempel niederreißt und ihn auf-
baust in drei Tagen – 30 rette dich selbst! Steig herunter vom
Kreuz! 31 Ebenso spotteten auch die Hohenpriester untereinander
mit den Schriftgelehrten und sagten: Andere hat er gerettet, sich
selbst kann er nicht retten! 32 Der Messias! Der König Israels!
Steige er jetzt vom Kreuz herab, daß wir sehen und glauben.
Auch die mit ihm Gekreuzigten schmähten ihn.

Eine eigene Weise des Berichtens wird jetzt vorherrschend. Meist folgen nur noch Sätze mit wenigen Worten. Fast jeder Satz ist ein Sinnabschnitt. Alles ist aufs Äußerste zusammengedrängt. Die Ereignisse sprechen für sich. Dabei gewinnt jeder Zug des Berichteten eine Bedeutung, die weit über das hinausgeht, was hier geschildert wird. Denn nicht nur das Ganze des Geschehens steht im Licht alttestamentlicher Verheißungen, auch in den Einzelheiten verdichten sich die Anklänge an Zitate und Motive aus den Propheten und den Psalmen vom leidenden Gerechten, insbesondere aus Psalm 22. Dies bedeutet, daß wir es auch hier schon mit interpretierter Geschichte zu tun haben: Auf Golgotha geht Jesus seinen Weg unter den Bedingungen dieser Welt zu Ende. Das Geschehen auf Golgotha bringt ans Licht, was im Menschen ist. Am Gekreuzigten wird alle Sünde offenbar und alle Sünde erschöpft sich in ihm. So erfahren die Hörer, indem sie die Geschichte Jesu bis zu seinem Tod verfolgen, auch viel über ihre eigene Geschichte. »Sein Kreuz ist enthüllend« (H. Schlier).

1. »Und sie führen ihn hinaus, um ihn zu kreuzigen«. Das Wort »hinausführen« erinnert an Lev 24,14 und Num 15,35 f.: Wie ein Gotteslästerer oder Sabbatschänder wird Jesus aus dem Bundesvolk ausgestoßen. Der Verurteilte muß das Querholz des Kreuzes selbst zur Hinrichtungsstätte schleppen. Für gewöhnlich trägt er auf dem Weg dorthin den Titulus um den Hals gehängt –, die Schuldtafel, die den Grund seiner Hinrichtung angibt.

Unterwegs zwingen die Soldaten einen Mann, der ihnen gerade in den Weg gelaufen kommt, den Kreuzbalken nach Golgotha zu tragen. Jesus ist offenbar schon sehr geschwächt. Es fällt auf, daß Markus hier das Wort vom Kreuz **aufnehmen**, nicht tragen, gebraucht. Er formuliert genauso wie in 8,34. Dort heißt es: »Und er rief das Volk mitsamt seinen Jüngern zu sich und sprach zu ihnen: »Will jemand hinter mir hergehen, verleugne er sich selbst und ›nehme sein Kreuz auf‹ und folge mir.« Obwohl dem Simon das Kreuz gewaltsam aufgezwungen wird, sieht der Evangelist seinen Dienst als Nachfolge nach Jesu Wort, als Vor-bild. Nachfolge geschieht oft ohne ein überwältigendes inneres Erlebnis, ohne einen begeisterten Entschluß. Meist kommt man recht »zufällig« des Weges, der zum Kreuz Jesu führt. Und manchmal braucht es lange, bis einer entdeckt, wessen Gefährte er war.

Auf der Hinrichtungsstätte angekommen, lehnt Jesus den Betäubungstrank ab. Er will bewußt zu Ende leiden und bewußt sterben. Dann wird er mit ausgestreckten Armen am Querholz festgemacht und so am Langholz aufgehängt. Der Bericht verzichtet auf Einzelheiten. Mit äußerster Knappheit wird die Kreuzigung geschildert. Wir hören nur mit Worten aus Psalm 22, daß ihm auch die letzten Kleider vom Leib genommen und von den Soldaten unter sich verteilt werden.

Die Angabe der dritten Stunde als Zeit für die Hinrichtung Jesu ist im Zusammenhang mit der sechsten und neunten Stunde in Vers 33 zu sehen: In dem, was hier geschieht, erfüllt sich Gottes unbegreiflicher Wille. Im Kreuz offenbart er sich als Heil und Gericht.

Die Schuldtafel trägt die Aufschrift: »Der König der Juden«. Was immer Pilatus für Absichten mit diesem Titulus gehabt haben mag –, die Gemeinde sieht in diesen Worten die tiefste Wahrheit ausgesprochen. Der sieghafte Ausgang dieses von Menschen ausgestoßenen und vernichteten Lebens ist Mittelpunkt.

In der gesamten Evangelientradition ist festgehalten worden, daß Jesus zusammen mit zwei anderen Todeskandidaten hingerichtet worden ist. Das können Straßenräuber oder Zeloten, nationalistische Terroristen, gewesen sein. Jesus, der auf jede Gewalt und politische Macht verzichtet hat, wird zwischen zwei Gewaltverbrechern gekreuzigt. Schon darin liegt eine Verspottung seiner Person und seines Wirkens.

2. Ausgeliefert in die Hände der Menschen (Mk 9,31) ist Jesus nun dort, wohin sie ihn haben wollten: Weg von ihren Straßen und Plätzen, weg aus ihren Mauern von Stein und Konvention, ausgeschlossen von allem, was Menschen gemeinsam haben können. Ohnmächtig ist er den Blicken aller ausgesetzt. Von den Menschen, die am Kreuz in seine Nähe kommen, erfährt er nichts als gemeinen Spott. Sie wollen ihm nicht einmal einen Rest von Identität lassen. So weit kann menschlicher Zerstörungsdrang gehen.

Die **Vorbeikommenden** lästern Jesus und tun damit genau das, was in der Verhandlung vor dem jüdischen Gericht der Grund für sein Todesurteil war (vgl. Mk 14,64). Das Kopfschütteln ist Ausdruck des Hohns. Der Ausdruck ouá verstärkt das spöttische Bedauern über das schmähliche Ende. Mit Anspielung auf das Tempelwort (Mk 14,58) fordern sie ihn zur Selbstrettung auf und stellen damit seine Autorität ungläubig in Frage.

Die **Hohenpriester und Schriftgelehrten** greifen den Spott der Leute auf und reden untereinander über ihn. Mit der Zeichenforderung bekräftigen sie ihre ungläubige Haltung gegenüber den wunderbaren Heilungen Jesu. Sie wollen sich im Grunde das Glauben ersparen.

Die Gestalt des leidenden Gerechten und das Bild des leidenden Gottesknechts sind vergessen. Sie scheinen völlig aus dem Blickfeld ihrer Theologie und Spiritualität geraten zu sein.

Selbst die **beiden Mitgekreuzigten** beteiligen sich an der Verspottung Jesu und schließen ihn damit aus der vom Schicksal gefügten Gemeinschaft aus. Jesus gehört nicht einmal zu den Genossen seines Elends.

Das Ungeheuerliche seiner Verlassenheit liegt darin, daß er sich nicht in einen Raum eigener Sicherheit vor dieser Bosheit zurückziehen kann. »Wo man die anderen haßt und verachtet, wo man innerlich gegen die Bosheit der anderen Widerstand leistet, ... wo man sich distanzierend von ihnen unterscheidet, da hat man noch eine Situation, in der man sich vor dieser todbringenden Gemeinheit retten kann« (K. Rahner). Jesus aber kann das nicht. Er ist »Lösegeld« für die vielen (Mk 10,45). Er »muß« ihre Sünden tragen und für die Schuldigen noch eintreten (vgl. Jes 53,12). Gott hat ihn den Mächten der Finsternis und des Verderbens überlassen.

Der Tod Jesu
Mk 15,33–41

33 Und als die sechste Stunde gekommen, ward eine Finsternis
über die ganze Erde bis zur neunten Stunde. 34 Und in der neun-
ten Stunde rief Jesus mit lauter Stimme: *Eloi, Eloi, lema sa-
bachthani,*
das heißt übersetzt:
Mein Gott, mein Gott, warum hast du mich verlassen!
25 Und einige der Dabeistehenden hörten es und sagten: Sieh,
Elija ruft er. 36 Da lief einer und füllte einen Schwamm mit Essig,
steckte ihn auf einen Rohrstock und gab ihm zu trinken und sag-
te: Laßt! Wir wollen doch sehen, ob Elija kommt, ihn herunter-
zuholen.
37 Jesus aber ließ einen lauten Schrei und hauchte den Geist aus.
38 Da spliß der Vorhang des Tempels entzwei von oben bis un-
ten. 39 Als aber der Hauptmann, der ihm gegenüber dabeistand,
ihn so den Geist aushauchen sah, sagte er: Wahrhaftig, dieser
Mensch war Gottessohn!
40 Es waren aber auch Frauen da, die von weitem zuschauten,
unter ihnen auch Maria von Magdala und Maria, die Mutter Jako-
bus des Jüngeren und des Joses, und Salome. 41 Sie waren ihm,
als er in Galiläa war, gefolgt und hatten ihm gedient, und noch
viele andere, die mit ihm hinaufgezogen waren nach Jerusalem.

Der Bericht vom Sterben Jesu ist der Höhepunkt der gesamten Passionsüberlieferung, ja des ganzen Evangeliums. Wie der erste Teil des Evangeliums (Mk 1,1–8,26) auf die Frage Jesu an seine Jünger hinausläuft: »Für wen haltet ihr mich?« (Mk 8,29), so ist das Bekenntnis des heidnischen Centurio: »Wahrhaftig, dieser Mensch war Gottes Sohn« (Mk 15,39) die zusammenfassende Deutung des Todesweges Jesu als Evangelium »für die vielen« (vgl. Mk 10,45 und 14,24).

1. »Und als die sechste Stunde anbrach, kam eine Finsternis über das ganze Land bis zur neunten Stunde«.

Mit dieser Zeitangabe leitet Markus das Ende des Todesweges Jesu ein. Sein Sterben wird von zwei außergewöhnlichen Zeichen begleitet, mit denen der Evangelist die Bedeutung dieses zeiten-wendenden Geschehens unterstreicht.

Die dreistündige, die ganze Erde bedeckende, **Finsternis** zeigt an, bis in welche Weiten und Tiefen dieses Sterbenmüssen von Menschenhand hineinreicht: Der gesamte Kosmos wird davon erfaßt. Die universale Finsternis ist Zeichen für die reale Macht des Bösen, für die Gott-losigkeit, die Jesu Sterben umgibt und in ihn eindringt. Jesus gerät in die letzte Ausweglosigkeit jener »Stunde«, um deren Vorübergehen er in Gethsemani gebetet hatte (14,38). »Und zur neunten Stunde rief Jesus mit lauter Stimme: »Eloi, Eloi, lama sabachthani?«, d. h. übersetzt: »Mein Gott, mein Gott, warum hast du mich verlassen?« Zum letzten Mal ist die Zeit von drei Stunden abgelaufen und damit die Stunde der Erfüllung gekommen.

Der laute Ruf (*phonä megálä)* nach Gott ist radikaler Ausdruck seiner totalen Verlassenheit. Jesus mußte auch noch die Erfahrung machen, daß Gott sich ihm entzieht und ihm nur die dunkle Leere des Nichts und Niemand bleibt. Und doch ist es kein Verzweiflungsschrei, den er hinausstößt. Inmitten der alles durchdringenden Gottlosigkeit hält Jesus an dem fest, der sein Antlitz nicht verbirgt vor dem Elend des Armen und der auf sein Schreien hört (vgl. Ps 22,25). ›Er legt nun auch diese schreckliche Angst des Sterbens ohne Gott – seinem Gott zu Füßen‹ (H. Schlier).

2. Die Dabeistehenden reagieren auf Jesu Gebetsruf mit einer mutwilligen Verwechslung. Sie legen sein Vertrauen auf Gott auf Elija aus. Im jüdischen Volksglauben gilt Elija als Nothelfer, der dem Gerechten in der Todesstunde beisteht. Die Spötter wollen abwarten, ob der Nothelfer kommt und Jesus vom Kreuz herunterholt. Der Schwamm mit saurem Wein soll seinen Tod hinauszögern und die Vergeblichkeit seines Hoffens betonen. Doch Jesu Tod kommt ihnen zuvor: Er stieß einen lauten Schrei aus und hauchte sein Leben aus (*exépneusen) ...*

Bis zuletzt, bis zum wortlosen Todesschrei, bleibt Jesus den Bedingungen dieser Welt unterworfen. Aber weder die Feindschaft seiner Gegner noch physische Gewalt, weder Spott noch persönliches Scheitern konnten ihm die Freiheit nehmen, den Willen dessen zu tun, den er seinen Vater nannte (14,36). Er ließ sich nie zur Unmenschlichkeit erpressen. Er hat der Macht der Angst, die uns Menschen immer wieder dazu verleitet, das Gegenteil von dem zu tun, was wir wirklich wollen, – er hat dieser Angst widerstanden. So ist Jesu Sterben für die glaubende Gemeinde zu einem Zeichen geworden, wie Gott letztlich in dieser Welt erreicht wird und das eigene Leben nicht in Sinnlosigkeit und Zerstörung versinkt.

Damit ist die totale Umkehrung der jüdischen Messiasvorstellungen vollzogen. Das **Zerreißen des Tempelvorhangs** soll (möglicherweise) das Ende des Tempelkults und das beginnende Gericht an der Tempelgemeinde andeuten. Zum Gottesvolk dürfen nun alle gehören, und die Mitte des Gottesvolkes, der Ort der Gottesbegegnung ist nicht mehr der Tempel, sondern Jesus, der sich in seinem Sterben dem heidnischen Centurio als Sohn Gottes erschließt:

3. »Als der Centurio, der ihm gegenüber dabeistand, ihn so sterben sah, sprach er: Wahrhaftig, dieser Mensch war Gottes Sohn«. Vom Tod, vom Schlußpunkt seines irdischen Lebens her wird erkannt, wer dieser Jesus ist. Mit diesem Tod ist alles gegeben, was zu seinem irdischen Leben gehört und dem Erfassen seiner Person zugrundeliegt. Noch im Sterben geschieht eine geheime Epiphanie. Noch im wortlosen Todesschrei offenbart sich Jesus dem Glaubenden als Sohn Gottes. Das Bekenntnis des Heiden, der österliche Glaube dieses Unbekannten, steht bewußt neben dem angesagten Gericht über den Unglauben der Tempelgemeinde. »Jene wollten das Herabsteigen vom Kreuz sehen. Dieser sieht den Tod am Kreuz. Jene haben durch die gestellte Bedingung sich selbst blind gemacht. Dieser hat nicht festgelegt, was er sehen will. Daher kann er das sehen, was tatsächlich geschieht. Und dieses Geschehen führt ihn zum Bekenntnis« (Stock 301). Das Wort des Centurio ist also im Sinne des Evangelisten vollgültiger Ausdruck des christlichen Glaubens und interpretiert so das gesamte Passionsgeschehen authentisch (*aläthos*) als Siegesweg. »Siehe, es siegt mein Knecht (Jes 52,13), »dem Herrn gehört das Königtum, und er herrscht über die Völker« (Ps 22,29).

Angesichts dieses Sterbens und seiner gläubigen Deutung scheint es unerläßlich zu sein, sich an jene Situationen in unserem Leben zu erinnern, in denen wir glaubten, keine andere Möglichkeit zu haben, als gegen unsere innere Überzeugung zu handeln. Welche Ängste haben diesen Zwang zum Widersinnigen möglich gemacht? Was hat uns zu dieser Art von Un-menschlichkeit verführt und welche Konsequenzen hatte das für uns, für andere? Vielleicht kann die Haltung, mit der Jesus in den Tod ging, uns überzeugen, **den verhängnisvollen Kreislauf der Angst zu durchbrechen,** d. h. im Angesicht der Angst menschlich und wahrhaftig zu bleiben und nicht in Gewalt und Lüge auszuweichen. Letztlich kommt es darauf an, das Zeugnis des Todes Jesu ins eigene Leben hineinzunehmen.

Die einzigen Anhänger Jesu, die seinen Tod miterleben, sind Frauen, die von ferne zuschauen. Sie sind ihm schon in Galiläa nachgefolgt. Unter ihnen werden drei namentlich genannt. Sie übernehmen gleichsam die Rolle der drei bevorzugten Jünger und werden so zu Zeugen seines Todes und seiner Auferstehung.

Die Grablegung Jesu
Mk 15,42–47

42 Und als es schon Abend geworden, zumal es Rüsttag, das heißt
Vorsabbat war,
43 kam Joseph, der von Arimathäa, ein angesehener Ratsherr, der
selbst auch auf das Königtum Gottes wartete, wagte es, ging zu
Pilatus hinein und erbat sich den Leib Jesu. 44 Pilatus wunderte
sich, ob er denn schon tot sei, rief den Hauptmann herbei und
fragte ihn, ob er bereits gestorben sei. 45 Und als er es vom
Hauptmann erfuhr, schenkte er die Leiche dem Joseph. 46 Da
kaufte er Leinen, nahm ihn herab, wickelte ihn in das Leinen und
legte ihn in ein Grab, das herausgehauen aus Felsen war, und
wälzte einen Stein ans Tor des Grabes. 47 Maria aus Magdala
aber und die Maria des Joses sahen, wohin er gelegt worden war.

1. Nach dem Bericht des Markus gehört Joseph von Arimathäa zu einer religiösen Gruppierung, die stark auf das Kommen des Gottesreiches ausgerichtet ist. Er muß wohl mit Jesus von Nazareth sympathisiert haben, ohne sich ihm jedoch anzuschließen. Es ist also niemand von den Zwölf, sondern ein »Fernstehender«, der das tut, was jetzt notwendig ist.

Sich als jüdischer Ratsherr an den römischen Gouverneur zu wenden, um von ihm den Leichnam eines vom Sanhedrin wegen Gotteslästerung zum Tode Verurteilten und offiziell als Gottlosen aus dem Bundesvolk Jahwes Ausgestoßenen zu erbitten –, dazu gehörte schon Mut. Nach jüdischer Sitte hatte ein Hingerichteter ohnehin kein Recht auf ein Privatgrab. Nach römischem Brauch wurde die Leiche jedoch für gewöhnlich Verwandten oder Freunden überlassen.

2. Zweimal betont der Bericht den Tod Jesu. Es soll dem Leser und Hörer des Evangeliums eingeprägt werden: Jesu Tod wird **amtlich** festgestellt. – Erst jetzt, da Jesus tot ist, erfährt er die Fürsorge der Menschen. Er bekommt ein würdiges Begräbnis, wenn auch wegen des bald beginnenden Sabbats ein eiliges. Wieder sind es nur die Frauen, die zuschauen, wie er bestattet wird. Wie sie – nach Markus – die einzigen vertrauten Menschen sind, die in ihrer Treue zu Jesus durchhalten – anders als die Jünger, so sind sie auch die ersten, die zu Zeugen seiner Auferstehung bestellt werden.

3. So geht der Tag zur Neige; die Nacht bricht herein und legt ihre Dunkelheit über alles, was in den Herzen vieler Menschen durch diesen Jesus aufgelebt ist. Alle Hoffnungen, die noch den Keim von Tod und Verwesung in sich tragen, müssen gekreuzigt und begraben werden. Es gibt keinen anderen Weg zum Osterglauben. In dieser Nacht des Herzens werden wir zur Freiheit gerufen. Während in Jerusalem »das Fest des Passah und der ungesäuerten Brote« gefeiert wird (vgl. Mk 14,1), bereitet sich ein neuer Exodus vor ...

Am ersten Tag der Woche
Mk 16,1–8

1 Und als der Sabbat vorüber war, kauften Maria von Magdala,
Maria (die Mutter) des Jakobus und Salome wohlriechende Öle,
um hinzugehen und ihn zu salben. 2 Und in aller Frühe, am er-
sten Tag der Woche, kommen sie zum Grab, als gerade die Son-
ne aufgegangen war. 3 Und sie sagten zueinander: Wer wälzt uns
den Stein vom Tor des Grabes? 4 Da blicken sie auf und sehen:
weggewälzt ist der Stein! Er war nämlich sehr groß. 5 Und sie
gingen in das Grab hinein und sahen einen jungen Mann sitzen
auf der rechten Seite, angetan mit einem weißen Gewand; da er-
schauderten sie. 6 Er aber sagt ihnen: Erschaudert nicht! Jesus
sucht ihr, den Nazarener, den Gekreuzigten; auferweckt war er.
Er ist nicht hier! Seht da, der Ort, wo sie ihn hingelegt haben.
7 Aber geht, sagt seinen Jüngern und dem Petrus: Vorausgeht er
euch nach Galiläa. Dort werdet ihr ihn sehen, wie er euch gesagt
hat. 8 Und hinausgingen sie und flohen vom Grab, denn Zittern
und Entsetzen hatte sie (gepackt); und keinem sagten sie etwas,
denn sich fürchteten sich.

1. Unerbittlich hart beschreibt Simone de Beauvoir in ihrem Buch »Ein sanfter Tod« die einzelnen Stufen des Sterbens ihrer krebskranken Mutter; und sie setzt ihrem Buch den Ausspruch voran: »Geh nicht einfach vornehm hinein wie in eine gute Nacht. Du solltest wutentbrannt sein, wenn der Tag zur Neige geht. Rasen solltest Du und Dich aufbäumen wider das Gesetz vom Tod des Lichtes.«

Diese Aufforderung ist überzeugend und hoffnungslos zugleich, so hoffnungslos wie die Suche der Frauen in der Frühe des ersten Wochentages. Sie hatten sich Jesus in Galiläa angeschlossen und waren mit ihm nach Jerusalem hinaufgezogen. Hier war dann vor ihren Augen alles unerbittlich zu Ende gegangen ...

Mit duftenden Ölen wollen sie jetzt dem Geruch von Verwesung beikommen – eine letzte liebende Tat an ihrem toten Rabbi, zugleich auch ein Ausdruck dafür, daß sie sein Schicksal für unabänderlich halten.

Die Frage der Frauen offenbart, daß sie nur an das Grab denken und an den Toten, den es birgt. Ihre Herzen sind wie gebunden im Gedenken an den, der nicht mehr ist. Sie kennen nur noch einen toten Jesus. Ihre ganze Aufmerksamkeit ist darauf gerichtet, ihn wiederzufinden. Das macht sie unfähig, etwas anderes wahrzunehmen.

Vielleicht hat Markus die Bemerkung, daß die Frauen zum Grab kommen, »als die Sonne aufgeht«, (auch) symbolisch verstanden – als ersten Hinweis auf die Auferstehung. Die Frauen bleiben ahnungslos, als sie entdecken, daß der »sehr große« Stein weggewälzt ist. Der Evangelist will damit die Größe des wunderbaren Geschehens andeuten: daß durch Gottes Tat das Grab geöffnet und die Macht des Todes gebrochen ist. Die Frauen gehen – immer noch ahnungslos – in die Grabkammer und sehen statt des gesuchten Toten einen himmlischen Boten. Sie begegnen am Ort des Todes dem Lebendigen und werden von Furcht und Schrecken überwältigt.

2. Fast überall, wo in der Hl. Schrift Gott dem Menschen begegnet, muß er ihm das Entsetzen nehmen: »Erschreckt nicht!« Mit der Aufforderung des göttlichen Boten hören die Frauen dann noch einmal das Ziel ihres trostlosen Bemühens: »Jesus sucht ihr, den von Nazareth, den Gekreuzigten.« In diesem Satz ist die Bewegung der bisherigen Geschichte zusammengefaßt und wie zum Stillstand gekommen. Jetzt erfahren die Frauen, daß mit Jesus das unerbittliche Gesetz des Todes durchbrochen ist. Es wird ihnen gesagt, daß sein mühseliges und zum Scheitern verurteiltes Leben, daß sein mit List und brutaler Gewalt herbeigeführtes Sterben den Tod bezwungen hat: »Er wurde auferweckt. Er ist nicht hier.« Die treuen Intentionen der Frauen sind sinnlos geworden. Den sie als lieben Toten verehren wollen – Gott hat mit ihm einen neuen Anfang gesetzt.

3. Die Frauen stehen gleichsam am Ursprung des österlichen Geheimnisses, das nicht verborgen bleiben soll. Darum erhalten sie den Auftrag: »Geht und sagt seinen Jüngern und dem Petrus: Er geht euch voraus nach Galiläa. Dort werdet ihr ihn sehen, wie er euch gesagt hat.« Die Verheißung auf dem Weg nach Gethsemani erfüllt sich: Über allem Zusammenbruch der Menschen, trotz ihres Versagens und Schuldigwerdens bricht die Nachfolge nicht ab, sondern sie beginnt erst jetzt richtig. Der Auferstandene sammelt seine durch das Kreuzes-Geschehen entwurzelte und zerstreute Gemeinde wieder. Er offenbart sich denen, die er enttäuschen mußte, die einfach überfordert, von äußerster Ohnmacht und Angst und Traurigkeit überfallen waren. Der Aufer-

standene gesellt sich wieder zu denen, die ihn im Stich gelassen haben. Er stellt die Gemeinschaft mit ihnen wieder her und macht **die** zu seinen Zeugen, die vor dem Kreuz geflohen sind, besonders den Petrus, der unter Fluchen und Schwören geleugnet hatte, ihn zu kennen. Noch einmal werden sie von ihm gerufen und in den Dienst der »Sache« Jesu gestellt. Die Jünger sollen nach »Galiläa« gehen, zurück zum Ursprung des Evangeliums – dorthin, wo ihr Weg mit Jesus begonnen hat. Im Land seines irdischen Wirkens – werden sie ihn »sehen«, d. h. zum vollen Glauben an ihn kommen. Jesus wird sich den Jüngern als Irdischer, Gekreuzigter und Auferstandener erschließen.

4. Doch die Reaktion der Frauen auf die unfaßbare Wende im Schicksal Jesu, ihre Antwort auf die unbegreiflich tröstende Zusage der österlichen Botschaft sind: Flucht, Zittern, Entsetzen, Schweigen und Furcht; keine Freude, kein Verstehen. Markus berichtet hier nicht einmal vom Werden des österlichen Glaubens. So steht aller Verständnislosigkeit und Herzenshärte (*skläro-kardía)* der Menschen allein die Verheißung Jesu entgegen, selbst vorauszugehen und selbst zu bewirken, wozu Menschenherzen von sich aus nicht fähig sind. Der Evangelist ist sich bewußt, daß er nur bis an die Grenze des Gläubigwerdens heranzuführen vermag.

So läßt Markus seinem Auferstehungsbericht das Licht von Ostern nur gerade eben aufleuchten, um den Todesweg Jesu ins wahre Licht zu rücken und in seinem innersten Sinn zu erhellen. Mit dem letzten Vers, mit der Reaktion der Frauen auf die österliche Botschaft will der Evangelist die gegenwärtige Situation seiner Gemeinde ansprechen. Er wendet sich an den Hörer des Evangeliums und seinen Glauben.

Ist unsere Glaubenssituation eine andere? Ob die Verheißung Jesu sich stärker erweisen wird als unsere Verständnislosigkeit, als unser Unglaube, stärker auch als unsere geschichtliche Todeserfahrung, das muß jeder einzelne erst selbst noch ausbuchstabieren.

Ein Grab greift tiefer
als die Gräber gruben.
Denn ungeheuer ist der Vorsprung Tod.

Am tiefsten greift das Grab,
das selbst den Tod begrub.
Denn ungeheuer ist der Vorsprung Leben.

Kurt Marti

Der sog. lange, kanonische Schluß
Mk 16,9–20

9 Auferstanden in der Frühe am ersten Tag der Woche, erschien
er zuerst Maria von Magdala, aus der er sieben Abergeister aus-
getrieben hatte. 10 Die ging und meldete es seinen Gefährten, die
trauerten und weinten. 11 Doch als sie hörten, er lebe und habe
von ihr sich sehen lassen, glaubten sie nicht. 12 Danach aber er-
schien er zweien von ihnen unterwegs in anderer Gestalt, als sie
aufs Land gingen. 13 Und die gingen weg und meldeten es den
übrigen; doch auch ihnen glaubten sie nicht.
14 Später aber, als sie zu Tisch lagen, erschien er den Elf. Und er
verurteilte ihren Unglauben und ihre Herzenshärte,daß sie denen,
die ihn geschaut hatten als auferweckt, nicht geglaubt hatten. 15
Und er sagte ihnen: Geht in alle Welt und verkündet die Heils-
botschaft der ganzen Schöpfung. 16 Wer gläubig wird und sich
taufen läßt, wird gerettet, wer aber ungläubig bleibt, wird verur-
teilt. 17 An Zeichen aber werden denen, die glauben, diese fol-
gen: In meinem Namen werden sie Abergeister austreiben, in
neuen Zungen werden sie reden, 18 (und mit den Händen) werden
sie Schlangen aufheben, und wenn sie etwas Tödliches trinken,
wird es ihnen nicht schaden. Kranken werden sie die Hände auf-
legen, und es wird ihnen (wieder) gut gehen.
19 Nun war der Herr Jesus, nachdem er zu ihnen gesprochen,
hinaufgenommen in den Himmel und setzte sich zur Rechten
Gottes. 20 Sie aber gingen hinaus und verkündeten überall, und
der Herr wirkte mit und bekräftigte das Wort durch die darauf
folgenden Zeichen.

Das Markus-evangelium endet mit Mk 16,1–8. Auch die beiden ältesten Handschriften (Codex Sinaiticus und Codex Vaticanus, beide aus dem 4. Jahrhundert) schließen jeweils mit Mk 16,8. Der spätere sekundäre Markus-Schluß 16,9–20 hat verschiedene sprachliche Besonderheiten, die auf eine andere Autorenschaft hinweisen. Der Nachtrag enthält eine Zusammenfassung der Osterüberlieferungen, die bei den anderen Evangelien und in der Apostelgeschichte ausführlicher gestaltet sind. Offenbar konnte man sich mit dem Ende des Markus-evangeliums nicht abfinden ...

Statt eines Nachwortes

»Das praktische Schriftforschen beschäftigt also den ganzen Menschen, SINN und HERZ, VERNUNFT und WILLEN, und muß auch den ganzen Menschen beschäftigen, wenn er Licht in sein Erkennen, Wärme in sein Herz, Leben in seinen Willen, Geist in sein Tun und Lassen bringen, und von ihm aus Licht, Wärme, Leben und Geist auf andere übergehen soll.«[13]

Bischof Michael Sailer

---

[13] M. Sailer, Vorlesungen aus der Pastoraltheologie, Bd. 1, München 1820^{4}, Seite 75.

LITERATURNACHWEIS

A. Baternay, Strukturale Analyse und Aktualisierung biblischer Perikopen, IMS-Dokumentation Nr. 173, Frankfurt 1985

H. K. Berg, Ein Wort wie Feuer, Wege lebendiger Bibelauslegung, München/ Stuttgart 1991

J. Beutler, Nachfolge Jesu auf dem Wege, Das Markusevangelium (8,27–12,44), Frankfurt 1980, Vorlesungsmanuskript

M. Black, An Aramaic Approach to the Gospel and Acts, Oxford [3]1967

B. H. Branscomb, The Gospel of Mark, London 1964

W. Bruners, Wie Jesus glauben lernte, Freiburg i. Br. 1989

Ph. Carrington, According to Mark, A Running Commentary on the oldest Gospel, Cambridge 1960

R. A. Cole, The Gospel according to St. Mark, London [2]1963

C. E. B. Cranfield, The Gospel according to St. Mark, Cambridge [2]1963

O. Cullmann, Die Christologie des Neuen Testaments, Tübingen 1967

E. Drewermann, Das Markusevangelium,Bilder von Erlösung,1. Teil,Olten 1987, 2.Teil,Olten 1988

ders., Tiefenpsychologie und Exegese, 1. Band: Die Wahrheit der Formen. Von Traum, Mythos, Märchen, Sage und Legende, Olten–Freiburg 1984; 2. Band: Die Wahrheit der Werke und der Worte. Wunder, Vision, Weissagung, Apokalypse, Geschichte, Gleichnis. Olten–Freiburg 1985

P. Dschulnigg, Sprache, Redaktion und Intention des Markusevangeliums, Eigentümlichkeiten der Sprache des Markus-evangeliums und ihre Bedeutung für die Redaktionskritik, SBB 11, Stuttgart 1984

J. Ernst, Markus, Ein theologisches Porträt, Düsseldorf 1987

J. Gnilka, Das Evangelium nach Markus, Evang.-kath. Kommentar zum Neuen Testament, Bd. 1 (Mk 1–8,26), Zürich, Einsiedeln, Köln 1978; Bd. 2 (Mk 8,27–16,20), Zürich, Einsiedeln, Köln 1979

ders., Jesus von Nazaret, Botschaft und Geschichte, Freiburg i. Br. 1993

A. Grün, Tiefenpsychologische Schriftauslegung, Münsterschwarzach 1992

W. Grundmann, Das Evangelium nach Markus, Berlin [6]1973

E. Haenchen, Der Weg Jesu, Eine Erklärung des Markus-evangeliums und der kanonischen Parallelen, 2. Reihe, Bd. 6, Berlin 1966

F. Hahn, Christologische Hoheitstitel, Göttingen 1963

ders. Der Ertrag der historisch-kritischen Bibelauslegung für den Glauben der Kirche in: Albert Raffelt, Hrsg., Begegnung mit Jesus? Was die historisch-kritische Methode leistet, Düsseldorf 1991, S. 67 ff.

H. Hark, Jesus der Heiler, Vom Sinn der Krankheit, Olten 1988

M. Hengel, Nachfolge und Charisma, Berlin 1968
J. Jeremias, Die Gleichnisse Jesu, Göttingen ^{7}1965
Bas van Jersel, Markus-Kommentar, Düseldorf 1993
S. E. Johnson, A Commentary on the Gospel of St. Mark, New York–London 1960
M. Kähler, Das Kreuz, Grund und Maß für die Christologie, Vorlesungen, in: Beiträge zur Förderung christlicher Theologie, 15. Jhg., Gütersloh 1911
P. Köster, Die Anfänge des öffentlichen Wirkens Jesu bei Markus (1,14–45), eine traditionsgeschichtliche Untersuchung, Frankfurt 1967 (Manuskript)
ders. »Der Siegesweg«, Die Anfänge des öffentlichen Wirkens Jesu bei Markus (1,14–45), eine redaktionsgeschichtliche Untersuchung, Frankfurt 1969 (Manuskript)
G. Kreppold, Die Bibel als Heilungsbuch: tiefenpsychologischer Zugang zur Heiligen Schrift, Münsterschwarzach 1985
U. Kuder, Zündstoffe, Die Gleichnisse Jesu, keine frommen Geschichten, Freiburg i. Br. 1988
M. J. Lagrange, Evangile selon St. Marc (EB), Paris ^{7}1942
R. H. Lightfoot, The Gospel of St. Mark, Oxford 1950
E. Lohmeyer, Das Evangelium des Markus, Göttingen ^{4}1957
E. Lohse, Die Geschichte des Leidens und Sterbens Jesu Christi, Gütersloh 1964,
G. Lünnemann, Texte und Träume, Eingang durch das Markusevangelium in Auseinandersetzung mit Eugen Drewermann, Bensheimer Hefte 71, Göttingen 1992
C. M. Martini, Und sie gingen mit ihm, Der Weg des Christen nach dem Markusevangelium, Freiburg i. Br. 1983
W. Marxen, Der Evangelist Markus, Studien zur Redaktionsgeschichte des Evangeliums, Göttingen ^{2}1959
F. Mussner, Ein Wortspiel in Mk 1,24?, BZ NF, 4. Jhg. 1960
ders., »Evangelium« und »Mitte des Evangeliums«, in: Gott in Welt (FS für K. Rahner) I, Freiburg 1964, S. 492–514
ders., Die Bedeutung von Mk 1,14 f. für die Reichsgottesverkündigung, in: TTZ 66,1957, S. 157–275
D. E. Nineham, Saint Mark, in: The Pelican Gospel Commentaries, Harmondsworth 1964
R. Pesch, Naherwartungen, Tradition und Redaktion in Mk 13, Düsseldorf 1968
ders., Das Evangelium nach Markus, 1. Teil (H Th K 2) Freiburg 1976, 2. Teil (H Th K 2) Freiburg 1977
I. de la Potterie, »Sectio panum«, in Evangelio Marci (6,6–8,35), Vorlesungen, Rom 1965/66

ders., L'onction du Christ, in: NRT 80, 1958, S. 225–252
ders., Die Lesung der Heiligen Schrift »im Geist«, IKZ 3/86, S. 209 ff.
K.-G. Reploh, Markus – Lehrer der Gemeinde, SBM 9,Stuttgart 1969
H. Riedlinger, Buchstabe und Geist, Vom Weg der geistlichen Schriftauslegung in der Kirche, IKZ 4/76, S. 393 ff.
J. M. Robinson, Das Geschichtsverständnis des Markus-Evangeliums, in: Abhandlungen zur Theologie des Alten und Neuen Testaments, Zürich 1956, engl. London 1957
H. Schlier, Die Markuspassion, Einsiedeln 1974
J. Schmid, Das Evangelium nach Markus, RNT 2, [5]1963
S. Schmitz, In Menschen der Bibel sich wiederfinden, Tiefenpsychologische Zugänge, Olten 1988
R. Schnackenburg, Zum Verfahren der Urkirche bei ihrer Jesusüberlieferung, in: Der historische Jesus und der kerygmatische Christus, hersg. von H. Ristow – K. Matthiae, Berlin [3]1964
ders., Die Kirche im NT, Quaest. disp. 14, Freiburg 1963
ders., Gottes Herrschaft und Reich, Freiburg 1965
ders., Christologie des NT, in: Myst. Sal. III, Einsiedeln, Zürich, Köln 1970, S. 227–284
ders., Das Evangelium nach Markus, in: Geistliche Schriftlesung, Bd. 2/1 und 2/2, Düsseldorf 1966, 1971
ders., Die Person Jesu Christi im Spiegel der vier Evangelien, Freiburg–Basel–Wien 1993, S. 28–29
J. Schniewind, Das Evangelium nach Markus, NTD 1, Göttingen [6]1952
H. Schürmann, Die Sprache des Christus, Sprachliche Beobachtungen in den synoptischen Herrenworten, in: BZ NF, 2. Jhg. 1958
E. Schweizer, Das Evangelium nach Markus, NTD 1, Göttingen [4]1975
O. F. Seitz, Praeparatio Evangelii in the Markan Prologue, in: JBL 82, 1963, S. 201–206
K. Stock, Das Bekenntnis des Centurio, Mk 15,39 im Rahmen des Markusevangeliums, ZkTH 100, 1978, 289–301
V. Taylor, The Gospel according to St. Mark, London [4]1957
C. P. Thiede, Ein Fisch für den römischen Kaiser, Juden, Griechen, Römer: Die Welt des Jesus Christus, München 1998
W. Thüsing, Erhöhungsvorstellung und Parusieerwartung in der ältesten nachösterlichen Christologie, in: BZ NF 11 (1967) S. 95–108; 205–222, BZ NF 12 (1968) S. 54 – 80
Ph. Vielhauer, Aufsätze zum NT, in: Theol. Bücherei 31, Neudrucke und Berichte aus dem 20. Jh./ Neues Testament
F. Viering (Hrsg.), H. Concelmann, E. Flesseman – van Leer, E. Haenchen, E. Käsemann, E. Lohse: Zur Bedeutung des Todes Jesu, Exegetische Bei-

träge in der Schriftenreihe des theologischen Ausschusses der Evang. Kirche der Union, Gütersloh 1967

A. Vögtle, Exegetische Erwägungen über das Wissen und Selbstbewußtsein Jesu, in: Gott in Welt I, S. 608–676

A. Weiser, Zentrale Themen des Neuen Testamentes, Eine Handreichung für Schule und Erwachsenenbildung, Donauwörth 1978

W. Wrede, Das Messiasgeheimnis in den Evangelien, Göttingen 1901, Nachdruck 1963